ちくま文庫

噺(はなし)は生きている

「古典落語」進化論

広瀬和生

筑摩書房

目次

第二章　富久 81

第四章　文七元結

扉カット　南伸坊

噺（はなし）は生きている——「古典落語」進化論

はじめに

落語には様々な「演目」がある。

一人の演者が大勢を相手に面白い噺(はなし)を語って聞かせる芸能は十七世紀の終わりに京都、大阪、江戸で相次いで発祥し、やがて上方落語と江戸落語という二つの流れとなった。江戸で初めて「寄席」が常設されたのは十八世紀の終わり。幕末から明治にかけては二百軒近い寄席が江戸にあったという。

江戸から明治、大正、昭和と時代が移り変わる中で練り上げられた様々な落語の演目は、世代を超えて伝承される共有財産となった。もっとも、その「共有」のされ方は極めて緩やかだ。

落語の演目というのは文学作品のようなものではない。

演目のことを「ネタ」とも言う（寄席の世界では「根多」という当て字を用いたりする）が、これは「種（たね）」を引っくり返した言葉で、「素材」を意味する。漠然とした「こういうおはなし」という程度のことだから、もともと演題すらなかった。ただ、多くの演者が登場する寄席では、同じ日に同じネタが何度も出ないように「どんなネタが出たか」を記録しておく必要が生じ、ネタ帳をつくって、「そそっかしい男が釘を隣家に打ち込んでしまうネタ」を『粗忽（そこつ）の釘』、「船宿の二階に居候している徳さんが船頭になるネタ」を『船徳』などと簡潔に記録するようになった。それがいつしか演題とされただけで、本来は楽屋の符牒のようなものにすぎなかった（なので同じ噺に何種類か異なる演題が存在したりもする）。

落語の演目とは単なる「ネタ＝素材」であり、一つの演目に対して一つの決まったテキストが存在するわけではない。歴史を遡れば一つの源流から派生しているものでも、いくつかの流れで時代を超えて継承される中で、それぞれの時代の演者たちが独自の工夫を施してリニューアルを繰り返してきた結果、同じ演目に様々な演り（や）方が混在することになった。そうしたリニューアルは、これからも続くだろう。今の落語ファンが「この噺はこういうもの」と捉えている演り方に次の世代の新たな工夫が加えられ、また新たな演り方が考案され……ということが繰り返される。一つの演目が一つの型に固定化されることは決してない。

噺は、生きている。だからこそ、落語は面白い。

本書は、ストーリー性の高い名作落語を題材に、それが具体的にどのような変貌を遂げてきたのかを探る「演目論」だ。それぞれの演目について、高座音源が現存している「昭和の名人」の時代を起点とし、時間軸を現代へと辿りながら、歴代の名演を聴き比べている。同時代に混在しているいくつかの演じ方を比較する「二次元」での検証を行ないながら、さらに時間軸を辿ることで「三次元」の検証へと推し進めた。

僕の知るかぎり、こういう系統だった演目論を実施した書籍はこれまで存在していない。

江戸時代に発祥した落語という芸能の長い歴史は、二つに大きく分けられる。「古典落語」という言葉が生まれて以降と、それ以前である。

「古典落語」という造語が積極的に用いられるようになったのは、昭和二十九（一九五四）年以降の高度経済成長期のこと。日本人の生活様式が大きく変わり、昔ながらの落語の世界が古めかしくなってしまう中で、その「時代錯誤」をあえて「古典」として称揚することで、落語は再び「同時代人のための芸能」として息を吹き返し、ホール落語の定着とともに黄金時代を迎えた。

この、昭和の落語黄金時代の立役者が、八代目桂文楽、五代目古今亭志ん生、六代目三遊亭圓生（えんしょう）といった「昭和の名人」たちだった。彼らの落語は、それまでの長い江戸落語の伝統の集大成であり、現代へと続く「古典落語」の原点でもあった。今の落語界で演じられている古典の演目とは「昭和の名人」たちの演目にほかならない。

だが、現在の我々の視点で落語史を振り返ったとき、より大きな意味を持つのは、「昭和の名人」の弟子にあたる世代に立川談志や古今亭志ん朝といった逸材が出現したことだ。

古典の演目は、「昭和の名人」からそのまま連続的に現代に伝わっているのではなく、その次の世代で再構築された。現代の落語に直結しているのは談志や志ん朝、五代目三遊亭圓楽、柳家小三治らの世代が再構築した落語である。彼らは「昭和の名人」の演目をパワーアップさせ、現代社会に相応しいエンターテインメントとしての落語のあり方を示した。落語という芸能のポテンシャルを飛躍的に高めた彼らの活躍なくして、現代落語界の隆盛はありえなかった。

以下の各章では、現代落語の原点とも言える「昭和の名人」世代から出発して、それを進化させた談志・志ん朝世代、その後輩や弟子たち、さらに今の若手へと時代を下りながら、名作落語がどのように姿を変えながら継承されてきたか、具体的に検証している（第四章の『文七元結』に関しては、作者である三遊亭圓朝の速記と「昭和の名人」たちの実演との差異を明らかにするところから出発した）。

落語の演目とはあくまでも「器」にすぎない。その「器」に、それぞれの演者が「魂」を吹き込むことで、初めて「生きた噺」になる。

歴代の優れた演者が、それぞれの名作落語にどのような命を与えてきたのか、じっくり見ていきたい。

第一章　芝浜

江戸の裏長屋に住む棒手振り(ぼてふ)の魚屋。腕はいいのに酒におぼれて休んでばかりいる。そんな男がある朝、女房に無理やり起こされて久々に芝の魚河岸に行き、大金の入った財布を海から拾う。「これだけの金があれば遊んで暮らせる」と大喜びで豪勢に飲み食いし、酔いつぶれてしまった男だが、目覚めると女房に「大金を拾ったなんて夢だ」と言われて呆然自失。「俺はそこまで腐っていたのか」と心を入れ替えて酒を断ち、真面目に働いて人並みの幸せを手に入れた三年目の大晦日。女房が「あれは夢じゃなかった、お前さんを立ち直らせるための嘘だった」と打ち明けて詫びると、亭主は「今の暮らしがあるのも、お前が夢にしてくれたおかげだ」と感謝する。「今のお前さんなら大丈夫」と女房が勧めた酒を口にしようとした男、ピタッと手を止め、「よそう、また夢になるといけねぇ」……。

幕末から明治にかけて活躍した「近代落語の祖」初代三遊亭圓朝が三題噺の会で「酔っぱらい」「芝浜」「財布」の三つの題をもらって創作したとされる『芝浜』。落語ファンの間では最もよく知られた人情噺といえるだろう。

耳で聴く文学作品——三木助

『芝浜』という噺は、三代目桂三木助が売り物にするまではあまり人気のある演目ではなかった。どちらかというと地味な噺という印象さえあった『芝浜』を、三木助は安藤鶴夫（作家・評論家）の助言を積極的に受け入れて風景描写に力を入れるなど工夫を凝らし、文学的な香りのする作品に仕上げた。日本人のライフスタイルが大きく変わっていく戦後社会の中にあって「古典」と呼ばれることになった落語に、ちょっと気どった「耳で聴く文学作品」的な演出を持ち込んだ三木助の『芝浜』は高く評価され、一九五四年には芸術祭奨励賞を受賞している。

三木助は『芝浜』を、よくできた女房が亭主を立ち直らせる美談として洗練させた。「よくできた女房とダメ亭主」という構図は落語ではよくあるものだが、三木助の『芝浜』の内容は落語というよりも夫婦愛を描いた良質の短編映画のようなもので、当時としては非常に新しく、そして時代の空気に合っていた。日本が高度経済成長期に突入したのが一九五四年。核家族化が本格化していくのはもう少しあとのことではあるけれども、戦前とは明らかに異なる夫婦観・家族観を持つようになった大衆が、三木助の描く「夫婦の形」の新鮮さに大いに感銘を受けたのは想像にかたくない。

芝の浜の一件から三年後の大晦日、女房は隠してあった革財布を持ち出してきて亭主の勝五郎（魚勝）に「夢じゃなかったんだよ」と打ち明け、「あのとき夢だって言ったじゃねぇか」と言う亭主に、「怒らないで聞いとくれ。しまいまで聞いてから、ぶつなり蹴るなりすればいいじゃないか」と釘を刺して、こう話し始める。

「あんな大金、悪い了見でも起こしたんじゃないかとも思ったけど、そんな様子もないし、どうしようと思って、お前さんがぐっすり寝込んだのをいい潮にして大家さんのところにこのお金を持って相談に行ったんだよ。そうしたら大家さんが『そんなもの一文だって手をつけたら勝五郎の身体は満足じゃいられない。俺がお上に届けてやるから、勝五郎のほうはお前がうまくやっとけ』って……お前さんがみんなを連れてきて飲み直して、あくる朝、夢だ夢だってとうとうお前さんをだましてしまって、それからお前さん人間が変わったように好きなお酒をピタッとやめて一所懸命商いをしてくれて、三年経ってこうして魚屋の親方になれて……。普段からお前さんに嘘をついてて申しわけないと思っていたけど、うっかりしたことを言って元のお前さんに返られても困るしと思って、このお金だってずっと前に下がってきたんだけれども、今日まで黙ってた。でも、もうお前さんは立派な魚屋の主人、いつ見せても心配ないって思って、今日この話をした。決して悪気があって嘘をついたわけじゃないけど、腹が立ったら、あたしをぶつなり蹴るなり……」

聞いていた亭主は「ちょっと待ってくれ」と涙ながらに遮り、「おっかあ、お前は偉ぇなあ……」と、夢にしてくれたことを感謝する。たしかに拾った金に手をつけたのがお上に知れたら、悪くすれば打ち首、軽く済んでも寄場送りで挙げ句の果ては乞食になるしかない。それを救ってくれたのは女房の機転だ。

「お前のおかげでこれだけの魚屋になれた。俺のほうで礼を言うよ。ありがとう、すまねぇ」
「許してくれるかい」
「許すもなにも、俺のほうで礼を言ってるじゃねぇか」

いい話である。夫婦はこうありたいものだ、という素敵な物語を三木助は『芝浜』で提示してみせた。それが時代の空気に見事に合っていたからこそ、三木助の『芝浜』は大いに支持され、この演目が「美談」として広く知られるようになったのである。

もっとも、江戸前の口調で滑らかに進行していく三木助の『芝浜』は、実際に録音を聴いてみると、かなりあっさりしている。「いい噺」ではあるけれど、今の我々がイメージする「暮れの大ネタ」的なコッテリ感はない。

三木助の『芝浜』は桂文楽の『明烏(あけがらす)』、古今亭志ん生の『火焔太鼓(かえんだいこ)』などと同様、「この人の、この噺」として定着したが、それは三木助一代のこと。現在の『芝浜』の「大ネタ」としてのイメージを確立させたのは立川談志と古今亭志ん朝、そしてそれに続く演者たちである。

『芝浜』が圓朝全集に入っていないことから「圓朝作であるかどうかは疑わしい」とする説もあるが、まあ、それはどちらでもいいだろう。いずれにしても「圓朝の演目」として一門の三代目・四代目三遊亭圓生や四代目橘家圓喬、初代三遊亭圓右、二代目三遊亭金馬などに伝わったほか、初代柳亭(談洲楼)燕枝と二代目柳亭燕枝、四代目柳家小さん、三代目柳家つばめ等も演じている。

八代目桂文楽は三代目つばめから『芝浜』を教わったものの納得のいく出来にならず、持ちネタとして磨くに至らなかった。

三木助は四代目柳家つばめから「私の噺を覚えてほしい」との申し出を受けて『芝浜』を覚えた。三木助は『芝浜』という演目が好きではなく、当初は乗り気ではなかったものの、主人公(魚屋の勝五郎)に感情移入して次第に愛着を覚え、工夫を重ねて自らの代表作に磨き上げていった。

歴代の噺家が手掛けていたとはいえ、三木助以前には『芝浜』は落語よりむしろ芝居で知られていた、と言ったほうがいいかもしれない。

落語『芝浜』の最初の劇化は圓朝が亡くなって三年後の一九〇三年（明治三十六年）に市村座で新派の伊井蓉峰と河合武雄が演じたものだが、重要なのは、一九二二年（大正十一年）に六代目尾上菊五郎が二世竹芝金作に脚色させて市村座で演じた『芝浜革財布』。これが当たったことで『芝浜』は落語より世話狂言の演目として知られることになる。前進座でも六代目瀬川菊之丞と五代目河原崎國太郎が『芝浜革財布』を演じて人気を得た。浪曲の世界では初代木村松太郎が一九二四年に新宿末廣亭で『芝浜の革財布』を看板披露している。

いわゆる「昭和の名人」世代では八代目三笑亭可楽が戦前から『芝浜』を手掛けていたが、六代目尾上菊五郎による『芝浜革財布』を観てその素晴らしさに感銘を受け、しばらく『芝浜』を封印していたという。その可楽が後年『芝浜』を再び演じるようになったのは、新派の花柳章太郎が『芝浜革財布』の原作である落語を聴いておきたいと可楽を招いて演じさせたのがきっかけだった。

「昭和の名人」では古今亭志ん生も『芝浜』を演っていた。

一九六一年一月の東横落語会では『芝浜』を演る予定だった三木助が直前に亡くなってしまったため、志ん生が急遽『芝浜』を演じている（その後、志ん生は再びトリで上がって『抜け雀』を演じた）。

詳しくは後述するが、志ん生の『芝浜』は三木助のものとは大きく異なり、その骨格は倅（せがれ）の志ん朝に受け継がれることになる。

ただ、数ある「志ん生の噺」の中で『芝浜』は決して人気のある演目ではなかった。可楽にも共通することだが、志ん生の『芝浜』もあっさりというよりはむしろ地味で、文学的な香りが新鮮だった三木助の『芝浜』が突出した印象を残したのも無理はない。

ドラマティックな感情の注入――談志

立川談志は三木助の『芝浜』を受け継ぎながら、現代人としての感情を大胆に注入し、別次元の「感動のドラマ」に仕立てた。「泣かせる人情噺」としてドラマティックに演じる『芝浜』の源流は間違いなく談志である。

『芝浜』を「三木助の名作」に疑問を持った談志は、独自の解釈で取り組むことで、世代を超えて受け継がれる「暮れの大ネタ」として定着させた。

談志は三木助の江戸前な落語における「会話のセンス」をこよなく愛したが、『芝浜』に関しては安藤鶴夫の入れ知恵と思われる過剰な文学的装飾を嫌い、まずはそうした要素を排除しながら自己の個性を存分に反映させた威勢のいい『芝浜』をつくり上げた。これが談志三十歳の頃。

だが、彼は次第にそれが「いい噺」であることに嫌気が差してきた。「この女房は可愛くない」と思ったからだ。

そこで談志は、『芝浜』を美談としてではなく、「ある夫婦の愛を描くドラマ」として演じ始めた。それが四十代のことで、五十歳を迎える頃には格段にドラマティックな噺になっていく。

談志の『芝浜』の女房は、決して「ダメな亭主を立ち直らせようとしている」わけではない。ただ、亭主に惚れている可愛い女房であって、亭主が大金を拾ってくれば女房も一緒に喜ぶ。あくまで、大家に命じられて「夢だった」と嘘をつく羽目になるだけだ。健気に働く亭主を見ながら三年間、申しわけない気持ちでいっぱいだった女房は、罪の意識に耐えきれず、ついに真実を告白する。だが亭主も、この可愛い女房に惚れている。だから嘘をつかれたと聞いても納得する。

芝浜の財布の一件から三年後、二人でささやかに暮らしていける今の幸せは何物にも代えがたい。この幸せだけは「夢」にしたくない……。「また夢になるといけない」というサゲの一言には、そんな二人の想いが込められている。

談志の『芝浜』は晩年に至るまで進化し続けたが、基本形は三十代から四十代で固まっている。魚屋の名前は勝五郎（魚勝）、芝の浜で拾った財布に四十二両が入っているという設定は三木助のままだ（現存する唯一の三木助の『芝浜』の公式音源では八十二両となっているが、それは例外だったという）。

三木助はマクラで芭蕉の句を引用しながら隅田川で白魚が獲れた時分の江戸を語ったあと、「ねぇ、お前さん、起きとくれ」と女房が亭主を起こすことで『芝浜』を始める。だが談志の『芝浜』は（もちろん白魚云々のマクラはなく）芝の浜で金を拾う前夜の「いつまでも休まれちゃ釜の蓋が開かないよ」「うるせぇな、明日から行くから今夜は飲みたいだけ飲ませろ」と魚勝夫婦が会話するシーンが挿入されている。談志は、三木助版で女房が亭主を起こしながら語る「お前さん、明日から商いに行くから飲みたいだけ飲ませろって、ゆうべあんなに飲んだんじゃないか」という経緯を、リアルタイムで進行する場面として描き、そのまま寝込んだ亭主を女房が「お前さん……」と起こす場面に続けたのである。こういう演り方をするのは談志だけだった。

起こされた亭主が愚痴をこぼしながら河岸に行ってみても問屋が開いてない。鐘の音を聞くと女房が時刻(とき)を一つ早く間違えて起こしていることがわかり、しかたなく浜へ下りて海水で顔を洗い、一服しながら夜明けを待つ。ここで三木助は、「お天道様が出てきた……いい色だな……よく空色ってぇと青い色のことを言うけども、朝の日の出のときは一色だけじゃねぇや、どうでぃ、小判みたいなところがあるかと思うと、白いようなところがあり、青っぽいところがあり、どす黒いところがあり……」「帆掛け船が帰ってくるじゃねぇか」などと独り言による情景描写に力を入れていたが、談志はそういう描写はカット、ただ「波ってやつは面白いねェ」だけを継承して、すぐに財布を拾う。

火打石と火口（ほくち）を使って煙草に火をつけ、一服吸ったあとで手のひらに乗せた火玉を転がして二服目をつける仕草の見事さは談志の『芝浜』の名シーンでもある。

財布を拾って家に帰り、喜んで酒を飲んで寝てしまった亭主を女房が「商いに行っておくれ」と起こし、「あの金があるから商いに行かない」と言う亭主に女房は「夢でも見たの？」と返し、「お前さんは起きたら湯に行って大勢引っ張ってきて豪勢に飲み食いしたけど、その勘定はどうするの？」と迫る。それを聞いて愕然とする亭主は「死ぬ気で働けば借金なんてどうとでもなる」という女房の言葉を聞いて「酒をやめて商いに精を出す」と誓い、そのまま河岸へ出かけていく……この展開も三木助のままだが、その中での夫婦の感情表現のダイナミックさがケタ違いだ。

ある時期から談志は、嘘をつくために起こす前の女房がひどく怯え、逡巡する様子を描くようになった。「可愛い女房」の描写に力を入れ始めてからだ。

女房が亭主に「拾ったお金がないって、私がそのお金ネコババしたって、そう言ってるの？　私がそのお金とっちゃった……そういうこと？」と問い返すと、虚を衝かれた勝五郎は「そうじゃねぇよ、俺がそういうこと言うと思ってんのか？　だからおかしいんだよ馬鹿野郎！　お前が隠すわけはねぇ、隠すわけねぇのにないんだから夢じゃねぇか！　……え、夢？」と自分で夢だと納得してしまう演出は五十代半ばからのものである。

「俺、死ぬよ」

「死のう。あたしも死ぬ」

「死ぬのイヤだなぁ……なんとかならねぇか」

「あたしだって死ぬのイヤだよ……（ハッと気づいた表情で）ねぇ、一所懸命働いたらなんとかならない？」

「え？」

「だからさ、無駄しないで一所懸命やりゃ、お金なんて貯めようと思ったら貯まったって話、聞くじゃないか。貯めることができるんなら、減ってったぶんを返すってこともできるんじゃないの？」

「うん……貯めようと思って貯めた人いるよな」

「そうだよ、でもみんな最初はないんだから」

「わかるよ、元に戻していくのか」

「そうよ、お金を貯めるのと同じことだよ、お金を貯めるって、借金を返すことなんだよ、二人でがんばって貯めよう！　返そう！」

「どれくらいで返せる？」

「どれくらいったって……とにかく三月休んだんだから三月働いて、あとはなんとかなるよ！」

「わかった、やる、あったりめぇだ！　よし、酒飲まねぇよ俺。お前にじゃねぇ、俺に言ってるんだ。だけど……」

「だけどなんて考えないの！　だけどってのは、またあとのことよ！」

「わかった！　明日とは言わねぇ、今日から行くよ」

こうして談志の魚勝は商いに出る。

三木助はここで「三年目には表通りに店を構え、若い衆の二、三人も使うようになる」ことを地で語って大晦日の描写に入った。談志も当初は「勝っつぁんの魚はいいねェ」といった会話で繁盛する様子を描いたあとに「三年後には裏長屋から出て……」といった語りを入れていたのだが、二〇〇一年以降、ただシンプルに「その年も暮れて、翌年も過ぎて、三年目の大晦日だ」とだけ言うようになった。店を持ち、若い者の二人も使うようになり……云々の描写もカット。完全に魚勝夫婦二人だけの噺になったのである。

貸しはあっても借りはない、こういう大晦日もあるのか、いい春を迎えられるのはお前のおかげだと礼を言う勝五郎に「お前さんが働いたからじゃないか」と返す女房。

「馬鹿野郎、お前のおかげだって言ってるじゃねぇかよ！」

「こんなことで喧嘩したって」

「喧嘩じゃねぇよ、そう言ってくれないと困るよ俺は。私がやりましたって言ってくれよ」

「……私がやりました」

それを聞いて満面の笑みを浮かべ、除夜の鐘に聞き入る勝五郎。

「鳴ってる鳴ってる！　……百八つ」

「百八つ」

「百……八つ」

「……百……八つ……」

見つめ合い、万感の思いで「百八つ」と繰り返す夫婦。この名場面を経て、クライマックスの「女房が告白する長台詞」へと突入していく。

三年間、嘘をつかれたとも知らずに酒を断って働きづめの亭主を見ていて、辛くてしかたなかったと女房が打ち明ける。

「おっかぁ悪い、おっかぁ悪いって……私どうしていいかわかんなくなっちゃった……箸の上げ下ろしに、おっかぁすまねぇな、おっかぁすまねぇなって……雪の降る朝、出て行くときに、風邪ひくといけないから炬燵に入ってろよって……。お前さんが一所懸命働いている間にお金が出たのよ。でも、なんだかわかんないけど私、出さないほうがいいって思ってたよ……でも、もういい！　お前さんがこのお金全部飲んじゃってもいい、もうだましてるのイヤだ！　自分がイヤだ……。話、これだけなのよ。どうしたらいいのよ私、ねえ、お前さん教えて！　長年連れ添う女房にだまされてて腹が立つのわかるよ、わかるの！　ぶたれたっていいの、ぶたれても蹴とばされてもいいけど捨てないで！　お前さん好きなんだもん！　ねぇ！　別れないで……」

もはやまったく三木助の『芝浜』とは別の次元のドラマになっている。

目頭を押さえて涙をぬぐった勝五郎、「しまいまで聞いた……ありがとう」と応じる。

「そうか……大家、偉いなぁ……朝一番で大家のところに挨拶に行こう」

「あたしも連れてってくれる？」

「あったりめぇよ。一緒に行くんだ」

これを聞いて号泣する女房。

三木助の『芝浜』ではよくできた女房に対して勝五郎が「おっかぁ、お前は偉ぇなぁ」と感謝する場面だが、談志版では「二人して大家に感謝する」のである。

最後に酒を勧める場面、三木助は「機嫌直しに一杯やらない？　もう若い衆もいるんだし、今のお前さんならお酒を飲んでもお得意様に迷惑かけることもないだろうから、もう飲んでもいいと思ってたんだよ」と女房に言わせるが、談志は女房に「ねぇ、飲まない？」とだけ言わせる。

さらに晩年には女房が「ねぇ、お酒飲もう」と言い出すようになった。

「えっ？」

「なにも言わないで一緒に飲んで！　あたし、怖いもん。頼むから、飲んで！　飲んでくれないと怖い、お願い！」

「……怖いから頼むってんなら……でも飲んだら俺、酔うよ」

「酔っちゃえよ！　ベロベロに酔っちゃえ！」

「そうか、ありがとう……（飲もうとして）よそう」

「どうして？」

「また夢になるといけねぇ」


実は談志ファンの間でも「あの『芝浜』はやりすぎだ、あれじゃ落語じゃない」という声はあり、談志自身『芝浜』は落語ではないと言いながらそれを自分が演り続けることを理論的に説明できずにいた。


と同時に、晩年の談志はこう断言した。

「『芝浜』は完全に私のものだと思っている」


自分が愛する三代目三木助が演った『芝浜』に納得できず、ならば自分で納得いくものにしてやろうと演り続けた談志の『芝浜』は、「業の肯定」も「イリュージョン」も超越した「談志のドラマ」として成長し続け、二〇〇七年の「伝説の名演」で完結した。その四十年に及ぶ談志の『芝浜』との格闘こそが、この演目を「泣かせる大ネタ」という位置づけにさせた最大の原動力だったと言えるだろう。

人間味あふれる夫婦の機微――志ん朝

落語を超えるドラマとしての『芝浜』を追究した談志とは対照的に、名作落語として『芝浜』を磨き上げたのが古今亭志ん朝だった。

万人に愛される「ミスター落語」志ん朝の『芝浜』は、彼の演目がどれもそうであるように、実に心地よい。談志のように聴き手を自分の世界に引っ張り込んで強烈に揺さぶるのではなく、うっとり聴き惚れているうちにホロッとさせられる。夫婦の機微を描いた落語として実に楽しく、心温まる一席だ。

志ん朝の『芝浜』は父の古今亭志ん生ゆずりの型で、主人公の名前は熊五郎（魚熊）。志ん生は拾った財布の中身を五十両としていて、志ん朝も五十両で演っていた

（「五十三両と二分」に変えていた時期もあった）。いきなり女房が起こすところから始まるのではなく、腕のいい魚屋なのに昼飯で酒を飲むようになってから信用を失い、ヤケになって酒におぼれていったという経緯から入っていくのも志ん生の演り方を踏襲している。

ただし、志ん生はある晩「明日から商いに行く」と約束する夫婦の会話を手短に演じ、翌朝女房が亭主を起こすと亭主は素直に出ていく、という展開だが、志ん朝は、魚熊がヤケになって商いに行かなくなったことを説明すると「暮れもだいぶ押し詰まってきまして」の一言を挟み、「ちょいと熊さん、起きとくれよ」と女房が起こす。亭主が出ていくまでの描写はほぼ三木助と同じ。盤台が乾いて使い物にならないだの、包丁がどうのと愚図って行きたがらない亭主を「ちゃんと準備ができてるんだから行っておくれ」と説得する女房、という場面を丁寧に描いている。

志ん生・志ん朝親子の『芝浜』の演出上最大の特徴は、朝、女房に起こされた熊が芝の浜へ向かってからの行動を描写することなく、財布を拾い、慌てて戻ってきた熊が女房に「出かけたあと、なにがあったか」を語り聞かせて五十両を見せる、という構成だ。

三木助・談志の型がポピュラーになったため、かなり変わった演り方に思えるが、志ん朝が演るのを観れば「この演出のほうが自然」と思えてくる。志ん生は「(三木助は)芝の浜のくだりが長すぎて、あれじゃとても夢と思えねぇ」と言ったというが、そういう父の理屈とは関係なく、志ん朝の華麗な芸風においては「あの声と口調で淀みなく語り聞かせられるほうが、行動を描写されるより心地よい」からである。

この「芝の浜へ行く場面を省略する」演出は志ん生の創作ではなく、二代目金馬や三代目つばめがやはりそういう演り方をしていたことが速記で確認できる。

四代目小さんは芝の浜の場面を省略する演出について「財布を拾って気が動転している亭主が順序立てて観客にわかりやすく説明できるはずがない」と批判していたというが、そういうリアリズムと「芸の嘘」のどちらをとるか、という問題だろう。三木助が芝の浜での描写に力を入れたのはリアリズムというより美学の問題だと思うし、その意味では談志のほうがずっと「リアル」だった。

いずれにしても志ん朝の演り方には四代目小さんの指摘するような「無理」はまったく感じられず、実に自然だ。

逆に志ん生・志ん朝は、三木助や談志が描写しない「湯へ行った亭主が友達を大勢連れてきて豪勢に飲み食いする場面」を、魚熊の行動として進行形で演じる。

志ん生はそれをごくあっさり済ませたが、志ん朝はここを大きく膨らませ、実に面白い「見どころ」にしている。さらにその後、夕方に起きた二日酔いの熊を「あれは夢だった」と女房が言いくるめる場面は圧巻だ。

「いつ芝の浜へ行ったの？」

「だから今朝、俺はお前に起こされて」

「湯へ行ったんでしょ」

「そうだよ、湯へ行ったよ」

「で、大勢引っ張ってきてお酒飲んだでしょ」

「そうだよ、それで寝て、今……起こされたのか？　いや、そうじゃねぇよ、俺は今朝お前に起こされて」

「湯へ行ったんでしょ」

「そう、湯へ行って友達連れてきて……そうじゃねぇよ、わからねぇかな、俺はお前に起こされて」

「湯へ行ったの！　で友達連れてきて、お酒飲んで寝て、今起こしたの！　いつ芝の浜へ行ったの？　いつ行ったの⁉」

テンポよくたたみかける女房の絶妙なツッコミの可笑しさは志ん朝ならでは。この圧倒的な攻撃の前に、熊はとうとう「そうじゃねぇよ、俺は今朝、お前に起こされて、湯へ……行ったな。じゃあ、あれはなんだ？」と口にするはめになり、「お前さん夢でも見たね」という女房の発言を自ら引き出してしまう。「じゃあ、酒飲んだのは本当で金拾ったのは夢か？　割に合わねぇ夢見ちゃったなぁ」という熊の口調もしみじみ可笑しく、女房が「金毘羅様に酒断っちゃ飲んでるから罰が当たったんだ」と返すのもあっぱれだ。

これがあるから、三年後の大晦日に「夢じゃなかった」と言われた熊が「やっぱり！　あんなにはっきりした夢はねぇもの」と、怒るより前に納得する志ん朝演出が生きてくる。

談志は「こういう女房は鼻につく」と感じて『芝浜』の女房を可愛く描こうとしたが、志ん朝の描く『芝浜』の女房は、しっかり者ではあるけれど、まるで子供をあやすように亭主の機嫌をとり、亭主を立てる謙虚さもある。実に素敵な女性なのだ。

そもそも落語の世界では「しっかり者の女房とだらしない亭主」というのは定番であって、落語としてはむしろ「しっかり者の女房」で正しいのである。その点においては三木助の描く女房も同じなのだが、少々気どった演じ方だったために「可愛げ」が足りなかった。志ん朝の演じる女房は「しっかり者だけど可愛い」のである。これは演者志ん朝の天性の魅力からきていると言っていいだろう。


志ん朝の『芝浜』で最も重要な場面は、真実を打ち明けて謝る女房に向かって、熊が「お手をお上げなすって」と返すところ。

ここでの志ん朝のトーンは絶妙で、ほんの少しおどけた言い方が自然に観客の笑いを誘う。この「間」が素晴らしい。亭主は、「お前をぶったりしたら腕が曲がっちまうよ」という言い方で女房に対する感謝を表現し、しみじみと今の幸せを噛みしめる。熊五郎という男の「人のよさ」が浮き彫りになる、実にいい場面だ。

ここでの人間味あふれる夫婦の描写によって、志ん朝は「人情噺」が陥りがちな押しつけがましさ、甘ったるさといったものを排除し、ほどのよい「いい話」として

『芝浜』を完結させる。

「また夢になるといけない」という台詞はこの夫婦の「今の幸せ」を見事に凝縮した一言として観客の胸に響き、この上なく爽快な後味をもたらすのである。

型の自由なアレンジ——小三治

三木助の「情景描写の過剰さ」が好きじゃないという柳家小三治は、八代目三笑亭可楽の『芝浜』を手本にしている。

芝の浜で沖を見ながら「白んできやがった……カモメが飛んでる……お天道様が上がってきた！　ぽつんと……ああ、舟だ、房州もんだな！　今日はいい魚が安く買えるぜ」と呟く場面、三年後にこの夫婦の間に子供がいて「障子につかまって立っちしちゃだめだよ」と話しかけるところ、女房が真相を打ち明けるときの「奉公してる時分に『人様の物は塵っぱひとつでも手をつけちゃいけない』ってご主人様に言われていたのを思い出して大家さんに相談した」という説明、それを聞いて感謝する亭主の「俺は今日からお前のことをおっかぁと思わない、親と思うぜ」という台詞などはいずれも可楽ゆずりだ。

とはいえ、それはあくまでも「型」としての継承であって、例えば芝の浜の場面でも「海の風ってぇのは柔らかいなぁ」といった表現を交えるなど、小三治はアドリブで自在に表現を膨らませている。

〈三木助〜談志〉型の『芝浜』では家を出た勝五郎が財布を拾って家に戻り、酒を飲んで寝るまでの行動をリアルタイムで描写する。その後は眠り込んだ魚屋が女房に「商いに行っておくれ」と起こされ大金を拾ったのは夢だと言われる場面に移行し、その間の「湯の帰りに友達を大勢連れてきて、飲んだり食べたりした」事実は女房の台詞として聞かされることになる。

一方、〈志ん生〜志ん朝〉型では芝浜の描写はなく、逆に「友達を引っ張ってきて豪勢に飲み食いする」場面を描いて、再び寝込んだ亭主（熊五郎）を女房がもう一度起こして「あの払いどうするの？」と訊く。

小三治の『芝浜』は、家を出た亭主が金を拾って上機嫌で寝込むまでをリアルタイムで描写するのは〈三木助〜談志〉と同じだが、その後が異なる。

昼近くになると勝五郎はむっくり起きて湯に行き、友達を引っ張ってきて「めでてぇ」と豪勢に飲み食いすると、そのまま大の字になって寝てしまう。つまり、〈志ん生〜志ん朝〉のように、飲み食いの場面も描写するのである。

そして再び寝込んだ亭主は、女房に起こされるのではなく自分で起きて「おっかぁ」と声をかける。「起きたの？」「ああ、ちょいと水一杯持ってきてくれ……いや、水じゃ効かねぇ、迎え酒だな」といった会話のあと、女房が「起きたら訊こうと思ってたんだけど、なにがあったの？」と問いかけ、「芝浜の一件よ」と亭主が言うと、それは夢だったと聞かされる。この流れは可楽と同じだ。

ただし可楽の『芝浜』は冒頭いきなり「早く河岸に行ってらっしゃいよ」「行きゃいいんだろ」という短いやりとりがあって亭主が出て行き、地の言葉で状況を手短に説明して浜の場面に移行するが、小三治の『芝浜』は女房が「ちょいとお前さん、起きとくれ」と起こす場面から始まり、夫婦の会話で進行していく。女房の「盤台の糸底に水が張ってある」「包丁は光ってる」「草鞋も出てる」などという台詞も含め、ここは三木助に近い（志ん朝がここだけ三木助演出を取り入れているのを思い出させる）。

なお、可楽の『芝浜』の魚屋は「留さん」だが、小三治は三木助と同じく「魚勝（勝五郎）」。浜で一服する場面を可楽は仕草だけで表現するが、小三治は「昔は火打石と火口というものを使わなくてはいけなかった」と地でわかりやすく説明する。拾った財布の中身も可楽は五十両だが、小三治は五十二両だ。

財布を拾ったのは夢だと聞かされても、夢だと信じたくない勝五郎は、あれこれ反論を試みるが、女房と話しているうちにだんだんと弱気になっていく。何度も「俺よぉ、今朝……芝の浜に行ってさ……」と小声で繰り返す勝五郎がなんともいじらしい。小三治らしさが最も色濃く出ている場面だ。

「夢なのか……？　ああ夢だ……ガキの頃から、やけにはっきりした夢を見る癖があったんだが、なにもこんなときに……。やっちゃったよ、すまねぇ……なんとかしてくれ」

「なんとかって……この暮れへ来て、どうにもならないんだよ」

「今度ばかりは本当に目が覚めた。今日から酒やめる。商いに精を出すから、あの勘定だけは……」

「あたしだってもう借りるところなんか……お前さん、本当に商いに行ってくれるんだね」

心を入れ替えて魚勝がお得意先を広げていく様子を、小三治は生き生きと描く。長屋から出て表通りに店を構えて若い者の二人も雇うようになったと説明して、三年後の大晦日。

貧乏は嫌だ、今は幸せだと語り合う夫婦。「結局、愚痴ばっかり言ってるときは、なにもしてねぇときだ。なにも言わず、ただ商いやってりゃ、こういうふうに……。ん、雪か?」「笹飾りの音だよ」といった会話の中に、しみじみとした情感がある。

真相を打ち明ける女房の「雪の降った朝なんか、出て行く後ろ姿を見ながら、帰ってきたら好きなもので一本つけてあげたらどんなに喜ぶかと……」といった台詞は可楽ではなく三木助の系統だが、小三治はここを「泣かせどころ」として押すのではなく、むしろ「もう大丈夫だから飲ませてあげたい」という今の女房の気持ちに結びつけている。酒を飲んでいいと言われた勝五郎が「俺はどうってことねぇんだけど、腹の中の誰かがグビグビって言ったんだ」などと言ってほどよく笑わせてくれるのが小三治らしくて楽しい。

女房が燗をつけるのを待っている勝五郎が、鐘の音を聴きながら「除夜の鐘、言い残したが言い始め、ただめでたさにひかされて、愚痴も口説も二年越し……なんて唄があったなぁ」と小唄を引用するのは可楽と同じ。

サゲの直前、「おっかぁ、やっぱりよすぜ」と勝に言われて女房の「私のお酌じゃ気に入らない?」という台詞が入るのも可楽そのままで、このサゲ方に関しては「女房の台詞を挟むのは野暮だ、三木助のように『よそう、また夢になるといけない』と一気にサゲるべき」という意見もあるが、小三治の演り方にはこれが合っている。

ちなみに志ん朝は「俺、やっぱりよすよ」「(強い調子で)どうしてさ⁉」「また夢になるといけねぇ」、談志も「よそう」「(驚いた顔で)どうしたの?」「また夢ンなるといけねぇ」と、やはり「夫婦の会話でサゲる」形になっている。

三木助の「よそう、また夢になるといけない」は女房に言っているというより亭主の独白で、むしろ「形式としてのサゲ」に近い。談志・志ん朝・小三治らのリアルな「夫婦のドラマ」の結末には似合わないのである。

現代的なホームドラマ――圓楽

談志や志ん朝と同じ世代で『芝浜』に思い入れを見せた代表的な演者に五代目三遊亭圓楽がいる。

体調不良により引退を決意した彼が「最後の高座」として二〇〇七年に国立演芸場で演じたのが『芝浜』であり、私費を投じて一九八五年に建てた寄席「若竹」が一九八九年に閉鎖されることになったとき、その「若竹最後の高座」で演じたのもやはり『芝浜』だった。

五代目圓楽は『芝浜』を四代目柳家つばめから教わった。つまり噺の骨格は三代目三木助と同じだが、肌合いはまるで異なる。

『芝浜』に思い入れがあったというと、さも大ネタ然とした演り方だったように思えるだろうが、実際はそうではなくて、この噺を「平凡な夫婦の物語」と捉えた圓楽の『芝浜』は、「お茶の間」感あふれる下世話なホームドラマ、という感じだ。

圓楽という演者の最も大きな特徴は、落語の中に「現代的な会話」を持ち込んだ、ということ。それはともすれば落語の美学を損ない、落語通には敬遠されたが、『芝浜』のような噺から「嘘くささ」を排除するには効果的だったのは間違いない。

圓楽の『芝浜』の最大の特徴は、亭主の素直さ。

「飲んだり食ったりしたのが本当で四十二両拾ったのは夢」と女房に聞かされた勝五郎は、まったく疑うことなく、「そうか。そういや、俺はガキの頃からこれは本当じゃねぇかなと思うような夢を見る癖があった。よくおばあちゃんに言われたよ。『勝っちゃん、お前、大人になってそんな夢を見ると命とりになるよ』……今度がそれだ」と信じる。

「おっかぁ、包丁出してくれ」「仕事に行ってくれるの？」「死ぬんだよ」と続くのだが、ここで笑いが起こるのが圓楽らしい。そして、女房はまったく動じることなく、「なにを言ってるのこの人は」と切り返し、「お前さん忘れたの？　いつも私が『仕事に行っとくれ』って言うと、『うるせぇ、女が男の仕事に口出すな！　男が死ぬ気になって働きゃ借金がいくらあったたって返せるんだ』って偉そうな啖呵（たんか）切ってるんだよ」と堂々と反論、亭主を奮い立たせる。

圓楽の演じる女房に「女の可愛さ」がほとんど感じられないぶん、ごく当たり前の夫婦喧嘩のように聞こえて、「美談」くささを消し去っている。

三年後の大晦日の夫婦の会話も思いっきり「人情噺らしく」演じているのだけれど、亭主が女房の告白に素直に感動するので、美談ではなく「いい話」としてこちらも素直に受け止められる。

圓楽のサゲは、若い頃は「よそう、また夢になるといけねぇ」だったが、後年「よそう、また夢になる」に変え、晩年までそれで通した。夫婦の会話ではなく独白で演るならこれで充分、という判断だろう。

淡泊さとダイナミックさ——馬生・権太楼

十代目金原亭馬生(きんげんていばしょう)は父・志ん生の『芝浜』をアレンジして独自の演り方をしていた。主人公の名前は熊で、冒頭、この男が酒にだらしないことを地で語るのは志ん生と同じ。ただ、志ん朝が受け継いだ「昼飯のときに酒を飲むようになった」というエピソードではなく、「二日酔いで迎え酒」の繰り返しで商いに行かなくなったと説明する。

この熊が自ら「明日から働くから元を都合してくれ」と女房に言い、翌朝起こされるとすぐに出かけるのも志ん生と同じ。ただし馬生のほうが熊の反省の度合いが強く、「おっかぁ、すまなかったな。俺は明日から酒やめて一所懸命働く」「やっと気づいてくれたんだね、うれしいじゃないか。お前さんだけが頼りだよ」と女房を喜ばせている。

志ん朝はこの最初の朝の場面だけ四代目つばめ系の演出を取り入れて、「明日から商いに行くから今夜好きなだけ飲ませろって、ゆうべあれだけ飲んだじゃないか。約束だから行っておくれよ」と女房が無理やり亭主を起こし、亭主が盤台がどうの、包丁がどうのとグズグズ言うのを「大丈夫だから」と送り出していた。三木助・談志・圓楽といった四代目つばめ系の演出では、最初の朝の「盤台が使い物にならない」「糸底に水張ってあるから大丈夫」「包丁が」「ピカピカ光ってる」「草鞋」「出てます」という夫婦の会話は、のちに改心して商いに行こうとする亭主が再び繰り返して「夢にも同じような場面があった」と笑いを呼ぶのだが、志ん朝はそれは踏襲していない（小三治は最初の朝の盤台や包丁のくだりは女房の独り言ですませ、改心したあとは特にそういうやりとりはない、という演り方で、志ん朝に近い）。

問題はその先だ。志ん生演出だと亭主が出て行ったあと、女房側の視点となって亭主が帰ってきて驚くことになるが、馬生は芝の浜で財布を拾う場面を熊の視点で（ごくあっさりとではあるが）リアルタイムで演じる。

家に帰った熊が金を数えると五十両。酒を飲んで寝た熊は昼ごろ目が覚めて湯へ行き、友達を連れてきて「めでたい、めでたい」とガブガブ飲んで寝込み、翌日の昼近くに目が覚める……つまり、三木助や可楽がカットした場面も志ん生がカットした場面も、馬生は全部演じているのである。

この十代目馬生の型は、三遊亭圓窓を経由して柳家権太楼に受け継がれている。ただし、権太楼は冒頭の夫婦の会話で熊の反省の度合いは馬生ほどではなく、女房から「お前さん、酒やめてくれる？」と迫っている。

権太楼の『芝浜』では日の出を見ながら一服する場面はなく、顔を洗ったときに手拭いを落っことして財布を拾うが、これも馬生のとおり。

家に帰って数えてみると五十両。ここから先の展開も馬生と同じだが、権太楼の演じ方は実にダイナミックで、淡泊な馬生の『芝浜』と印象は正反対だ。

夢だと言われてもなかなか信じられず、「行ってねぇ……？　そんなことねぇ、そんなことねぇ！」と混乱したあと、「夢……？」と絶望的な表情になる熊。そんな亭主に「借金なんて、そんなことどうでもいいんだよ！　しっかりしておくれよ、お前さん！　しっかりしておくれよ……」と泣き声で訴える女房。権太楼ならではの、胸に迫る場面だ。

権太楼の『芝浜』は、感情表現の激しさという点では談志を思わせる。

馬生は「早いもので三年も経つとすっかり借金を返して表通りに店が出せるようになった」と説明し、「若い衆はみんな湯へ行ったか？」云々のくだりがあったが、権太楼はただ「三年経った大晦日の晩でございます」とだけ言い、登場人物は夫婦二人だけ。これも談志と同じだ。

三年間だまされていたと知った熊の「あのとき俺がどういう気持ちだったか、わかるか……？　男がな、自分で自分が嫌になって、自分を殺したいと思った情けねぇ気持ちが、お前にわかるか⁉　今日の今日まで、俺を見てきただろ？　女房って、そんなものか⁉」と激高する熊、泣きながらすべてを打ち明ける女房。

この噺の大きなポイントは「届けたお金が半年経って『落とし主不明』でお上から戻ってきたけれども、元の木阿弥になるのが怖くて女房がずっと言い出せなかった」ということ。その後ろめたさが頂点に達してすべてを吐露するのがこの三年後の大晦日の場面だ。

権太楼は女房にこう言わせている。

「今年の二月だ。雪が降っててさ、お前さん風邪ひいてゴホンゴホン咳して……『今日は休めば』って言ったら『お得意が待ってるんだ、俺が働かなかったら借金返せないんだ』って出て行って……ここまで出たんだよ、借金なんかないって！　言えなかった……怖くてさ。雪の中、背中丸めたお前さんの後ろ姿に手を合わせて……。でもお前さん『今は働くのが道楽だ』って……もういい！　このお金で元の飲んだくれになってもいい！　お前さんが乞食になるんならあたしも一緒に乞食になる……そう決めたんだ。勘弁しておくれよ……」

台詞を膨らませる――さん喬

「さん喬・権太楼」と並び称される柳家さん喬の『芝浜』も「芝の浜へ行って財布（五十両）を拾う場面」と「友達を連れてきて飲み食いする場面」の両方を描写する。

ただし、馬生系統の権太楼と違って「お前さん、起きとくれ。ゆうべ約束したじゃないか」で始まり、「盤台が乾いちまってるだろ」「包丁が錆びてるだろ」「草鞋は」云々があってから芝の浜へ向かうタイプで、主人公は魚勝。女房の名がはっきりと「おみつ」と明示され、三年後には金坊という子供もいて、表通りの店で奉公人を三人抱えている。

さん喬の『芝浜』の最大の特徴は、三年後の大晦日に「あれは夢じゃなかった」と打ち明ける女房の台詞を独自に大きく膨らませたところにある。

「お前さん、五十両拾ってきたから遊んで飲めるって……出かけるときは『今日から心を入れ替える』って言ったのに、財布拾ってきたら遊んで酒飲むって、河岸なんか行くもんかって……。あたし、大家さんのところに相談に行ったの。大家さんは『冗談じゃない、そんな金を身につけたら勝公の身体は無事じゃすまない、俺が奉行所に届けてやる』『でもあの人になんて言えば』って訊いたら大家さんは『考えろ』って……『亭主が死んでもいいのか』って……。どうしよう、どうしようって思ってるうちに夕方になって、お前さん起きて湯へ行っちゃって……『明日の朝この人が起きたらなんて言ったらいいんだろう、どんな嘘ついたらいいんだろうって……そんなこと言えやしないよ。どうしていいかわかんなくて、『なんだって五十両なんて拾ったんだろう、いっそあれが夢だったらどんなにいいか』って思ったら、『そうだ、じゃあ夢にしちゃえばいいんだ』って……あれは夢だったって思おう、五十両なんて最初からなかったんだって、そう思おうって……それでお前さんに夢だったって一生懸命言ったら、どういう育ちをしてるんだかお前さんバカに素直に夢だって信じてくれて……『情けねぇなぁ』って言って、心入れ替えて商いに精出してくれて……。五十両は一年でお下げ渡しになったの。あたしね、すぐお前さんに本当のことを言って謝ろうと思ったの。でもね……怖かったの！　もしもこの五十両見せたら、またお酒飲んで河岸へ行かなくなっちゃうんじゃないかって、怖くて怖くてしかたなかったの……」

泣き声をふりしぼるおみつ。

「金坊ができて、一所懸命働いてくれて……いつになったらあの人に本当のことを言おうかって……明日になったら五十両出そう、明後日になったら五十両見せよう……毎日そう思ってたけど、怖くて出せなかった……。今年の夏、お前さんがうれしそうな顔して帰ってきて、『おい、おみつ、俺ぁ魚屋になってよかった』って言ってた。『岩田のご隠居がな、昨日のコチは美味かった、寿命が二年も三年も延びたよ、また美味しい魚を届けて長生きさせておくれって……そう言われたときに、魚屋になってよかったと、つくづく思ったよ』って……。それ聞いて、今年の大晦日になったら五十両見せようって、そう決めたの。あたし、子供の頃から大晦日が大嫌いだった。お父っつぁんもおっ母さんも、なにも悪いことしてないのに、大晦日になるといつも来る人みんなにごめんなさい、ごめんなさいって謝って……でも今年の大晦日ほど楽しみなことはなかった……。堪忍してね」

手をついて謝るおみつに「ま、お手を上げて」と勝公。

「つらかっただろうなぁ……。ほらほら金坊、障子につかまっちゃだめだよ、こっちおいで、アンヨはお上手……こっち来い……ほら見ろ、おめぇを生んでくれたおっ母さんだ。アバアバ、か。アンヨは上手……おっと、障子に手ェ突っ込んじまった、しょうがねぇな、ハッハッハ」

泣き笑いする勝五郎。

「いくらでも破りな……へへ、へへへ」

サゲは「やめた」「やっぱりあたしのお酌じゃ美味くないかい?」「そうじゃねぇよ、また夢になったらどうするんだい」。

権太楼が一気に「よそう、また夢になるといけねぇ」とサゲるのと好対照だ。

笑いと涙のラブストーリー――談春

談志の『芝浜』は、談志の弟子たちに受け継がれた。

もっとも、談志の演り方をそのまま踏襲する弟子は少ない。

立川流創設以降に入門した立川談春、立川志らく、立川談笑らは、枠組みは談志のスタイルを用いながらも、三年後の大晦日の展開がまるで異なる『芝浜』をつくり上げた。談志一門の高弟で「寄席育ちの世代」に属する立川談四楼にしても、初期の談志の『芝浜』を土台にしながら三年後には女房のお腹に赤ちゃんがいる設定にするなど細部にアレンジを施し、落語らしい「いい話」としてのバランス感を保つ演り方になっている。

ちなみに立川志の輔は『芝浜』は演じていない。

今、談志に最も近い『芝浜』を聞かせるのは橘家文蔵だろう。

財布を拾う前夜のやりとりから描くところからサゲ直前の「ベロベロになっちゃえ」まで、談志の『芝浜』によく似ている。

もちろんそれは「型」としてであって、談志のように緊張感に満ちた演り方ではなく、台詞回しには文蔵の「豪快かつ繊細」な個性が存分に発揮され、ほのぼのとした「平凡な夫婦が幸せになる話」になっている。人のよい魚屋夫婦の「可愛さ」が際立っているのは文蔵自身のキャラによるところが大きい。

数年前まで橘家文左衛門として演じていた『芝浜』には「立川流の誰よりも談志に近い『芝浜』」という印象が強かったが、文蔵襲名が決まったころから「三年後の大晦日」の演じ方が以前よりグッと軽くなって、より自然体の「文蔵の『芝浜』」ができあがった。

立川談春の『芝浜』は、夫婦愛をテーマとする「笑いと涙のラブストーリー」。通常の『芝浜』にはない軽妙なやりとりと談春特有の「泣き節」とが交差するラブラブ夫婦の物語は、談志の『芝浜』とは異なる感動を与えてくれる。

談春の描く勝公は「男はバカだ」の典型で、虚勢を張りながらも女房に甘えている。そして女房は、そんな勝公が大好きだ。

四十二両を拾ったのは夢で、飲んだり食ったりしたのは本当だと言われて狼狽する亭主を、女房は叱りつける。

「あんた、自分がどれだけ腕の立つ職人だか知ってるの⁉ みんな、あんたの魚を待ってるんだ！ あんたが真面目に働けば、借金なんて返せるよ。あたしがやりくりするんだ、なんとかなる！」

これを聞いて勝公は、こう言い放つ。

「言ったな！　俺が言ったんじゃないぞ、お前が言ったんだからな！　だったら働いてやらぁ。言っとくけど、ただ働くだけだぞ。借金のことなんか知らねぇ、借金はお前がなんとかしろ！」

その言葉どおり、勝は酒をやめて働き続ける。いくら稼いで、借金がいくら残っていて、といったことはいっさい関知しない亭主を支えて女房がやりくりし、いつの間にか借金は消え、店まで持つことができて、幸せに満ちた大晦日。湯屋から帰ってきた勝公が、ご隠居に「除夜の鐘が百八つ鳴るのは今年の四苦八苦をすべて流してしまうためだ」と教わった、と話す。

「ご隠居が言ったんだ。今年、お前は店を持ったし幸せだっただろうけど、それも全部忘れてまた来年、一からがんばって働かなきゃだめだぞって。驚いちゃったよ。俺達って、世間から幸せと思われてるんだな」

「幸せだよ。あたし、もう、どうしていいかわからないくらい幸せ」

「それはお前違うよ。今までがひどすぎたの。今が並なんだよ。来年の俺はやるよ！　お前がびっくりして座りションベンして馬鹿になっちゃうような、そんな幸せを俺がお前に授けるぞ、覚悟しろ！　うわっははははは」

それを聞いた女房、意を決して「見てもらいたいものと、聞いてもらいたい話があるの」と切り出す。この愛すべき亭主は、自分のついた嘘を真に受けて働き続け、こんなに幸せになってなお「もっと幸せを届けてやる」と言ってくれた。愛する亭主にそこまで言われてあまりに幸せで切なくて、打ち明けてしまうのだ。

「だいぶ前に四十二両はお下げ渡しになったの。でも、あなたが元の飲んだくれに戻るのが怖くて、ずっと出せなかった……お金なんかいらない、今の幸せが続けばそれでいいと思ってた……。でもさっき、もっと幸せにしてくれるって、あんなこと言われて今出さなかったら、もう生涯出せない気がして」

すべて聞き終わると、勝公は静かに「わかった」と言う。

「……え?」

「わかった。わかったよ。ほら、除夜の鐘が鳴ってるから、いいことも悪いこともみんなきれいに忘れて、以上、おしまい!」

「なによそれ! ちゃんと言ってよ!」

「いいじゃねぇか、突き当たりまで言わせるなよ! なんで嘘ついたのかも、なんで出さなかったのかも、なんで今なのかも、全部わかったよ。俺はひどいね。どう聞いたって、悪いのは俺じゃねぇか。おめぇの気持ちはよくわかった。それでいいだろ」

「許してくれるの？」

「だから、俺が悪かった！　だから勘弁してくれよ！」

「許してくれるの？」

「俺が謝ってるじゃねぇか」

「許す、って言ってくれないと、やだ」

「許すよ！」

「じゃあ、あたしも許してあげる」

「この野郎！（笑）」

お酒飲んだら？　と女房が勧めると、亭主は大喜びして、「飲んでいいの？　飲む飲む！　四十二両なんてどうでもいいよ、いらねぇ！」と満面の笑顔。この単純さを女房は愛しているのだ。

「酒飲むとなったら胸襟開くよ俺は。お前、嘘がうますぎるよ！　今日のこれがなかったら俺、ずっと飲めなかったの？　そんなに信用ない？　でもまあ、ホントに悪い男だね俺は。……一人で飲むの照れくさいから、お前も飲め。ほら」

「うん……三三九度みたい」

「馬鹿野郎！（笑）」

久々に飲めるとなってはしゃぐ勝公。

「これ飲んだら元の飲んだくれに戻ったりしてな」

「いいよ、あたしがお店大きくするから」

「お前なぁ……」

単純で、甘えん坊で、でも「やるときはやる」男、だから女房は亭主が大好き……こういう夫婦像を談春は描いている。

談志の『芝浜』の女房は「殴っても蹴ってもいいけど捨てないで！　勝っつぁんのこと、好きなんだもん！」と泣ける、ひたすら可愛い女。談春の『芝浜』の女房はしっかり者で優しくて、たまに見せる弱い部分がまた可愛いという素敵な女。夫婦像は違えども、この師弟の描く夫婦のドラマの濃密さは、他の『芝浜』とは比べ物にならない。

可愛い女房が起こす騒動——志らく

立川志らくは談志の「可愛い女房」を、もっともっと可愛く描く方向へ向かった。志らくの『芝浜』の女房は、魚屋として働く勝五郎が好きな、ちょっとバカなところが可愛い女。

冒頭、起こされた勝公と女房はこんな会話を交わす。

「お前さん、二十日も河岸に行ってないよ。魚屋さんなのに河岸行かないと、魚屋さんが腐っちゃうよ」

「なんだそりゃ?」

「ねぇ、河岸行ってよ。今日から行くって約束したでしょ」

「教えてやろう。約束は破られるためにある。おやすみなさい」

するとこの女房、「あなたが行かないならあたしが行く!」とネジリハチマキして河岸へ行こうとする。「わかったよ、俺が行くよ」と出て行った勝公、芝の浜で四十二両拾って帰ってくる。

「それ、誰のもの？」

「俺が拾ったから俺のものだろ」

「お前さん一人の？」

「おめぇと俺の二人のモンだよ！」

「ホント？　よかった、これでもうお酒の心配いらないね」

「そうさ、いいもの食って、いいもの着て」

「でも落とした人、困ってるよね。落とした人を探して『使っていいですか？』って訊いてみようか」

「落としたヤツがわからないから俺のものなんだよ。海で落としたんだから諦めてるだろ。簪だって道で落としたら探すけど、海に落としたら探さないだろ？」

「じゃあ、もらうのはいいこと？」

「いいことだ！」

それを聞いて素直に喜んでいた女房は、次の言葉を聞いて不安になってくる。

「もう朝っぱらから起きて商いなんざぁ行かなくていいんだ」

「え？　でも勝っつぁんはお魚屋さんでしょ？」

「やめるよ、商売なんざ」

「商売、なんでやめちゃうの？」

「銭があるじゃねぇか！　なんで人は働くんだ？　銭がほしいからだろ？　銭があったら働かねぇよ」

「魚屋さんじゃなくなっちゃうの？　お前さん、魚屋さんじゃなくていいの？」

「いいよべつに」

この一言がきっかけで、女房は大家に相談しに行き、これが夢だったということにする。

その一件から三年後の大晦日、福茶を飲み、笹飾りのサラサラという音を聞いて
「三が日は晴れるな。飲めるヤツは楽しみだ」「飲みたいんでしょ」「飲みたかねぇよ。お、除夜の鐘だ。いい大晦日だな」と、そこまでは談志と同じ。

と、ここで談志にない台詞が出てくる。

「ねぇ、お正月になったら一度、芝の浜へ連れてってちょうだいな」

「ああ、いいよ。一度も連れてったことねぇからな」

やがて女房は「あれは夢じゃなかった」と打ち明ける。「このヤロー！」と怒って、ポカポカッと殴る勝公に女房はこう言う。

「お前さんが魚屋やめるって言ったから夢にしたの！」

「な……なに？」

女房は、四十二両拾った亭主が「魚屋なんかやめる」と言ったのが不安だったのである。

「魚屋やってるお前さんが好きだったの！　魚屋さんじゃなくなるのはイヤだったの！」

「だから夢にしたってのか？」

「だって魚屋さんやめちゃうって、もう河岸へ行かないって言うから」

「だったら夢とか言わないで普通に言えよ！」

「普通に言っても、いつも酔っ払ってるから頭おかしくなっちゃってて話通じないもの」

「だからって、嘘をつくのはよくないことだ！」

「魚屋やめるのだって、よくないことだ！」

女房は、亭主が寝ている間に大家のところに行き、「うちの人が魚屋やめるって言ってます。大家さんに一両あげますから、やめるの止めてください」と言ったという。大家はこの女房の「うちの人が四十二両拾ったんで、お金はあるんです、大丈夫です」という言葉を聞き、「そんな大金身につけたら勝公の首は胴についちゃいねぇぞ！　その金は俺が届けてやる」と言って、財布を持っていってしまった。

「あたし、お金なくなっちゃった、どうしよう⁉　って思った。あなたが起きてお金がなくなってたら怒られる、じゃあ夢にしちゃえって思ったの。だってあなたいつも酔っ払って頭おかしいから、夢だって思うかもしれないって。それで『夢！　夢！　夢！』って言ったら本当に夢だと思ってくれた。でも、まさかあなたがお酒やめるとは思わなかった。好きなお酒やめて、朝早く起きて出て行くあなたの後ろ姿を見て、ごめんなさいって思ってた。一所懸命働いてるあなたに嘘ついてて、いつか天罰が下るんじゃないかと、怖かった。だからあたし、『そうだ、あれは夢だったんだ』って思うことにしたの。最初から本当に夢だったんだって……」

彼女が本当に「あれは夢に違いない」って思えるようになった頃に、落とし主が現われないからと四十二両が戻ってきた。

「どうしよう、いっそどこかに捨てようかと思ったけど、道に捨てたら誰かが拾ってうちみたいに不幸になるといけないから、畳の下に隠しちゃおうと思って、畳を替えることにしたの。でも畳屋さんが見てるから隠せなくて……。あたし、もうこのお財布は芝の浜へ返そうと思った」

「それで、浜へ連れてってくれって⁉」

「うん」

「じゃあ、どうして今、話した？　芝の浜へ行くまで待てばよかったじゃねぇか」

「お酒飲んでほしかったから」

「え？」

「飲んでほしかったの！　この話をしたら、きっとヤケ酒飲むだろうって思ったから」

「……」

「話はこれだけ。怒ってるでしょ？　でも、あたしのこと捨てないで。お前さんに捨てられたらあたし、生きていけない」

それを聞いていた勝、「たしかに俺、頭おかしくなってたんだな、そんな金身につけて商売やめてたら、とんでもないことになってた。お前のおかげだ、助かった」と女房に頭を下げる。

「……あたしのこと、捨てない？」

「捨てない」

「あたしのしたこと、いいこと？」

「いいことだ」

「ひょっとして、あたしは貞女？」

「ああ、見事な貞女だ」

「夢にしてよかった……」

「俺も夢にしてもらってよかったよ。よし、飲もう！　酒買ってきな！　え？　あるのか、正月だから。そうか、じゃあ飲むぜ、正月だからな」

「正月終わってからも、ずーッと飲んだくれててもいいよ、うちにはお金たくさんあるんだもん」

「じゃ、俺が飲んだくれて河岸行かなかったら、あの四十二両から少しずつ使え」

「でも魚屋はやめないでね」

「ああ、魚屋はやめない」

そして注がれた酒。

「死ぬほど飲むぞ!」

「死ぬほど飲んで!」

「ベロベロになるぞ!」

「ベロベロになって!」

「……やっぱりよす!」

「なんで?」

「また夢になるといけねぇ」

泣かせる噺ではなく、あくまで落語。

談志の「美談は嫌いだ」という言葉にヴィヴィッドに反応した志らくは、「可愛くてバカな女房が深く考えずに起こした騒動」として『芝浜』を描いた。

新しいサゲの開発――談笑

「また夢になるといけない」というサゲは、あらゆる落語のサゲの中でも最も秀逸なものの一つだろう。これをもし変えるとすれば、立川談笑しかいないと僕は思っていた。そして、それは現実のものとなった。

談笑の代表作とも言える『シャブ浜』は、『芝浜』の改作というよりは新作落語に近い。二〇〇五年に『シャブ浜』をつくった談笑は、その三年後、本当の「『芝浜』の改作」に取り組み、サゲを考案することになる。

芝の浜で四十両入った財布を拾ってきたが女房に夢だと言われた一件から三年後の大晦日。今では表通りに店を構えている。

湯屋から帰ってきた亭主。

「ただいま」

「お帰り。上総屋(かずさや)の件どうなった?」

「決まったよ。年が明けたら河岸の中に仲卸しの店が持てる。お前のおかげだよ。百両あれば河岸の中に大きな店が持てるって言われたときに、お前が『はいよ』って右から左に百両出してきたからな。スゲェな、お前のやりくり上手は」

「稼ぎ男がいればこそだよ」

幸せに浸る二人。やがて、立ち上がってなにか探し始めた亭主に女房が声をかける。

「あたし、折り入って話が」

「いや、俺も話が……」

ふと、なにかを見つけたという顔をして、女房の顔を見る。黙って泣く女房。

「私が嘘をついてました、ごめんなさい」

勝五郎が見つけたのは古い革財布だ。

「怒ってないよ。手ェ上げてくれ。いいから、聞かせてくれよ。俺、これ知ってたよ。……泣かねぇでくれ、ホントに怒ってないから」

談笑の『芝浜』では、先に打ち明けるのは亭主のほうだ。

「知ってたよ、嘘ついてたよな？　嘘ついて辛かったよな？　夢かどうかぐらいわかるよ。でも、俺もお前の言うとおり、夢のつもりで生きていこうと思ったんだよ。一所懸命働いて……でも、お前がいないときには家捜しだ。ずっと見つからなかった。おかしいと思ってたんだ。だけど一年ぐらい経ったら、あの糠味噌の脇のところにあった。『ヤロー、やっぱり夢じゃなかった！』ってカッとして……いや、今は怒ってない。ただ、そんときは……。見つけた金持って、酒屋へ走ったんだ。飲めるだけ飲んでやろうと思ってな。走った……寒いんだよ。寒かった……それで、お前のこと思い出した。お前、いつも俺に『酒持って来い』って言われて、どんだけ寒かったか、どんだけ辛かったか……。そんな思いして、家に帰ると飲んだくれがいるんだって……それ思って、お前が可哀相で、辛くって、酒屋まで行けなかったよ。……でも、どうやって隠したんだ？　それまで一年」

女房は、店賃（たなちん）が溜まってたから大家のところに持っていったら、大家が奉行所に届けたと打ち明ける。「そうか！　それで一年後に下げ渡されて……奉行所かぁ」と言いながら、勝五郎は一升瓶から酒を注ぐ。

「ん？　ずっと飲んでたよ。いや、隠しごとはお互いじゃねぇか。それにしてもお前、隠しごと下手だよな。引っ越すとき『大事なもの』って書いた箱の中にこの財布入れてたよな」

酒を飲みながら続ける。

「俺いつも『おっかあ、すまねぇ』って言ってただろ？　あれ、最初の頃の『すまねぇ』と、あとのほうの『すまねぇ』は、ずいぶん違うんだ。俺、この財布見つけたよってお前に言おうと思ったんだけど、言えなくて……。あるとき、気づいたんだよ。ある朝、いつものように出かけて、忘れ物したんで後ろ振り返ったら、お前が俺の背中に手を合わせて拝んでたんだ。あれ毎日やってるんだって思って……。お前はなにも悪くないのに、『ごめんね』って泣いてるんだ。正直者のお前が嘘をついたまんま、どれだけ辛かったか……。早くお前に『知ってるよ』って言ってやりたかった……気がついてること言ってなくて、すまねぇ！　今までありがとうな。こんな暮らしができるのもお前のおかげだ」

「うん、お前さんのおかげだよ。これからもよろしくね」

「……メソメソした暮れだな、ははは」

「ねえ、お酒飲んじゃおうか」

「え？　だって」

「それ、お酢でしょ？　さっきからあなたの吐く息が酸っぱい。優しいわね、本当に

「……」

「いいのかな」

「大丈夫、あの頃のお酒は逃げるお酒、でも今は違う。今のあなたなら大丈夫」

「わかった！　飲むなら一緒にやろう」

「だめよ」

「一杯だよ、お前もいけるクチだろ？」

「だめ！　だめなわけがここにある」

女房がお腹をさすって今が三ヵ月だと打ち明ける。大喜びの勝五郎。

「うれしい年越しだ！　大好きな酒、大好きなお前と一緒にいただくよ！（一瞬ためらい）よそう、また夢になるといけねぇ……（ゴクゴクゴクッと飲み干す）」

「お前さん、飲んじゃったね！」

「ここは飲みてぇじゃねえか！」

飲みながら、革財布を手に取る。

「ずっと知ってたけど、手はつけてない。金はそのまんまだ。中、見てみろよ、ホラ」と言って財布を開けると……「えっ！　石コロかよ、おい！　これ、どういう房。

「……？」「だって私、繰り女よ。稼ぎ男に繰り女って言うでしょ？　その中に四十二両入ってたほうがいいなら入れてあげるよ。百両でも、いくらでも入るよ」と笑う女房。

「そうか！　お前、やっぱり俺より一枚上手だな。面白ぇもんだ！　ハハハッ！」

「ねぇ、お前さん、これ拾ったこと、もう一度夢にしない？」

「ああ、いい夢かもしれない」

だまされたふりをして女房を思いやった亭主、その上を行く女房。これまでの『芝浜』とは違う意味での「いい話」となった。

この新しいサゲも実に感動的なのだが、二〇一七年頃から談笑は勝五郎に酒を飲ませず「また夢になるといけない」でサゲるようになった。僕は談笑オリジナルの「いい夢かもしれない」が好きなので、また用いてほしいと思っているのだが……。

軽さの可能性――白酒・一之輔

志ん朝の『芝浜』は直弟子の古今亭志ん輔が継承しているほか、春風亭一朝も「志ん朝の型」で演っている。

二〇一二年に二十一人抜きの抜擢で真打に昇進した春風亭一之輔は、一朝の弟子。彼も師匠ゆずりの『芝浜』を演じている。

人情噺があまり好きではないという一之輔が『芝浜』をネタ下ろししたのは、二〇一三年の暮れ。「『芝浜』は市井(しせい)にあったちょっといい話くらいでちょうどいい」という一之輔には、芝の浜の描写がない志ん朝の型がよく似合う。

「あっさり演りたいので、ほとんど師匠に教わったとおりです」と一之輔自身は言うが、随所に一之輔独自の台詞回しのセンスが活き、メリハリも効いていて、ほかの誰とも違う「面白くて爽やかな『芝浜』」だ。

志ん朝の『芝浜』の名場面、「今朝、俺は起きて」「湯へ行ったんだろ」と女房に言いくるめられるところで一之輔は「そうだよ、俺は起きて湯へ行ったよ、友達連れてきて飲んで寝たんだよ、で、今起きたんだよ……いつ（芝の浜に）行ったんだよ！」と自分で自分を追いつめてしまう。これがいかにも一之輔らしい。

『鼠穴』『富久(とみきゅう)』『文七元結』といった演目でも、年々「一之輔独自の台詞回し」が増えて作品に深みが増していることを考えると、十年先、二十年先の一之輔の『芝浜』

が楽しみだ。

桃月庵白酒（とうげつあんはくしゅ）の『芝浜』も「志ん朝の型」。師匠の五街道雲助（ごかいどうくもすけ）が志ん生の孫弟子だから古今亭の型なのは当然とも言えるが（もっとも雲助の『芝浜』は古今亭の型ではなく、三木助系をベースにしている）、一之輔以上に「人情噺は嫌い、『芝浜』なんて演りたくない」と公言していた白酒だけに、枠組みは志ん朝ゆずりでも中身はまったく違う。

白酒の『芝浜』は「押しが強い女房の尻に敷かれる亭主」の物語。あっさりしているだけでなく、頻繁に笑いが起こる。『幾代餅（いくよもち）』や『井戸の茶碗』でも笑わせる白酒らしいが、さすがに『芝浜』で頻繁に笑わせる演出は衝撃的だ。三年後の大晦日に「あの革財布」を目の前に出され、「三年前に夢を見ただろ」と言われた熊五郎は「偉いな、お前！　よく見つけてくれたな！」と大喜び。「夢じゃなかったんだよ」と言われてもなお「そうだろ！　やっぱり俺が正しかったんだ！いやーよかった、よかった！」とひとしきり喜んでから、「よかったじゃねぇだろ」とノリツッコミ。もはや人情噺ではなく完全に「長屋を舞台にする滑稽噺」のテイストである。

白酒がこういう『芝浜』を演るようになったのは二〇一四年九月の五夜連続独演会からだが、『芝浜』そのものは二ツ目時代に覚えてあったという。

白酒の『芝浜』では、財布を拾った当初は、女房も一緒になって喜んでいる。それが、ふと不安になったのは、湯の帰りに大勢連れてきてドンチャン騒ぎをしているのを見ていたとき。大家のところに相談に行ったところ、「お前の亭主は目をじっと見て三回『夢だ』と繰り返せば信じる」と知恵を授けてくれたのだという。

つまり、財布を大家に渡したのは最初に寝たときではなく、ドンチャン騒ぎのあとだったのである。払い下げになった財布を出さなかったのも、大家が「まだ出しちゃだめだ」と指示したからで、今出したのも大家がもう大丈夫と言ったから。これも非常にわかりやすい。

「ごめんなさいね、今までだましてて。本当にごめんなさい」と女房が謝ると、熊五郎はびっくりした顔で「え？　いやいやなにをおっしゃいますやら！　お前も不思議なヤツだね、謝るべきときに謝らなくて、謝らなくていいときに謝るって」と返す。

ここで笑いが起こるのは、財布を拾った朝の「お前、時刻を間違えたんだよ」「あっ、そう、やっぱり！　道理で眠いと思ったもの」「あっそうじゃなくて、まず謝れ」「いいじゃない、遅れたわけじゃないんだから。早かったんだから、謝る必要ないの！　そんなこと文句言いに帰ってきたの!?」という愉快なやりとりがあったからだ。

夢にしてくれてよかったと喜ぶ熊五郎が「たしかに俺、目を見て三度言われると信じちゃうしな」とか「どうも最近大家おかしいと思ったんだよ、会うたびに俺の肩抱いて『お前は大丈夫だ』って」などとつぶやくのも楽しい。

白酒の『芝浜』では、最後は一気に、「よそう、また夢になるといけねぇ」。一之輔は「よそう」「どうして」「また夢になるといけねぇ」と分けている。

ちなみに一之輔は財布の中身を五十両にしているが、白酒は四十二両だ。

これまでは四代目つばめ由来（三木助・談志・圓楽といった系統）の『芝浜』が主流で、志ん朝の型で演る噺家は少なかったが、若手随一の人気者である一之輔と白酒がともに「志ん朝の型の軽さ」を愛して独特の『芝浜』を演るようになったことで、将来は志ん朝をルーツとする『芝浜』が流行るようになるかもしれない。

第二章　富久

いい幇間(たいこもち)だが、酒の上のしくじりで得意先をすべて出入り止めになり、失業状態で裏長屋に侘しく暮らしている久蔵。

師走のある日、知人が売っている千両富の札を一分で買い、神棚の大神宮様のお宮に札を入れて寝込んだ夜中、大事な旦那の町内で火事だとの知らせ。急いで駆けつけて詫びが叶ったものの、酒を飲んで寝込んでいるうちに自分の長屋が火事で焼けてしまった。

旦那の許に居候して迎えた富の当日、行ってみると一番富の千両が当たって大喜び。ところが富札は焼けた長屋の大神宮様のお宮の中に入れたまま。「札がないと金はもらえない」と言われて絶望し、トボトボ歩く久蔵。

そこへ通りかかった鳶頭(かしら)が「大神宮様を預かってる」と声をかける。鳶頭の家に行き、おそるおそるお宮を開けてみると、千両当たっている札がそこにあった！

「この暮れに来て千両とは、よかったな久蔵」

「はい、大神宮様のおかげでほうぼうにおはらいができます」

八代目桂文楽、五代目古今亭志ん生が十八番とした、暮れの名作落語『富久』。

実話をもとに三遊亭圓朝が落語化したとする説があるが、圓朝全集には入っておらず、江戸で大流行した富くじが天保の改革で禁止されたとき（一八四二年）に圓朝はまだ三歳だったことなどから、「もともと伝えられていた原話を圓朝が磨き上げて大ネタにした」と解釈するほうがいいようだ。

「大神宮様」とは伊勢の天照皇大神宮のこと。かつては多くの家庭で神棚に祀られており、その昔は年末になると「大神宮様のお祓い」と称する御札配りが来て新しい御札と取り替えるというのが年中行事だった。

サゲの「おはらい」はその風習と借金の「払い」とをかけたものだが、現在ではわかりにくいため演者はあらかじめ「大神宮様のお祓い」を説明しておく必要がある。

普通は噺のマクラで仕込んでおくが、久蔵が神棚に富の札を入れるシーンで説明する立川談志のような例もあり、また近年では「大神宮様のお祓い」の説明を必要としない新たなサゲを考案する演者も出てきた。

『富久』は三系統で伝承されてきた演目だ。

圓朝の門人である初代三遊亭圓左から三代目三遊亭圓馬を経て八代目文楽へ至る系統と、同じく圓朝の門人である初代三遊亭圓右から五代目志ん生に至る系統の二つが圓朝直系のもの。それとは別に三代目柳家小さんが圓朝存命中すでに『富久』を演っており、これは二代目談洲楼燕枝を経て、八代目三笑亭可楽や五代目柳家小さんに受け継がれている。

「おはらいができます」というサゲが初めて速記で登場するのは三代目小さんからで、圓左の速記を見ると、人情噺として地の語りで終えていたり、鳶頭に「お前もお釜を起こした（財産をつくった）な」と言われて久蔵が、「なあに、鳶頭があたしのお釜を起こしてくれたんだ」と答えてサゲとしていたりする。

三系統とも噺の筋はほとんど同じだが、演者による「固有名詞の違い」は顕著で、例えば文楽の『富久』で久蔵の長屋があるのは浅草阿部川町だが、志ん生は浅草三間町で、可楽は日本橋の竈河岸（へっついがし）。千両の当たり札は文楽では「松の一一〇番」、志ん生は「鶴の一五〇〇番」、可楽は「鶴の一五五五番」。富くじが行なわれるのは文楽では深川八幡、志ん生では椙森（すぎのもり）神社、可楽は湯島天神だ。

火事の晩に駆けつけた久蔵に出入りを許す旦那の店は、文楽は当初「芝神明のあたり」だったが、久保田万太郎（作家）の「それでは遠すぎる」との指摘により日本橋横山町に変更。志ん生、可楽は「芝の久保町の旦那」である。

愛すべき幇間――文楽

絶品と言われた八代目文楽の『富久』はCDなどの音源で聴くことができる。

それを聴くと、文楽はマクラでは富くじの説明はするが大神宮様のお祓いについては触れていない。二つ年上の志ん生（一八九〇年生まれ）の同時期の音源ではマクラで「江戸の暮れの風物詩」として大神宮様のお祓いを説明しているから、「あの時代はまだ大神宮様のお祓いが説明不要だった」というよりも、桂文楽という演者の「美学」によるものだろう。

ちなみに「昭和の名人」の世代差を見ていくと、六代目三遊亭圓生は一九〇〇年生まれで志ん生より十歳下、五代目小さんは一九一五年生まれで志ん生より二十五歳も下になる。八代目可楽（一八九八年生まれ）と三代目桂三木助（一九〇二年生まれ）は圓生とだいたい同じ世代と言っていいだろう。

冒頭、「そこへ行くのは久さんじゃないかい」と呼びかけるのは路上に店を出して富の札を売っている旧知の男。「あなたが富の札を売るなんざぁいいね」といきなりヨイショする久蔵、「一枚でも二枚でも買わないかい？」と持ちかけられて、気安く買ってしまう。

文楽の描く久蔵は、「あちこちしくじった」とか「借金だらけ」とは言わない。これがまず意外だ。

『富久』とは酒でしくじって借金だらけの幇間が一発大逆転を狙って千両富を買い、せっかく当たったのに札が焼けてしまって……という浮き沈みの激しいドラマだと思いきや、絶品と謳(うた)われた文楽の『富久』はそうではないのである。実際にはあまり裕福ではないのかもしれないが、少なくとも「借金で首が回らない」というような発言は出てこない。

文楽が描く久蔵は、酒好きで軽いノリの平凡な幇間であって、一分で富くじを買うくらい普通にできるのだ。

久蔵は神棚に富の札を入れると、御神酒の一升を下ろして飲み始める。

「千両なんて図々しいことは申しません。二番富の五百両でけっこうです。当たったら芸人をやめて小間物屋の主人になります。そうなったら女房をもらわなきゃいけない。芸者衆はだめ、花魁はいけません……万梅のお松っちゃんがいいなぁ……」などと一人であれこれ考える久蔵、やがてうたた寝をし、ふと目が覚めると日本橋の横山町見当で火事だという。それを聞いて「しくじった横山町の旦那のところに火事見舞いに行けば出入りを許される」と閃き、即座に駆けつける。この場面転換は早い。

「よく来てくれたな、明日から出入りしろよ」と旦那に許され、「この葛籠を背負ってくれ」と言われて運ぼうとするが重くて動けないというドタバタが一幕あって笑わせる。

文楽は、この一連の描写の中で「幇間の悲哀」を描いている。

とりたてて借金苦にあえいでいるわけでなくとも「五百両あったら幇間はやめた

い」と思っているのは、「客をしくじる」ことへの恐怖に怯え、しくじった客を取り戻すには真冬の夜中でも駆けつけて働かなければならない幇間という職業が、つくづく大変だと身に染みているからなのだ。

間もなく火は消え、「お見舞いに来た方々を帳面につけなさい」と旦那に命じられた久蔵、最初はマメに働いていたが、本家からお重の食べ物（おでんを串刺しにしたものやメザシなど）とともに酒二本が届いてからは、それが飲みたくてしかたない。しきりに「お酒が二本、一本は燗をしてあって」とアピールして様子をうかがい、「お前は酒でしくじったんだ、たんと飲むなよ」と旦那に言われる。

ここで初めて久蔵が「酒でしくじった」という表現が出てくるのである。無駄を排する文楽ならではの演出で、聴き手は「こんなに酒好きなんだから、ほかにも酒でしくじったお得意がいるに違いない」と自然に想像する。

飲んでいいと言われた久蔵は喜色満面、調子に乗ってベラベラ喋りながら飲み続け、「お菊さん、私が」と女中から受け取った皿を運びながら鼻歌交じりで浮かれて踊り、皿を割ってしまう。このオッチョコチョイな久蔵の描写から、彼の陽気な人間性が見えてくる。

「お前、少し寝な」と旦那に言われて寝込んだ久蔵、今度は自分の長屋の方角で火事だと起こされる。「もしものことがあったらうちへ帰ってこいよ」と言われて店を出た久蔵が、「火事の掛け持ちとは驚いた」と言いながら、冬の寒さの中を「サイ、サイ、サイコラサ！」という掛け声と共に必死に駆けていく。この描写が文楽の『富久』の見せ場の一つだ。

必死に駆けつけたものの、長屋は丸焼け。文楽版の久蔵は、ここで初めてすべてを失う。

他の演者の描く久蔵は貧乏で、火事になっても失うものはないけれど、文楽の場合は「失った客を取り戻すために火事見舞いに向かったら、自分が火事で焼け出された」という、幇間ゆえの皮肉な成り行きとして『富久』を描いている。そしてまた幇間だからこそ、「万一のときにはうちに戻ってこいよ」と旦那に言ってもらえる。文楽版の『富久』はあくまで「幇間の噺」なのだ。

焼け出されて居候の身になった久蔵、「やっぱり人の家に厄介になるのは気兼ねだなぁ……」と呟きながら得意先に挨拶に出かけると、深川八幡に向かう人々に出くわす。「ああ、富だ。あたしも一枚買ってあった……んだが、焼けるくらいだから当たっちゃいまい。様子だけ見に行くか」と行ってみると、自分の買った「松の一一〇番」が千両当たった。

読み上げられた番号を聞いて引っくり返った久蔵、「あ、当たった!」と、札を売った男のところへ。

「当たったねぇ久さん、待ってたんだよ。今すぐだと御立替料一割と奉納金一割が引かれるけど、お前が承知なら取ってきてやるから札を出しな」

「えっ、札! 札はポーッ……」

「えっ、焼いた? そりゃだめだよ、肝心の証拠の札がなきゃ」

売った者と買った者、生き証人がいるんだからなんとか、と食い下がる久蔵、「そんなバカな……」と涙声になっていく。

「せめて二十両だけでも」と言っても受け付けられず、「いらねぇやいっ! 覚えてやがれ畜生め、死んで取り殺してやる!」と捨て台詞、すぐに場面転換で「おい、久蔵」と鳶頭に声を掛けられ、「さすが芸人だね、大神宮様、あんまりいいからうちに持ってきた」と聞いて「ドロボーッ!」と摑みかかる。家に行って開けてみるとそこに札があった。

「よかったなぁ、これもお前が正直だから、正直の頭に神宿るって、これだよ。この暮れに千両、どうする?」

「はい、これも大神宮様のおかげでございます。ご町内のおはらいをいたします」

文楽は『富久』をあくまでも「幇間の噺」と捉え、徹底的に久蔵にスポットを当てることで、愛すべき幇間としての久蔵の悲哀とハッピーエンドを鮮やかに描いた。

この演出は、「借金まみれの久蔵の一発逆転劇」ではないぶん、「千両どうしてもほしい」という久蔵の切実な思いに感情移入しにくく、ラストのドンデン返しのカタルシスも目減りする。だが文楽は、あえてこの演出で久蔵という幇間を描く道を選んだ。

文楽が『富久』を完成させるまでに五、六年かかり、落語研究会でネタ出ししながらそのたびに休んで「富休」と言われた、という逸話があるが、名人が苦心を重ねて完成させた「幇間としての久蔵に完全に寄り添った演出」には、研ぎ澄まされた緊迫感がある。それこそが「絶品」と謳われるゆえんだろう。

効果的な第三者目線──志ん生

文楽の名演よりも大きな影響を後世に与えたのが、「貧乏」を見事に描いた志ん生の『富久』だ。

志ん生の『富久』では冒頭、「隠居仕事で富の札を売って廻っている」という男が路上で久蔵を見かけて、「どこ行くの、久さん？　会わないねここのところ」と声をかけ、「今どこに出てるの？」と訊くと、久蔵は「どこにも出てない」と答える。「休んでるの？」「いえ、出たいんだけど向こうが出さない」「酒でしくじったね。酒さえ飲まなきゃいい幇間なんだが」「酒ばかりじゃない、あちこち義理の悪い借金ができちゃって、どうにも動けないんです」というこの久蔵は、文楽とは対照的に、徹底的に金に困っている。

そんな久蔵が、千両当たると聞いて、なけなしの一分で一枚買いたいと言い出す。この描き方は、どこか捨て鉢というかいいかげんというか、義理の悪い借金をあちこちにつくってしまう久蔵の人間性を垣間見せる。

久蔵は、富札売りの男が「一枚だけ売れ残ってて、いい番号だから自分で買ってもいいと思っていた」という「鶴の一五〇〇番」を買い、神棚に納めて御神酒をあげ、「大神宮様、大神宮様、この暮れは苦しくてどうにもならないのでどうかお願いします」と訴える。切実な願いだ。

夜中に火事が起こる場面、最初は久蔵は出てこない。

長屋の連中が「（半鐘）ぶつけてるなぁ」「火元はどこだい」「屋根へ上がって見てくれ」などと話している。「久保町か、知り合いはいねぇな」「そうだな、一杯やって寝ちまおう」「待てよ、そういえば久蔵の野郎、久保町にいい客がいるって言ってたな」「あいつ寝てたから起こしてやろう」と、わざわざ久蔵を起こしに行くのである。

こういうふうに久蔵不在の第三者目線で久蔵の人物像を掘り下げるのが志ん生の演出の特徴で、久蔵だけにスポットを当てる文楽とは対照的だ。

起こされた久蔵、「久保町ねぇ……ほかを全部しくじってもあの旦那さえしくじらなければこんなとこに来なくてすんだ」などとグズグズ言っているが、隣人たちが

「行けば詫びが叶うかもしれないぜ」と親切なアドバイスをくれたのでハッとして飛び起きる。

文楽はすぐに旦那の店に場面転換するが、志ん生は寒風に凍えながら「邪魔だ、邪魔だぁ……誰もいねぇや！　こんチクショー、犬め！　鳴きやがって、こっちが泣きてぇや！」とヤケクソになって駆けていく様子を描き、久蔵のせっぱつまった状況をリアルに感じさせてくれる。

駆けつけた先で久蔵が荷物を背負って運ぼうとするが重くて動かない、というのは文楽にもあるが、志ん生の場合、簞笥を背負って火鉢やらなにやらどんどん載せて動かず、全部降ろしてなにもなくなっても動かなくて「馬鹿野郎、柱ごと背負ってらぁ！」と、『粗忽の釘』みたいになる。

火事見舞いに来た客の応対をしていた久蔵、酒をもらうと何度も「飲みたい」アピールをして、お許しが出てからは酒飲みモード全開。文楽の久蔵のように様子をうかがいながらあくまで幇間としてベラベラしゃべり続けるのではなく、ただただ飲めることがうれしくて、どんどん酔っぱらっていく。

「旦那が『久蔵、怪我でもしちゃいけねぇぞ』って……あの一言に涙が出たねぇ……

これだけの身代が灰になろうかってぇときに、こんなね、吹けば飛ぶような芸人を……あっしはうれしかった！」と泣き上戸めいてきた久蔵を「しょうがねぇなぁ、寝かしちゃえ！」と連れて行かせたあと、番頭が主人に「うれしそうでしたね」と語りかけ、主人が「人間はいい野郎だが飲むとだらしなくなっちゃってなぁ……でも三間町から駆けつけたってのは可愛いところがあるよ」と応じる。ここでも志ん生は久蔵不在の第三者目線で久蔵の人物像を描いている。

起こされて長屋に向かう久蔵は、文楽版のようにリズミカルに掛け声をかけたりすることなく、ただただ寒さに耐えて走る。

向こうに着くといきなり「久さん、うちはねぇぜ。お前んとこ焼けちゃった」と言われて呆然。「火元は？」「裏の糊屋のババァが火元だ」「あのババァ、しみったれてやがって、爪に火をともすようにして……その爪の火から出たんだ」などと憎まれ口をたたきながらも（この「糊屋のババァの爪の火から」のくだりは文楽にもあるが、志ん生が言うと妙に可笑しい）、さすがに意気消沈しているのがありありとわかる。

旦那のところに居候するのはいいが、借金を返さなければ仕事ができない。しかしその金まで貸してくれとは言えない久蔵、人形町をブラブラ歩いていると、椙森神社の富の当日だと知る。

志ん生は『宿屋の富』でも集まった連中があれこれ勝手なことを言い合うシーンを入れる（柳家の『宿屋の富』にはない）が、『富久』でもここで久蔵の視点から離れ、「千両当たったら庭に大きな池を掘って酒を入れて泳ぎながら飲む」と言う男や「質屋が遠いから自分が質屋をやる」と言う男などが現われる。

久蔵不在のまま突きどめの千両が「鶴の一五〇〇番～」と読み上げられると、「八百番違った」と悔しがる男や「ゆうべ帝釈天（たいしゃくてん）が安倍川食ってる夢を見たから当たらなかった」と言う男が登場、彼らがそこに倒れている男を発見すると「腰が抜けて立てない久蔵」だった、という展開だ。

ここからのクライマックスで志ん生は一気に久蔵にスポットを集中させる。札がないから千両はもらえないと言われた久蔵は「売ったのはオメェじゃねぇか！……くれよぉ、半分に負けとくから、五百両でいいや」と食い下がる。「だめだよ」「じゃあ三百両」「だめ」「二百両でいいや……百両……いくらでもいいんだぃ……十両でいいや、三両、一両、なし……なしはいけない！」と笑わせるのが志ん生らしいが、そのあとの絶望は文楽より遥かに深い。

「オメェ知ってんじゃねぇか！　どうするんだオメェたちはその金を！」とひとしきり騒いだ久蔵、「千両当たってそれが取れない運勢じゃ生きてたってしょうがねぇや！　死んじまうぞ！　テメェんとこの軒下で首くってやる！」と言い捨ててトボトボと歩き始める。ベソをかきながら「なんだよ……千両当たったのに……生きてたってしょうがねぇや……」と呟く久蔵は、本当に死んでしまいそうだ。この「しばらく歩く久蔵」の描写が、文楽にはない。

そんな久蔵がばったりと鳶頭に会い、「客のところに居候してるってぇが、早く所帯を持てよ。所帯持ったら渡すものがあるから取りにこい」と大神宮様のお宮を預かっていることを知らされる。

この「奇跡の大逆転」のカタルシスが大きいのは、絶望を深く描いているからだ。

そしてその落差があまりに大きいがゆえに、お宮の中の札を見つけた久蔵、しばらくは言葉にならない声を発するばかり。ようやく「これがあると千両取れるんだ」と鳶頭に打ち明けると「千両⁉　うまくやりやがったなぁ」「へぇ、大神宮様のおかげでほうぼうにおはらいができます」でストーンとサゲる。

文楽の「ご町内のおはらいをいたします」とは微妙に異なるが、あちこちに義理の悪い借金があって仕事に行けないという志ん生版の久蔵は、借りを払うべき相手は「町内」じゃなくて「ほうぼう」なのだろう。

酒乱の男──可楽

初代圓左系の桂文楽、初代圓右系の古今亭志ん生と同時代に三代目小さん系統の『富久』を演っていたのが、八代目三笑亭可楽。

大神宮様のお祓いを説明し、火事のマクラを振り、「大火事で類焼した神社仏閣を再建するために寺社奉行が富くじを始めた」という話をしてから、可楽は「日本橋の花柳界に久蔵という幇間がいて、この男は芸はよくて人間も如才ないが、酒乱なのが欠点。酒が入ると誰彼の見境なしに喧嘩を吹っ掛けるので江戸中のお得意をしくじって裏長屋でくすぶっている」といった地の語りで『富久』に入っていく。

圓左系の文楽、圓右系の志ん生ともにいきなり会話で始まるのとはだいぶ趣が異なるが、ポイントは「酒乱」と明言していること。

文楽の久蔵は「酒が入るとだらしなくなる」といってもあくまで陽気で、志ん生の久蔵は「義理の悪い借金」で首が回らなくなる自堕落な生き方をしているが、可楽の久蔵は「酒が入ると見境なしに喧嘩を吹っかける」というのだから、酒飲みとしては一番タチが悪い。

可楽の『富久』では、富の札を売る男は外で偶然久蔵を見かけて声をかけるのではなく、「おい、久さんいるかい」と、久蔵の長屋を意図的に訪れている。「誰か来たな。借金取りか、うっかり返事できないな」「私だよ、吉兵衛だよ」「あ、吉兵衛さんですか」と久蔵が招き入れると、吉兵衛は久蔵が髭面で身なりも住まいも汚いことに驚く。

久蔵は「一分で千両」と聞いて即座に「じゃあ売ってくれ」と申し出る。吉兵衛は「明日が富の当日で、一枚だけ取ってある」という「鶴の一五五五番」の札を売りながら、「もし当たるとこの札と引き換えだから、明日まで大事に取っておくように」と釘を刺している。そして久蔵はその札を「誰にも盗られないように」大神宮様のお宮に隠すのである。

その夜中に芝の久保町（志ん生は「くぼちょう」と発音するが可楽は「くぼまち」

と読んでいる）が火事となり、それを知った長屋の住人が久蔵を起こして「駆けつけたら詫びが叶うかも」と勧めるのは志ん生と同じ。すぐに駆けつけて詫びが叶うと、可楽は地で「そこは芸人、要領がよろしい。グルグル働いているうちに風が変わって鎮火ということに」と説明し、火事見舞い客の相手をする場面へとすぐ移行、来客が一段落すると番頭と久蔵の会話となる。

「どうも番頭さん、早速の鎮火でおめでとうございます」「うまくやったね久さん……おい、それ（酒）に手を掛けちゃいけない」「いえ、身体が冷えたので、茶碗で三杯だけ」と久蔵は酒を飲み始めるが、三杯で止まるはずがない。最初は機嫌よく「めでてぇなぁ」と飲んでいたが、いきなり「……めでたくないってのか、おい」と不機嫌になり、「なんてツラしてんだ、番頭だからってのさばっちゃいけねぇよ。まとまった祝儀よこしたことがあるかい。酒飲みにむすび食えって言いぐさがあるか！」と喧嘩腰になっていく。この豹変ぶりが、いかにも「酒乱」だ。

奥の座敷に久蔵を寝かしつけると、また半鐘が鳴る。大の字に寝ていたところを起こされた久蔵が自分の家が焼け落ちるのを目の当たりにして戻ってくるまでは地の語りで簡潔に説明され、「どうした、久さん？」「ジャンジャーン、ポー……」「焼けちやったのか」という久蔵と旦那の会話へ。

翌朝、旦那が「せっかく出入りが叶ったんだから得意先を回りなさい」と奉加帳（ほうがちょう）をつくって一両を入れてくれたので、久蔵はそれを持って本郷の得意先へ行き、さらに浅草馬道に向かおうとする途中で湯島天神の千両富の当日だと気づく。ここも地の語りだ。

可楽の『富久』で特徴的なのは、札がないともらえないと吉兵衛に言われた久蔵が食い下がらないことだ。

「今もらうと二割引かれて八百両、どうする?」「早くよこせ」「わかった、札を出しな」「あっ! ……俺ぁ運がねぇなあ……」「おい、千両当てといて運がねぇってことはないだろ」「ジャンジャーン、ポー」「おい、しっかりしなよ」「家に行ってくらぁ」「家から札を持ってくるの?」「……札があるくらいなら心配するかい……」と言いつつ、ダメもとで焼け跡に向かった久蔵、「よく焼けちまったなぁ……金物ならともかく、灰になって飛んじゃったらもうわからねぇなぁ……」と途方に暮れる。最初にはっきり「札と交換だ」と言われ、「なくさないように神棚に隠した」久蔵だからこその行動である。

そこへやって来た鳶頭に「お前の道具は出してやったぞ」と言われると、「お前なんざ不信心だから天照皇大神宮様のお宮は出さなかっただろ」と吐き捨てる。ここが可楽らしい。「うちの正面に飾ってある」と言われ、慌てて鳶頭の家に。

サゲは「久さん、この暮れは楽に過ごせるね」「へい、大神宮様のおかげで、ご近所のおはらいをいたします」。

細部のリアリティ――小さん

五代目柳家小さんの『富久』も三代目小さん系統で、湯島天神の富くじなのは可楽と同じだが、当たりくじの番号は「鶴の一八八八番」で、可楽の「鶴の一五五五番」と微妙に異なる。

久蔵が住んでいるのも可楽の「日本橋竃河岸」ではなく、志ん生と同じ「浅草三間町」。火事で駆けつける相手は「芝の旦那」だ。

小さんも可楽と同じく地の語りで久蔵が「酒を飲むと客に喧嘩を吹っ掛ける」癖で客をしくじり、汚い裏長屋に引っ越してくすぶってることを説明するが、小さんはさらに「女房も出て行った」と付け加えている。

長屋を訪ねてきた善兵衛は髭面で小汚い久蔵に呆れながら、「私も借金だらけで困ってたが、商売替えしてなんとかなってる。元手もいらず楽な商売だから一緒にやってみないかい?」と富くじ売りを持ちかけるが、久蔵は「売るより買ったほうがいいや」と返す。そして善兵衛が「今、湯島の富を売ってるんだが一枚だけ残ってて、これが売れないと次の深川に取り掛かれない」と言うのを聞いて、その残り一枚「鶴の一八八八番」を一分で買う。富の当日は半月後。善兵衛はこのとき、「百枚ずつ引き受けて売り、中から当たりが出たら割り前ももらえる」と富くじ売りのシステムを説明していて、これは小さんだけの演出だ。

小さんの善兵衛も可楽の吉兵衛と同じく「この札をなくしちゃいけないよ、なくしたら金はもらえないよ」と釘を刺しているが、小さんの久蔵は「千両当たった札がなくなったら金はどうなります?」と尋ね、「寺に納めるんだ」と善兵衛が答えている。

札を買った直後に「千両当たったら小間物屋やろう」と考えるのは文楽と似ている

が、酒を飲みながらではなく、ただ素面(しらふ)で想いに耽り、それがやたらと長い。「客の中から気の利いた女を選んで女房にしよう。女の子ができるといいね。商売がどんどん繁盛して、金が貯まってくると俺も道楽が出てくるから芸者遊びかなんかやるね。身請けして妾にするか。きれいな女の子を二、三人雇って芸者屋もやるか。そっちも稼ぐね。妾宅の方に三日、本妻は一日……」などと具体的な妄想を延々と繰り広げ、しまいには一人芝居の夫婦喧嘩に発展するのである。

長屋の住人に起こされて芝の旦那のところに駆けつけ、「そこは芸人、くるくる働きまして」という流れは可楽とほぼ同じ。

鎮火したあと、来客の相手をする描写はなく、旦那が久蔵に出入りを許して「飯でも食いな」と声をかける。旦那が奥に引っ込み、番頭が久蔵に飯を勧めると、久蔵は酒を飲ませてくれとねだり、最初は愛想よく飲んでいるものの、酔いが回ってくると「いい旦那だけど、飯を食えってのは面白くねぇ」と言い出し、飯を勧めた番頭に絡み始めて、しまいには「なんだと思ってやんだ、三間町の久蔵だぞ俺ァ！　殺すなら殺せ！」と叫びだす有様。この「酔いが進む描写」が、さすがに上手い。

みんなで手足を押さえて寝かしつけた久蔵を「火事だよ、火事！」と起こす。「久蔵、外へ飛び出すってぇと夢中で家のほうに帰ってまいりましたが、もうすっかり火の海。どうすることもできず、夜も白々と明けてしまい、ボンヤリと芝のお客様のほうへ帰ってまいりまして」と地で小さんが語り、「どうした？ 焼けたか。心配するな、うちにいろ。正月はお前の家で迎えられるようにしてやるから」と旦那の優しい言葉。このあたりは可楽の演り方をより丁寧にした感じだ。

芝で居候するようになって半月後、旦那が「奉加帳をつくって、俺が一両とつけておいたから、これ持って廻ってきな」と言ってくれた。久蔵は蔵前の客のところへ行き、そこでも一両つけてもらって本郷へ向かう途中、湯島天神の千両富に出くわす。「俺も買ってるんだ……おい、どいてくれ、おめぇたちに当たるもんか、バカ野郎！」と、幇間というより職人みたいな口調なのは小さんらしくて微笑ましい。「鶴の一八八八番」と読み上げられ、「当たった！」と久蔵が善兵衛のところへ行くが、「札はどうした？」「札はポー……」「焼いちゃった？ ああ、そらダメだよ。あの札が手形なんだから、あれと引き換えなんだ」と言われ、「ポー……」と泣きながらトボトボと去っていく。「あーあ、情けねぇな、人間やめたくなっちゃった」と呟いていると鳶頭に呼び止められる。「しょうがねぇ奴だな、焼けたって、あとで灰くらいかきにくるがいいじゃねぇか。おめぇが留守だから若い連中に言って、全部うちに持ってこさせてあるよ。いつ来るかと待ってるんだ、取りに来い」と言われた久蔵、「え、道具を出してくれた?」と言いつつ「でも若い奴らは信心ごころがねぇから大神宮様なんざ気がつかねぇだろうな」と諦めの表情。「なに言ってるんだ。うちの神棚に同居してるよ」と言われた久蔵の表情の変化が実に可笑しい。

ラストは「お釜を起こしたな、どうする久蔵」「これも大神宮様のおかげ、ご近所のおはらいをいたします」でサゲ。

小さんは『富久』という噺の「構造そのものの派手さ」をそれ以上広げず、細部をより写実的に描くことで、この物語にリアリティを持たせている。江戸落語本来のあり方はこういうものなのだろう。

今の我々からするとあっさりめに感じられる文楽や志ん生の『富久』が、実は当時としては非常に「派手」だったことが、小さんの写実的な『富久』と聴き比べるとよくわかる。

愛想のいい幇間――馬生

志ん生の長男、十代目金原亭馬生は父の型を踏襲しつつ、久蔵をより幇間らしい人物として描いた。

久蔵が住むのは志ん生と同じく浅草三間町。冒頭、久蔵のほうから「そこへ行くのは古川の大旦那じゃないですか」と声をかけるのは馬生だけの演り方だが、このへんにも「愛想のいい幇間」としての色が感じられる。

酒でしくじって「休ませられてる」とは言うが、借金で首が回らないほどではなさそう。声をかけられた大旦那は「倅に店を譲り、遊んでてももったいないから富の札を売っている」身。この大旦那が「いい番号だから一枚残しておいた」という「鶴の一五〇〇番」を一分で買ってからの流れは志ん生と同じだが、長屋の連中への応対の仕方がより丁寧だったりと、志ん生の久蔵のようなやさぐれた感じがない。

寒さの中を駆けつける先は「日本橋石町の旦那」のところで、これは志ん生と異なるが、おそらく文楽が「芝神明のあたり」から「日本橋横山町」に変更したのと同じく「芝では遠すぎる」からだろう。

久蔵が箪笥を運ぼうとして「柱ごと背負っちゃってるよ」というドタバタを演じているうちに、鎮火。石町の旦那が久蔵に「火事見舞いの方が来るから、お前が応対しなさい」と言う場面で、「そうするとお前が出入りが叶ったということがお客様にわかるから」と付け加えるのは馬生ならでは。気遣いの細やかな、いい旦那だ。芝の旦那が見舞いに来て届けてくれた酒を飲んだ久蔵が、皿を運ぼうとして芝居の真似事をして割ってしまい、そのまま寝込んでしまうという、ここは文楽の演り方を取り入れ、久蔵の「幇間らしさ」を描いている。

夜中に起こされた久蔵が長屋に駆け戻り、長屋が焼けたと聞いて意気消沈。もともとがどの程度「金に困っていた」のかはさておき、これですべてを失ってしまったのはたしかなのである。居候の身となった久蔵は「金策に歩いていて」千両富の当日だと知る、という設定だ。

千両当たって一文ももらえないと知った久蔵、「お前の家の軒下で首くってやる！」と言い捨ててトボトボ歩き、自嘲気味に「ケッ」と笑い、「千両当たってやン……なんで当たってやがったんだろう……当たってなきゃこんな思いしなかった……神様なんかいないんだろうな……本当に死んじまおうかな」と呟く。「当たってなきゃこんな思いしなかった」という台詞を言わせたのが馬生の見事なところで、この久蔵には誰もが心から同情せざるをえない。

鳶頭と出会ってからは得意の「顔芸」が炸裂、一転して大きな笑いを生む。まさに「緊張と緩和」である。サゲは「お釜を起こしたな」「大神宮様のおかげでほうぼうにおはらいができます」。

馬生ならではの「フラ」が心地好い一席だ。

劇的なカタルシス――談志

「昭和の名人」たちがそれぞれ磨きをかけた名作『富久』を、さらにドラマティックな物語に仕上げたのが立川談志である。

晩年には「暮れの大ネタと言えば『芝浜』」というイメージが定着した談志だが、「『芝浜』より『富久』だ」と言う談志ファンは少なくない。

談志は著書『談志の落語』（全九巻／静山社文庫）で自らの持ちネタを「書いた落語」として採録し、それぞれに解説を加えている。第八巻に収められた『富久』の解説では、談志はこう書いた。

「桂文楽の十八番である。私は志ん生のほうが好きだ。寒さと飢え、つまり、貧乏が見事に出ていた。（中略）私のは当然、志ん生流となった」

そして、こう結んでいる。

「久蔵に富が当たってよかったネ 家元」

談志の『富久』は、この一言に集約されると言っていい。

談志落語の根底に存在する「優しさ」が、最も端的に表現された演目が『富久』だった。

談志の『富久』において、久蔵の長屋が焼けてしまうまでのプロセスは久蔵の人物紹介のようなパートであって、重点的に演じられるのは「千両当たっているのに受け取れない男の悲劇」である。

貧しさにあえいでいる中で、「千両当たる幸運」と「その札をなくしてしまう不運」が同時に訪れるという不条理。談志はそれを徹底的に描いた。「売った者と買った者がいるんだからくれてもいいでしょう！」という理屈が通らず、諦めきれずに「十両でもいい！　助けてください！」と叫んでも受け入れてもらえない。拳を噛みしめながら嗚咽し、「千両当たってるのに……」と涙を流す久蔵の姿はあまりにも哀れだ。

そんな久蔵に観客は心の底から同情し、ラストで「ああ、よかった！」と久蔵と喜びを分かち合う。それを可能にするのが談志自身の強烈な感情移入である。なにしろ談志は『富久』を演じ終わったあと、「久さんに富が当たってよかったですね」と観客に語りかけることさえあったほどなのだ。

自身が言うとおり談志の『富久』の原型は志ん生で、「久保町の旦那」「鶴の一五〇〇番」「椙森神社」も志ん生を踏襲している。ただし、久蔵が住む長屋の場所は、若い頃は「深川按針町」、後年は「根津の七軒町（場合によっては宮永町）」としていた。

「そこへ行くのは久さんじゃないかい？」と声を掛けた旧知の男は身代を倅に譲って隠居の身。「いろいろと頼みごとをされて楽隠居というわけにもいかないんだ」と言う男に「必要とされてるってのはいいことですよ」と返す久蔵。これは幇間ゆえのヨイショというより久蔵の人柄を表わしている。

この冒頭の会話の温かみが談志の特徴で、一分で富くじを買うまでのやりとりを実に丁寧に描く。客をしくじって借金だらけという久蔵に「お前さん、人がいいから私は好きなんだが、どうして？」と隠居が訊くと、「酒を飲むと楽しくなっちゃって」はしゃぎすぎて相手をシラケさせてしまうのだと答える。実に可愛げのあるヤツなのである。

御神酒を飲んで寝込んだ久蔵が長屋の住人に起こされ、久保町に駆けつけて詫びが叶う。そこまでの流れは志ん生とほとんど同じだが、談志の描く「冬の寒さ」は実にリアル。火事場の騒々しさと現場の混乱ぶりの描き方も鮮やかで、目の前に火事の光景が見えるようだ。

志ん生と同じように、簞笥を担ごうとして失敗するのも談志はたいてい演っていた

(ときに省略することもあった)が、旦那が「詫びが叶ったと皆にわかるから」という発想で番頭から久蔵に「見舞い客を帳面につけなさい」と言わせるのは馬生のスタイルに近い。

ご本家から届いた酒が、「一本は冷で、もう一本は燗をしてある」というのは文楽流。その燗酒が冷めるともったいないとしきりに番頭に訴える久蔵が実に可愛い。番頭は「やれやれ」という感じで「それ一本持って女中部屋で飲んでろ。そのまま寝ちゃっていいから出てくるな」と久蔵に命じる。久蔵はそのままフェイドアウトし、旦那と番頭の会話へ。

ここが談志演出の際立っている点で、昭和の名人たちの『富久』は久蔵の「幇間としての悲哀」を描く前半に力を入れ、火事が収まったあとで酒を飲んで酔っていく久蔵をリアルに演じたが、談志は久蔵が酔っていく描写は完全にカット。久蔵が去ったあと、旦那と番頭の会話にスポットが当たるのは志ん生と同じだが、「座ったままツーッと滑ってくる」っていう久蔵の珍妙な芸について語ったりするのは談志オリジナル。

そんな最中に半鐘が鳴る。起こされた久蔵が長屋に駆けつける描写は文楽をさらにリアルにしたような激しさで、談志特有の「寒さの視覚的表現」が見事。路地から出てきた男たちにぶつかって転倒して泥だらけ、着物をはだけてこけつまろびつ長屋へ向かう久蔵の惨めさを談志ほど強調した演者は他にいない。

「もし焼けたりしたら戻っておいで」と出がけに言われたとおり久保町の旦那のところへ戻り、そのまま居候。旦那は気を遣ってくれるが、それでも久蔵にしてみれば肩身が狭い。

暮れも押し詰まったある日、久蔵が人形町のあたりを歩いていると、ぞろぞろ大勢が歩いている。「いったいなんです？」と訊く久蔵に「富っ！」と鋭く答える男の描写が談志らしい。

千両当たったらああしよう、こうしようというワイガヤ系の描写では志ん生の「池に酒を入れて泳ぐ」「質屋をやる」以外に「欲のない人間と神様に思わせといてホントは吉原に行く」という男も登場、「鶴の一五〇〇番」と読み上げられたあとの群衆の会話も念入りだ。腰を抜かした久蔵を大勢で運んでやると、久蔵を出迎えたのは富くじを売ってくれた隠居。「今だと三割近く引かれるけど、春まで待つと千両そっくりもらえるよ」と、親身になって忠告してくれるが「今ください！」と即答。

「わかった。札、出しな」

「え？」

「札だよ」

「札、ポーッ……」

「なに？　えっ、火事で燃やした？　おいっ！　久さん、なんてことをしたんだ……ダメだよ、取れないよ」

「どうして？」

「札が証拠なんだ」

「でもあなたが私に売ったでしょ？」

「そうだよ、お前さんに売った。でも札がないとダメなんだ」

「だって、その札が火事で焼けたんだから……火事があったの知ってるでしょ？」

「知ってるよ。でも、札と交換なんだ、そういう決まりなんだ」

　久蔵の必死の食い下がりを談志は徹底的に感情移入して描く。隠居も久蔵に心から同情しているのがよくわかる。売った者と買った者がいて、ほかに鶴の一五〇〇番はないのだから、隠居が証言してくれればいいだろうと訴える久蔵の様子は、「粘り」というより「慟哭(どうこく)」に近い。

「理屈はそうだけど」

「だって……ねぇ！」

「気持ちはわかるけど」

「いくらかあげますから一緒に行って、こいつは悪いヤツじゃない、火事は嘘じゃないって言ってください」

「言ってもいいけど、でも久さん、ダメなんだよ、そういう決まりなんだ」

半分の五百両でいい、ダメなら三百両、いや二百両でも、百両でもいいと懇願する久蔵。

「十両……十両でいいです！　ねぇ、私、欲張りじゃないでしょう？　千両当たって、たった十両、助けてください……」

「気持ちはわかるんだよ、久さん。私だって、できることなら取ってあげたいんだ。でもね、札がないとダメなんだよ。十両どころか、一文も取れないんだ」

「えーっ⁉　一文も……？」

愕然とした久蔵、形相を変えて「いらねぇやっ！」と叫ぶ。

「くれねぇならいらねぇ、そんなもん……そう言うしかねぇじゃねぇか……千両当たって取れない運なのか！　そんな運なら生きてたってしかたねぇ、死んじまおう……ただ死なねぇぞ、テメェんとこの軒先で首くくってやる！」

言い捨てた久蔵、拳を噛みしめ、嗚咽しながらヨロヨロと歩き続ける。

「千両当たってるんじゃねぇか……ううう……」

この絶望感は空前絶後。談志の真骨頂だ。

そこへ「おい、久蔵」と鳶頭が声を掛ける。

「泣いてやがら。どうした、財布でも落としたか？」

「落とす金がありゃ泣かねぇや……」

鳶頭は涙をぬぐう久蔵に、火事の時に家財道具を出しておいてやったから春になったら取りにこいと言うが、久蔵、心ここにあらずで再び「千両……」と嗚咽し始める。

いったん立ち去りかけた鳶頭が振り返って、「そうそう、やっぱり芸人だな、立派な大神宮様のお宮があったからあれも出しといた」と付け加えた。この、いったん立ち去りかけるという「間」の絶妙さも談志ならでは。呆然とする久蔵。「大神宮様……あるのか?」「あるよ」と聞いて表情が一変、「返せこの野郎! 泥棒!」と摑みかかる。

「馬鹿野郎、誰が泥棒だ、返すよ!」

鳶頭の家で、おそるおそるお宮を開けてみる。

「あ、あった! あった……あった……すみません泥棒なんて……これ、千両当たって……焼いたと思って……」

泣きながら事情を話す久蔵に、鳶頭は「そうか! 怒らねぇよ、わかる!」と笑顔で応じた。この爽やかさも談志らしい。

「俺もいいことしたな。よかったなぁ……お前が普段からいいヤツだから千両当たったんだ。そう思うよ。この暮れに来て大当たり、千両どうする?」

「はい、これも大神宮様のおかげ、ほうぼうへおはらいに歩きます」

このハッピーエンドのもたらすカタルシスの大きさは談志が随一。息をもつかせぬ劇的な展開を真に迫る演技でリアルに描いて聴き手を引き込む談志のズバ抜けた力量に感動するしかない。

計算されつくした演出――志ん朝

古今亭志ん朝も志ん生の『富久』を継承しながら、志ん朝独自のダイナミックで華麗な演出をふんだんに盛り込み、談志が後半の「不条理に見舞われた男のドラマ」に重点を置いたのとは対照的に、前半をみっちり演じて「芸人としての久蔵」を見事に描いた。

自身が持つ「明るさ」と細心の演技、人物造形の巧みさと計算されつくした台詞廻しが一体となった志ん朝の『富久』は、文楽をも凌駕する完成度に達していた。

同時代に生きた談志と志ん朝が、揃って志ん生の型を継承しつつ、それぞれの演り方で別次元のドラマに高めたことによって、結果的に志ん生の『富久』が後世に最も大きな影響を与えることになったと言えるだろう。

志ん朝は、「浅草三間町」「久保町」「鶴の一五〇〇番」「相森神社」といった設定はすべて志ん生を踏襲している。「そこへ行くのは久さんじゃないか」と呼び止める男

の名は、時期によって「六兵衛さん」だったり「吉兵衛さん」だったり「源兵衛さ
ん」だったりした（そのへんに無頓着なのは「志ん生の血」かもしれない）。
この男が「酒でしくじったことは何度もあったけど、町内から姿を消すほどってい
うのはどういうことだい」と尋ねると、久蔵は「トドメさしちゃったんです。客に正
面切って喧嘩売って大暴れして、座敷メチャクチャにしちゃって、『こいつは二度と
使っちゃならない』ってお触れがスーッと廻って……商売ってのは恐ろしいもんで、
『この男はもうダメだな』ってわかるってぇと、今まで『師匠、勘定はいつでもかま
わないよ』なんて言ってくれたところが全部、矢の催促。とてもここにはいられない
ってんで逐電したわけで」と説明する。これは志ん朝だけの演出で、実にわかりやす
い。

一枚売れ残った「鶴の一五〇〇番」を買ってから火事で起こされるまでの流れは志
ん生と同じだが、長屋の連中が「久保町は遠すぎる。向こうに着くまでに消えちゃっ
たらしょうがねぇ」と言うのが、浅草三間町から芝の久保町までの距離感を観客に自
然に説明していて親切だ。

寒空の中を「邪魔だ、邪魔だーっ」と叫びながら走る久蔵の描写は志ん生ゆずりだ

が、志ん朝はここでヤケクソのように饒舌になり、最後に「火事はどこだ、牛込だ〜っ」と東京の子供の古い戯れ唄のフレーズを（時には「牛の金玉丸焼けだぁ〜」まで）入れたりしていた。

久保町に着くと、簞笥ではなく葛籠や火鉢を風呂敷で運ぼうとして失敗する。火事見舞いの客がひっきりなしに来るので、旦那が久蔵に「お前に仕事をあげよう。ここに座って、お見舞いにみえた方のお名前をそっちにある帳面につけておきなさい」と命じる。これは本当に久蔵を必要としての成り行きで、「出入りが叶ったことを知らせる」という意図はあまり感じられない。

見舞い客の一人「石町さん」から重箱と酒が届いたあとは、接客の合間に「ここに酒があります」と旦那に何度も訴える。「しょうがない奴だな、飲みなさい。だがお前は酒でしくじったんだ、心して少しだけだぞ」と言われると、女中に酌をしてもらって飲み始める。

ここから酔いが回っていく描写の長さが志ん朝の『富久』の特徴で、酒を飲む場面を完全にカットした談志と、まさに好対照。志ん生の演じる久蔵は飲み始めたら酒に専念するが、志ん朝の場合は愛想よく訪問客の相手をしながら少しずつ酔っていく。一人で飲みながら旦那や鳶頭らに一方的に語り続け、何度も「もうよしなよ」と止められながら、自分でどんどん注いで飲んでいく久蔵。ここでは旦那の「自分の胸と相談して飲みな」という台詞の温かさと、本当に胸に相談する久蔵の可笑しさが際立っている。出入りが叶った喜びを繰り返し語り、旦那への感謝を述べながらも、鳶頭に「こっち向いたらいいじゃねぇか……酒飲んでグズグズ言ってなにが悪いってんだ」と絡み始めたりするあたりに、この男の奥に潜む鬱屈が垣間見えるが、あまりそこを強調するわけでもない。

「もういいから奥へ連れてって寝かしなさい」と旦那に命じられた番頭が「寝込んでしまいました」と報告し、二人で話しているところに浅草三間町が火事だという知らせが入る。再び夜道を走る久蔵が「犬のくせに鳴きやがって！　こっちが泣きてぇや！」と叫ぶのは志ん生の往路からの引用。「火事はどこ？　行きゃわかる？　あそう、ありがと……なんだあいつは、行きゃわかるって当たり前じゃねぇか」も志ん生ゆずりだ。

富の当日（志ん朝はこれを「二十八日」と特定している）、人形町を歩いていると人の群れに出くわして椙森神社へ向かう久蔵。ここでいったん「庭に酒の池をつくって泳ぎたい男」「質屋をやりたい男」の描写になってから「鶴の一五〇〇番！」と読み上げられるまでは志ん生と同じだが、当たり番号が読み上げられたあとには外れた男たちの会話を入れることなく、すぐに「あたたたたた……」と久蔵が腰を抜かす。このスピーディーな展開は志ん朝らしくて効果的だ。

大勢に連れてこられた久蔵は、「今すぐだと二百両引かれるけど来年二月まで待てば千両もらえる」との説明を受ける。志ん生はここで「わかった、すぐ取ってきてやる、札を出しな」と、差し引かれる云々がなかった。馬生も「千両ください」「あげますよ、札を出しな」と、父の演出を踏襲している。志ん朝もその演り方をしていたこともあったが、多くの場合「今だと二割引かれる」を入れていた。

札がないともらえないと聞いてからの久蔵は、「お前さんがあたしに売ったんだって、お役人に言ってみてくれよ、ねぇ！」と繰り返す。「そこで勝手に断ってないで、お役人に話だけでもしておくれよ」という言い方が志ん朝らしい。「三百両でもいいよ……二百両！　いけないかい？　百両ならいいだろ、千両当たってるんだ、その中の百両……いけないかい？　五十両……」とどんどん下げていって、意を決したように「十両でいいからおくれよ！　言っとくれよ向こうへ！」と土下座をする姿がなんとも哀れだ。

いくら頼んでもダメと悟ると「テメェたち馴れ合ってやんな！　千両、分け合おうってんだろ！」と怒りを爆発させ、「万のうちの一つのものに当たったってその金がもらえないなんて運勢じゃ生きてたってしょうがねぇや、テメェんちの軒先に首くって死んでやる！」と捨て台詞。「ちょっとお待ちよ！」「うるせぇ、こんチクショー！……ああ、もうダメだ……」と意気消沈して歩き始めたとたんに鳶頭に出くわす。

大神宮様があると聞いたとたんの呆然とした表情、芝居がかった「大神宮様のぉ……お宮があるぅ？」というイントネーション、お宮を開ける時の祈るような顔などが笑いを呼ぶ。

千両当たったと聞いた鳶頭が「そりゃあ気が触れちまうのも無理はねぇや。それはお前が普段から正直にしてるからだぜ。どうするよ」と訊くと「はい、大神宮様のおかげ、ほうぼうにおはらいができます」でサゲ。

ドラマティックでありながらも笑いを随所に盛り込んだ絶妙のバランスは、演出の見事さであるとともに、演者志ん朝自身の人間的な魅力に根差したものでもある。

貧乏の切実さ――小三治

柳家小三治の『富久』は八代目可楽や五代目小さんと同じく三代目小さんの系統で、設定は師匠小さんと同じく久蔵が住むのは浅草三間町、旦那が久保町、富くじの場所が湯島天神で、買った札は「鶴の一八八八番」。

まずは地の語りで久蔵の酒癖が悪いこと、江戸中の客をしくじって裏長屋に引っ込み、女房も呆れて逃げたことなどを説明してから噺に入る。久蔵の長屋を訪れた吉兵衛が何度か声を掛けるが、久蔵は借金取りだと思ってしばらく居留守を使う。入ってきた吉兵衛が久蔵の髭面や住まいの汚さに呆れる冒頭のシーンで久蔵の「貧乏」を視覚化させ、噺のテーマを明確化している。

小三治の『富久』において久蔵は幇間である前にまず「酒で失敗して困窮している男」なのである。「貧乏」をより切実に描いたという点では、小三治は可楽や小さんを凌いでいる。

吉兵衛が「自分も借金抱えていたけど商売替えしてなんとかやってる。元手いらずだから、お前さんもやらないかい?」と富くじ売りを勧めること、「一枚売れ残った湯島天神の富くじが売れないと次の深川に手をつけられない」と言うのを聞いて、その一枚を買おうと久蔵が言い出すことなどは小さん同様。

久蔵は「鶴の一八八八番」という番号を見て「これは当たる」と確信するが、吉兵衛は「当たらないよ」と繰り返す。「札はなくさないように。なくすともらえないよ」「なくすと金はどうなるんですか?」「寺社奉行に納まるんだよ」というやりとりがあるのも小さんと同じだ。その札を大神宮様のお宮に入れるのは「この長屋は油断ならない、湯に持ってくわけにもいかないから、ここに隠しておこう」という発想で、これは小さんではなく可楽と同じ。小さんのような「千両当たったら」の妄想もない。

夜中、久蔵が隣の住人に「久保町が火事だ。いい旦那がいるんだろ」と起こされると、すぐ場面転換で久保町に着く。「旦那! お騒々しいことでございます!」「よく来てくれたな。今までのことは水に流すから」と出入りが叶い、「お前は軽いものを運んでおくれ」と旦那が言うと、地の語りで久蔵の働きぶりと鎮火、火事見舞いの応対までを簡潔に描写する。

「そろそろ落ち着いたようだな。久蔵、疲れただろ。飯を食え」と言い残して旦那が奥へ行くと、番頭が「よかったな久さん。旦那はお前が可愛いんだよ」と言いながら台所に連れていく。「握り飯もあるし、油揚げの煮たの美味いよ……おい久さん、それ（酒）に手を掛けちゃいけない。お前さんは酒でしくじったんだ」「いえ、体が冷え切ってるんで」と立て続けに五、六杯飲み干す。

ここから小三治は、すでに呂律（ろれつ）が怪しくなっている久蔵が一人でベラベラ喋りながら酔いを深めていく様子を念入りに描写する。

三代目小さんの系統はこの「久蔵が酒乱になる」過程を強調しているが、小三治演じる久蔵の酒癖の悪さは可楽や小さんより数段すさまじい。なにしろ酔った久蔵自身が語るところによれば、半年前にこの旦那をしくじったときは「荒縄で縛られて蔵に放り込まれた」というほどなのである。

「あなた、いい番頭になるよ」「棟梁、折れ釘にぶら下がって目塗りしたでしょう、いい形だったなぁ」「鳶頭、惚れ惚れしましたよ。屋根の上に乗っかって『この家を灰にしちゃならねぇ』って大きな声で叫んだでしょ、あれで風向き変わったんだよ、驚いちゃった、ハッハッハ」などと周りの人間に話しかけながら気持ちよく飲んでいた久蔵だが、「いい火事だったなぁ……」と呟いたあと、あたりを見回す目が据わっている。

「……なんだよ、そんな目でジロジロ、みんなして黙りこくって……」

その表情には、酒乱の本性が一瞬垣間見える。

「そりゃ、あたしは酒でしくじりましたよ」と久蔵は半年前に荒縄でぐるぐる巻きにされて蔵に放り込まれた一件を持ち出す。「そんときゃ恨んだね。……でもあとで考えたら、こんないい旦那いねぇと思ったね！　今日だって『お前は怪我しちゃいけないから軽いものを運べ』って、これだけの身代が灰になろうってときに……あたしは旦那のためなら命はいらないと思ったね！」と泣き声で独り言を続けていたが、やがて完全に目が据わり、怖い顔になって、「旦那もそこまではよかったんだよ……飯を食えって言いやがる。ケッ！　旦那はそう言ったかもしれないけど……よお、番頭、口ではそう言いながら旦那は奥に入ったんだ、見えないところで『くたびれただろう、一杯やりなよ』ぐらいのことが言えねぇのかよ、ボンクラ！　油揚げが美味いって、俺は狐じゃねェや！　そんなににぎり飯食いたかったらくれてやらぁ！」と番頭に投げつけ、あとはもう手がつけられない。

流れとしては小さんと同じだけれども、小三治はこのプロセスを実に念入りに、リアルに描いている。

みんなで久蔵を押さえつけて寝かしつけると半鐘が鳴る。「浅草の三間町？　久蔵は帰ったんだろ？　寝てる？　起こしてやれ」と旦那に言われて番頭が行ってみると「あーあ、大の字になって大いびきかいて、鼻から提灯(ちょうちん)出して……芸人じゃないね」と酷い有様（ここは可楽に通じる）。それを起こして久蔵が「提灯を貸してください！」と飛び出たあとの経過は地の語りで短く説明し、すぐに「どうした久蔵……焼けた？」と久保町の場面に戻る。

居候の身となったことを地で語ると、可楽や小さん同様、旦那が奉加帳をつくってくれて、得意先を廻ってくるようにと言いつつ一両入れてくれる描写へ。

出かけた久蔵が湯島の切通しのあたりまで来ると群衆の声が聞こえてきて、「え？　富？　あっ！」と久蔵、湯島天神に向かう。

すぐに千両富の場面になり、「鶴の一八八八番～」と読み上げられる。「もう少しのところだが」とガッカリする侍が出てきたあと、もう一度「鶴の一八八八番」と読み上げられて、久蔵が「当たった、たった、たった、たった……」と座り込む。周りの連中に押されるようにして帳場まで運ばれた久蔵に吉兵衛が「今だと奉納金と御立替料で二割引かれる」と教えるが、久蔵はあくまで今日ほしいと言う。

「じゃあ、札を出しな」

「あ！　……ジャンジャーン、ポー」

「火事で焼けた？　そりゃダメだ」

「ダメってなんですか」

「札がないともらえないよ」

ここで小三治の久蔵は、可楽や小さんと違って大いに粘る。「貧乏」がテーマであるゆえんだ。暮らしはできているとはいえ、居候は居候。借金が返せたわけではないのである。

売った者と買った者がいて、売った者が覚えていて、そのほかに当たっている人間がいないんだから、という理屈を言うのは談志や志ん朝も同じだが、小三治の場合、

「なくしたんじゃなくて火事で焼けちゃったんですよ。落としたってぇんならほかの人が拾って持ってきて、そっちに行っちゃうって、それならわかりますよ。でも焼けちゃったんだから、あたしにくれてもいいじゃないですか」と、さらに一歩踏み込んだ言い方をする。しかも吉兵衛はここで「当たったのはわかってるんだ、お前さんの名前と札の番号が台帳にちゃんと載ってるんだ」とまで言うのである。だったらくれてもいいんじゃないかと誰しも思うだろう。だが吉兵衛は「でも札がないともらえないという決まりなんだ」の一辺倒。

「決まりっていったって、火事なんですよ。あたしが出したんじゃない、脇から廻ってきた火事なんですよ……そんな酷いよ、お金は神社さんに納まっちゃうって、こんな大きな家持ってて、あたしはなんにもないんですよ……わかりました、無理は言いません、あたしは家一軒建てられればいいんです。二十両に負けた！」と言っても通じないとわかった久蔵、しばし絶望した表情で沈黙したあと、泣きながら「いらねぇっ！」と叫ぶ。

「みんなで首吊りの足引っ張るようなことしやがって！　死んで、取り殺してやる！」

次の瞬間、場面が変わって鳶頭が「おい、久蔵」と声を掛ける。死にそうな顔をした久蔵。

「ボンヤリしてやがって。火事のときだって、いなかったじゃねぇか。釜と布団運んどいたぞ！」

「はあ……」

「腑抜けだな。でもさすが芸人だな、いい神棚があったな。大神宮様、うちに持ってきて置いてあるぜ」

形相が変わった久蔵が「泥棒！」と摑みかかる。この表情、さらに大神宮様を開くときの「もしここになかったら……」と睨みつける顔の凄さは小三治ならでは。

千両当たったと聞いた鳶頭が「おい、みんな出てきて聞いてやれよ、久蔵のやつが千両当たったってよ！」と呼びかけるのは小三治一流の心温まる演出だ。

「よかったなぁ、千両ったら使いでがあるぜ、どうするよ」

「これも大神宮様のおかげでございます。町内のおはらいをさせていただきます」

「鶴の一八八八番」が当たって以降の展開は、表情と声色の使い方が抜群にうまい小三治のテクニックが冴え、観客を引き込んで離さない。久蔵の「貧乏」を見事に描いた前半が、ここへ来て非常に活きてくる。

「浅草三間町と久保町を往復する久蔵」の描写がなくてもここまでドラマティックにできるのだということを示した小三治の『富久』は、三代目小さん系統の究極の形と言えるだろう。

運・不運に翻弄される男――圓楽

五代目三遊亭圓楽は、当たりくじが「松の一一〇番」であるところから、基本線は文楽を踏襲しているように思えるけれども、それだけではなかった。冒頭「久さん、いるかい？」と男が久蔵の長屋を訪ねて来るところから始まる設定は可楽や小さん、小三治に近い。ただ、地の語りで状況を説明してからではなく、いきなり会話で入るのは文楽や志ん生の演り方だ。

訪れた「清さん」なる人物は「今、富を売ってるんだ。お前さんにも買ってもらおうと思って来たんだ」と積極的に売ろうとする。

「木で鼻をくったような番号が一つ残ってるんだ。松の一一〇番」

「買った！」

神棚に札を収め、酒を飲んで独り言。千両当たらなくていい、五百両でいいと言いつつ「芸人なんぞやめて、商いで儲けたいね。五百両当たったら、小間物屋を二百五十両で買おう。かみさんももらおう。芸者衆はダメだな。花魁もいけない。堅気の娘は来てくれない……ハハハハ、俺なんかのところに来てくれる女房なんかいねぇよ……」と酔いが回って寝込んだ久蔵、夜中に目が覚めると半鐘が鳴っている。「芝神明の見当だな」というのを聞くと、自ら旦那のところに駆けつけようと決め、すぐに場面転換。

「旦那！」

「久蔵か、よく来てくれたね！」

ここで久蔵は「鳥越から駆けてきたんです」と言っているが、文楽の『富久』で久蔵の長屋のあたりが火事だという場面で、「浅草？　浅草のどのあたりだい？　鳥越か？　久蔵は阿部川町じゃないか、起こしてやれ」とある。圓楽は「阿部川町」とはっきり言っていないが、同じことだろう。

「火事見舞いにいらした方の名前を書いておいてくれ」と言われ、如才なく応対をしていた久蔵だが、「ご本家から酒が三升と煮しめが届きました！」と繰り返すようになる。「わかったよ久蔵、ハハハ。飲みたいんだろ。番頭さん、代わってやりな。ただし久蔵、酒はほどほどにするんだよ」と旦那のお許しが出るところまでは文楽に近いが、地の語りで「ガブガブやって酔いが回り、パタッと突っ伏した久蔵、前後不覚で布団を敷いて寝かせてもらった」とあっさり片づけて、酔っていく描写をカット。

鳥越が火事だと起こされ、「アララライ、邪魔だ、邪魔だーッ！」と駆けていくと、あたり一面火の海。このとき、火元が隣の糊屋のババァだと教えてくれた男が「なんか出してやろうと思ったけど間に合わなかった、勘弁してくれ」と言い、久蔵は「いいよ、ありがとう」と応じる。これがあるので、あとで鳶頭に「神棚も俺んちに運んどいた」と言われたときの衝撃は大きくなる。

芝の旦那のところに戻ると、旦那は「うちにずっといていい、ブラブラしておくれ」と言ったあと、「お前がなんかすると物が壊れたりするから」と付け加える。「いえ、今すぐ働きます！　お菊さん、お皿はあたしが」と皿を運ぼうとして割ってしまい、「旦那、お皿の数が増えました」となるのは、文楽の久蔵が酔って寝る直前の行動を思い出させる。

富の当日は、「狭くても自分の家がほしいな……そうだ、黒門町の旦那のところでお金を借りてこよう」と出かけ、人の群れに押されて「湯島の天神の富の当日だよ」「あっ、俺も買ってたんだ」と湯島天神へ向かう。

出かけた理由が「金策のため」と明確なのは、馬生や志ん朝の演り方と同じ（ちなみに「黒門町」とは八代目文楽の通称で、ここで「黒門町の旦那」と言っているのは圓楽の遊び心だろう）。当たったらああしよう、こうしようという連中の描写がなく、地の語りで当日どうやって当選者が決まるのかを説明してから「本日の突き止めーっ！」という流れは小三治と共通している。

札がないと千両もらえないと言われ、「あんたが売って、俺が買ったたろ！　清さん……五百両でいいよ……」と泣きだす。

「いくら言ったってダメなんだよ、久さん。人には運不運があるって言うが、お前さん、本当に運がないねぇ」

圓楽はここで久蔵に逆ギレはさせず、諦めさせる。「頼まねぇ……」と小声で呟くと「いいよ……欲をかいて馬鹿な夢を見た俺が悪いんだ……ごめんな、清さん」と言って立ち去る。「……なんだって俺はついてない……清さんが売ったんだ、俺が買ったんだ……」と肩を落としながら、「悔しいのは糊屋のババァだ」と言わせて笑いを起こすのが圓楽らしい。

ＣＤ「にっかん飛切落語会蔵出し　五代目三遊亭圓楽」の解説で川戸貞吉氏は圓楽が十代目馬生から『富久』を教わったと書いているが、馬生の痕跡はごくわずかで、「芸人らしさ」を排除し「酒癖の悪さ」も描かず、「不幸と幸運のジェットコースターに翻弄される男の噺」として捉えたのは、強いて言えば談志と同傾向。ひょっとしたら圓楽は、談志十八番の『富久』を意識しながら、同じテーマに別のアプローチで取り組んだのかもしれない。

スカッと爽快に――志らく・白酒・三三

立川志らくは師匠である談志の『富久』をベースに、より「芸人らしい」久蔵を描いている。久蔵の長屋は談志が若い頃に演っていた「深川按針町」で、後年の「根津七軒町」ではない。

志らく演じる久蔵は、富くじの札を神棚に上げて大神宮様にお願いするだけでなく、一所懸命にヨイショする。実はこれが重要な伏線で、ラストで鳶頭に「よかったな、お前がいい人間だから神様が見てて千両当てさせてくれたんだ」と言われた久蔵は、「違います。私がいい人間だから当たったわけじゃありません。私が大神宮様をヨイショしたから、ご祝儀をくれたんです」と言って、これがサゲ。なので志らくは「大神宮様のお祓い」の説明はしない。

ギャグ沢山なこと、久蔵が野だいこ風の軽いキャラであること以外は基本的に談志の演り方に忠実な志らくだが、富の当日は「千両当てたら池に酒を入れて泳ぐ」とか「質屋をやる」といった連中を出さずに、すぐに「鶴の一五〇〇番～」と読み上げられ、外れた奴の一人が、倒れて震えている久蔵を発見する。ここが簡潔な反面、「札がないと金はもらえない」と言われてからの久蔵の粘り方は尋常ではなく、談志より長いくらい。この、志らく描くところの久蔵が必死に懇願する姿に観客は心の底から同情し、それゆえドンデン返しにスカッとする。

鳶頭が「大神宮様も預かってる」ことを告げるとき、多くの演者は「だけどお前もさすが芸人だな、いいお宮があった。あんまりいいから燃やしちゃもったいねぇと思って」云々の前置きがあるが、志らくは「あ、そうだ、大神宮様も預かってるぜ」とついでのように軽く言う。この「間」は最高だ。

桃月庵白酒は、大神宮様のお祓いを簡単に説明してから、「おいおい、そこへ行くのは久さんじゃないかい」「これは古川の旦那じゃないですか」と噺に入る。「古川」というのは馬生の『富久』に出てくる旦那の名前だが、声を掛けるのは久蔵のほう。駆けつける先は久保町ではなく「石町の旦那」で、そこは馬生の演出だが、向こうで酔いつぶれて寝てしまうプロセスを含め、基本的には金原亭と言うより古今亭。

久蔵の住まいは浅草三間町で、椙森神社の千両富の「鶴の一五〇〇番」を買う。石町に着いてすぐ働こうとする場面では箪笥を担ごうとするのではなく、アタフタするだけでなにもしないという、その様子が可笑しい。富の当日の「千両当たったらどうする」という会話に関しては、白酒はカットすることが多い。

白酒の『富久』は実にカラッとしている。

久蔵のドライな描き方が白酒ならではの爆笑落語テイストを生み、大ネタっぽくない。その軽やかさが魅力なのは彼の『芝浜』とも通じる。「鶴の一五〇〇番〜」と読み上げられて腰を抜かした久蔵が「タッタ、タッタ、タッタ」と繰り返すのを聞いた男が「木村庄之助？」と言ったりするギャグ沢山の演出で、「札がないともらえない」と聞いて「死んでやる！」と騒ぐところもドタバタ喜劇風だ。

鳶頭の家でお宮の中の札を発見した久蔵は「あったーっ！」と叫ぶが、この声が泣き声ではなくひたすら大喜びのトーンなのが他の演者と違うところ。普通はここまでカラッと喜ばない。浮き沈みの激しい芸人の開き直った人生を笑い飛ばす、爽快な『富久』だ。

柳家三三（さんざ）は師匠である小三治の『富久』を継承しながら、サゲを変えている。札を売った吉兵衛さんが千両当たった久蔵に忠告する「来年の二月になってお金がそっくり寄ってからだと千両そっくり受け取れるけど、今だと御立替料が一割、奉納料が一割、合わせて二割差っ引かれるんだ」という台詞を踏まえてのもので、鳶頭が「よかったじゃねぇか！　喜べ、喜べ、目いっぱい喜んでかまわねぇから」「いいえ来年の二月までは喜びも一割差っ引いておきます」とサゲるのである。これだと「大神宮様のお祓い」についての説明がいらない。

サゲを変えたこと以外はすべて小三治と同じで、つまり「酒乱」を強調する型なのだが、三三の久蔵はあまり酒乱の匂いがしない。「油揚げの煮たのが美味しい」としつこく番頭に言われたことを根に持って「トンビじゃねぇや！」と油揚げを投げたりはするけれども、小三治の久蔵のような迫力はなくて、むしろコミカル。久保町の旦那は「暴れるようだったら猿ぐつわと荒縄でグルグル巻きにして」と指示するが、実際にはそこまで暴れることなくコテッと寝る。

三三の演じる久蔵は、弱い人間ではあるけれども、あまり屈折したところがなく、文楽系の久蔵に通じるところがある。

貧乏の匂いが希薄なのは三三の個性によるところが大きく、テイストとしては小三治よりあっさり味、言い換えればスマート。三三の『富久』はそこが魅力だ。

窮状にメゲない男——兼好

文楽の『富久』の完成度が高すぎたせいか、それをそのまま受け継いで成功している噺家は少なかった(柳家権太楼は文楽の型を忠実に継承しながら「権太楼の個性」を存分に注入し、独特な骨太の『富久』をつくり上げた稀有な例だ)が、最近では三遊亭兼好が文楽型をアレンジして見事な『富久』を演じている(ただし兼好の『富久』で千両当たる札は「松の一五〇〇番」で、「松の一一〇番」ではない)。

「そこへ行くのは久さんじゃないか」

「これはお久しぶりです、六さんじゃないですか、どうしました」

「それはこっちの台詞だよ、いい幇間が髭面ってのはないね」

「いや、酒でしくじって、どうにもしょうがねぇんで。今度こそどうにもならない、にっちもさっちもいかないてぇやつで、ヘタすると首くくらなきゃいけない」

兼好は冒頭の会話で久蔵の切羽詰まった状況を説明する。これは文楽ではなく志ん生や可楽の「貧乏を強調する」演出を取り入れているが、その久蔵が全然メゲてないように見えるのが素敵だ。もちろん兼好自身の明るい芸風がそうさせるのだけれども、文楽型の『富久』をやるなら久蔵はあくまでも明るく、幇間らしくなくてはいけない。

兼好には文楽の『富久』が似合っている。久蔵が六さんを「あなたはどこから見ても福の神。その福の神から買うんだからこれは当たります」とヨイショするのも真っ直ぐでいい。

富の札を大神宮様に納めて「ご利益、お願いします。千両でなくて五百両でけっこうです」と拝んだ久蔵、御神酒を飲んで酔っ払ってくると、「当たったら堅気になろう……小間物屋が二百三十両で売りに出てたから三十両値切って二百両で買って、値切った三十両でお宮を立派にします！　小間物屋だったら女房も持たなきゃいけないねぇ……芸者はダメ、花魁もいけません、堅気の女は来ない……来ないことないよ、お梅ちゃん、ね！　お梅ちゃんに決めました！　でも、喧嘩はすると思うんです。あたしに色目を使う女の客なんかがいて、こっちも『大変お似合いです』なんて……それ見てたカミさんが『お前さん浮気したら承知しないよ』って膝のところをつねられてイテッていう、そんな夫婦になりたい」と妄想を繰り広げるのが兼好らしくて楽しい。

酔って寝込んだ久蔵はいきなり「おい！　火事だよ！　芝の見当だよ！」と鳶頭に起こされ、すぐに場面が旦那のところ（兼好は芝神明で演っている）に転換して、「お騒々しいこってございます！」となる。このテンポのよさが心地よい。葛籠を庭に出そうとして失敗するくだりもバカバカしくて笑える。

「筆の立つところで、お見舞いのお客様を帳面につけて」と言われた久蔵、「ご本家から酒を二本、一本は燗をしてあります」と報告したあとは心ここにあらず、しきりに「燗をしてあるってことは今すぐ飲むようにということで」と繰り返すので、旦那も苦笑しながら許す。久蔵はあくまで機嫌のいい酒で、串に刺してあるおでんも美味しそうに食べる。「もうそのへんでやめたほうがいいんじゃないか」と旦那に言われて最後の一杯を飲み干すと、「お菊さんがお皿運んでる……一枚足りないんでしょ」と笑わせつつ、踊りながらその皿を運ぼうとして割ってしまい、寝かしつけられる。

と次の瞬間、「久蔵、火事だよ、浅草の阿部川町」と起こされる場面転換の早さ。「ハイ！　ハイ！　ハイ！」とリズミカルに掛け声をかけながら浅草に駆けつける場面もきちんと描く。

向こうに着くと長屋の男に「久さん、鳶頭が探してたよ」と言われる。これが兼好ならではの演出で、鳶頭はこの時点で自宅に運び込んだものを返そうとしていたのに、久蔵は「もうけっこうです、いろいろ世話になりました」と鳶頭に会うことなく芝の旦那のところに居候してしまう。それが、あのラストに繋がるのである。

「深川の女将のところへご挨拶に」と旦那の家を出た久蔵、今日が自分の買っていた八幡様の富の当日だと教えられ、着くともう始まっている。

「ここまで、松の一五〇〇番って出ました?」「出ちゃいねぇよ」「この暮れに来て火事で焼きだされるような人には当たらないんですよね」「知らないよ」という会話のあと、「松の一五〇〇番〜」と読み上げられる。「当たらねェもんだな……あれ？　松の一五〇〇番って、どっかで聞いたな……さっきの奴か……倒れてるよ！」という、このへんも兼好らしい工夫だ。

「六さん！」

「久さん！　いやぁ、よかった、我がことのように喜んだよ」

「火事で焼きだされて無一文でなにもなくって……お金すぐにください」

「今はよしたほうがいい、二割引かれちゃう。一年待てば千両まるまる」

「今ください」

「そうかい、札を出しな」

「え……（無言）……札は、いいですよね」

「札なくちゃダメだよ」

「……札、いいですよね」

「いいですよねって、どうした……燃えた？　そりゃかわいそうだ、もらえないよ」

「でもあなたが売ったんでしょ、私が買ったんでしょ、ほかにないでしょ」

「理屈はそう。でもダメなんだ」

「二人でよく話せば」

「ダメなんだ」

「だって燃えちゃったって……俺は悪くないのに」

「気持ちはわかるけど」

小間物屋をやる二百両だけでも、と食い下がるが当然ダメ。百両、五十両と値を下げていくうちに意気消沈していき、最後は「いらねぇや！　なにが福の神だ！　疫病神だ！　おめぇんとこの軒下で首くってやる！」と捨て台詞。

すぐに視点が変わり、「鳶頭、あれ久蔵でしょう、トボトボ歩いて」「あ、本当だ、しょうがねぇな、あれっきり顔出さなくて」と鳶頭たちの側から描写される。この展開は鮮やかだ。

「しょうがねぇ奴だなぁ……おい久蔵！」

「ああ、鳶頭……」

「この暮れに来て大変だったなぁ。あれっきり来ねぇから心配してたんだ。なんとかやろうと思ったんだが消すことができなかった、すまねぇ」

「鳶頭のせいじゃありません、もうけっこうでござんす」

「あのときお前のところに飛び込んだんだけど、火の回りが早くてなぁ。お釜と布団、うちに置いてあるから取りに来な」

「いりません、どうせあの世じゃ使わない。鳶頭にあげます」

「そうか？　でもお前、大したもんだな。飛び込んで初めて気がついたんだ、さすが芸人だなと思って。いいお宮だな、ちょいと焦げついたんだが持ってきた。あれももらっていいな」

「ドロボーッ！」

ここで大きな笑いが起こって、ハッピーエンドに花を添える。

兼好ならではの『富久』の楽しさは、文楽型の枠組みに新鮮な風を吹き込んだと言えるだろう。

ダイナミックな迫力——一之輔

春風亭一之輔の『富久』は「浅草三間町／久保町の旦那／椙森神社／鶴の一五〇〇番」という古今亭の型。五街道雲助に教わったという。

雲助・一之輔の『富久』では、くじを売る旦那が久蔵に「なくしたらなんにもならないから肌身離さず持ってなよ」と忠告する。そんな忠告を聞き流した久蔵は、すぐに神棚に札を納めてしまい、御神酒を下ろして飲み始めて、「千両当たったら幇間やめて堅い商売しよう。小間物屋なんかいいな。よく働くカミさんもらって、金が貯まったら脇に女を囲うね。その女に芸者の置き屋なんかやらせて、その芸者に片っ端から手をつけて……」と妄想を膨らませる。小さん演出の発展形ともいえるこの演り方は雲助独自のもので、一之輔もそれを継承している（雲助の弟子の白酒は「小間物屋をやって女を囲って」云々の妄想は演らない）。

久保町の旦那のところに駆けつけた久蔵は「簞笥を担ごうとして柱ごと背負う」失敗を演じる。久蔵が帳づけをしているときに届くのは「ご本家からおでんと二本の酒（一本は燗をしてある）」で、これは文楽系だが、雲助は古今亭の枠組みにこれを導入している。

富の当日には、「千両当たったら池をこしらえて酒を入れる男」と「質屋をやる男」が出てくる。「池に酒を入れる男」については、志ん生は「飛び込んで泳ぎながら飲む」だけだったが、志ん朝は「たくあん一本抱えて飛び込んで、たくあん囓じりながら飲む」、談志は「枝豆を持って飛び込む」、馬生は「スルメを持って飛び込む」という具合にアレンジしており、馬生の弟子である雲助はスルメ。なので一之輔も「スルメ持って飛び込む」演り方だ。

富の札を焼いてしまったと聞いた旦那は「言っただろ！　なくしちゃなんにもならないから肌身離さず持ってろって！」と責める。ここまでは雲助のままだが、「なに考えてるんだよバカ！」と叱りつけるのは一之輔落語ならでは。

雲助の型に忠実だった一之輔が、ここへ来て一気に「らしさ」を炸裂させる。「当たったんですから……旦那も控えてるでしょ、鶴の一五〇〇番って、あたしが買ったんです……皆さん聞いてください、この人が売ったんです、あたしが買ったんです」と周囲に訴えるせつなさは他に類を見ない。「ちょっと皆さん、ホントに当たったんです！　行かないでくださいよ！笑ってないで……本当なんですから……お願いしますお願いします、このとおり……」と頭を下げる久蔵が実に哀れだ。

一転してキレるときの迫力も凄まじい。「いらねぇ！　冗談じゃねェや、当たっといてもらえねぇなんて、そんなベラボーがあるか！　いいよ、おい、オメェらも笑ってんじゃねェぞ！　当たったんだよ！　もらってくれって言われたってもらわねぇやい！　その代わり覚えてろ、ただァおかねえぞ！　オメェんちの軒先で首くってやる！　笑ってるオメェらもそうだぞ、一人残らず取り殺してやる！」

嗚咽しながら「こんなんだったら、当たらねぇほうがいいじゃねぇか……」と呟く久蔵の哀れさは談志の『富久』を思わせるほど。声を掛けてきた鳶頭に対して悪態をつく久蔵の、「お宮を預かってる」と言われたあとの逆上ぶりも豪快だ。

雲助演出をベースにダイナミックな「一之輔の『富久』」ができあがった。これからさらに進化していくことだろう。

ドラマを際立たせる改変——談笑

地名や富くじなどは師匠の談志に準じながらも、過去の三系統とはまったく別の新しい『富久』をつくり上げたのは立川談笑だ。

按針町に住む久蔵は「大神宮様のお祓い」をして小銭を稼いで暮らしている。

そこへ出会った上総屋の旦那は「お前さんも大変だな、久保町（「クボマチ」と発音）の近江屋（おうみや）さんをしくじっちゃってから……あれはお前さん悪くないよ、たまたまそこにいた客同士の相性が悪かったんだ」と同情する。幇間で食っていけなくなって、春になれば甘酒売ったり、屑拾い同然の暮らしをしていると告白する久蔵。「幇間に戻りなよ、お前さんの芸は色っぽくていいからねぇ」と、久蔵が幇間を休業しているのを惜しむ上総屋は、今は椙森神社の富の札を売っていて、一枚売れ残っていると言う。「それ、買います！」と、久蔵は小銭をジャラジャラかき集めて一分払い、「鶴の一五〇〇番」の札を買う。

富札を大神宮様のお宮に納めて眠った夜中、芝の久保町が火事だと起こされ、慌てて近江屋に駆けつけて、再び出入りが叶う。上総屋も火事見舞いに来て、久蔵に「よかったな」と話しかけ、酒を一緒に飲み始める。

幇間らしく座を盛り上げる久蔵だったが、調子に乗って「〽焼けてうれしい〜」と唄い始めると、近江屋の旦那が聞きとがめて激怒。「やっぱりお前は出入り止めだ！」と追い出されて塩をまかれる。

トボトボ歩いていた久蔵の耳に「深川按針町が火事だ」という声が聞こえ、慌てて駆け戻る。疲れ果ててボロボロになって辿り着いた久蔵が見たのは、なにもなくなってしまった我が家の焼け跡だった。

「座敷用の着物も三味線もみんな焼けちゃった……。私は幇間で儲けたいんじゃない、幇間をやってるのが好きなんだ。目の前の人を楽しませたくて、それでさっきもみんなに喜んでもらおうと……それなのにこんな目に遭うなんて、神様は私の芸をいらないと言ってるってことなんだ……」

そこへ通りかかった鳶頭。

「お前の家財道具も着物も全部運び出したよ。大神宮様の神棚も」

なんという幸運！　と久蔵の顔が輝いたのも束の間、「だけど、そこに置いといてちょっと目を離したら、火事場泥棒ってのかねぇ、世の中悪いヤツがいるもんだ、そっくり盗まれちゃった。もうなにも残ってないよ」。

久蔵は「運び出して外に置いておいたら持ってくだろ！　お前らが余計なことするから！」と怒るが、もうあとの祭り。

「なんて、ついてないんだ。……こうついてないと、あのくじ当たってるかもしれない……千両なんて当たってたら、死んだほうがいい。そこまでついてないんなら死んだほうがましだ」

そして椙森神社に確認に行くと、一番の千両富の当たり番号が読み上げられる。

「鶴の……千……五百……」

次に「何番」とついてほしいという久蔵の願いも空しく「……番！」と言いきった。

「うわぁーっ！　死んでやる！」

泣きながら大暴れする久蔵。と、そこへ現われた上総屋。

「どうした？　千両当たった？　そうか、よかったな！　……なに？　火事で富くじ焼いちゃった？　いいんだよ、もらえるよ」

「えっ⁉」

「大丈夫だよ、売った私が半券を持ってるから。よくあるんだよ、そういうこと。売った側が一筆書いて届け出れば問題ない、千両もらえるよ。おめでとう」

狂喜する久蔵に上総屋が付け加える。

「いちおう確かめるけど、そのくじは焼けたんだよな？　なくしたんじゃないよな？」

「え……？」

「いや、焼けたんならなんの問題もないんだけど、誰かに盗まれたとか、ただなくしたんだともらえないから」

「なんでですか⁉」

「そりゃそうだろ、あとで誰かが札を持ってきたら……え？　火事場泥棒？　ダメだそりゃ、もらえないよ。残念だったね」

「だって、私に売りましたよね⁉」

「売ったよ。だから焼けちゃったんならいいけど、もし千両お前がもらったあとで誰かが当たりの札持って出てきたら、お前も私も打ち首だよ」

「なんで！　だってそいつは泥棒ですよ！」

「千両当たる前に泥棒がそのくじを誰かに一分で売ってたらどうする？　その人は善意の第三者だから千両受け取れる。もうダメ、盗まれたんなら外れたのと同じ。惜しかったね」

「そ、そんな……」

「一分捨てたと思って諦めるんだな」

絶望し、フラフラと歩いていると、近江屋の番頭に出くわす。

「久蔵！　どこ行ってたんだ！　うちの旦那は、お前があんまり浮かれすぎてるから、戒める意味であぁ言ったんだ。旦那なりの冗談なんだよ。あのあとすぐに、うちの店の若い連中を迎えにやったんだけど、お前のところが火事で、いくら探してもお前の姿がなかったって大騒ぎしてたんだよ。とりあえず家財道具は全部うちに持ってきてあるから。大丈夫、また出入りが叶ったんだ、そんなに悲しむ必要ない……え？　大神宮様？　あるよ」

「……嘘だ……」

「本当だよ」

「嘘だ、信じないぞ！」

「いったいなにがあったんだ？」

番頭と共に近江屋へ戻った久蔵を近江屋は優しく迎える。

「もう調子に乗りすぎちゃダメだぞ。一部屋お前のために空けさせた。いつまでもいてくれていいんだ。また座敷に出てくれるな？」

大神宮様の神棚を開けると、富の札がちゃんとあった！

「ありました！　千両当たってるんです！」

「そうか！　大神宮様のおかげだな」

「いえ、大神宮様のバチが当たったんです」

「バチが当たった？　どうして」

「考えてみてください、私はタイコですよ。バチが当たればいい音（値）が出ます」

従来の『富久』を大幅に改変して、翻弄される久蔵の哀れさを見事に描いている。「焼けたのであればいいが、盗まれたのならダメ」という発想は談笑ならではのもの。これを弟子の立川笑二あたりが継承して、さらに次の世代に渡せば、「第四の流れ」として認知されることになるかもしれない。

第三章　紺屋高尾と幾代餅

紺屋

江戸時代の吉原は単なる風俗街ではなく、当時の文化の粋を集めた場所。最高級の花魁ともなれば美貌のみならず教養にも優れ、相手をするのは大名や豪商ばかり。庶民にとっては今で言う人気アイドルやトップ女優などとは比較にならない「高嶺の花」だった。

そんな、手の届かないはずの相手に恋をした職人が、想いを遂げて夫婦になるという「男のロマン」を描いた『紺屋高尾』。

講談にもある演目だが、『紺屋高尾』という物語を世に広く知らしめたのは落語でも講談でもなく浪曲で、大正から昭和にかけて活躍した浪曲師の初代篠田実の吹き込んだレコードが驚異的な大ヒットを記録したことでこの噺はポピュラーなものとなり、舞台や映画の題材ともなった。「遊女は客に惚れたと言い、客は来もせでまた来ると言う」という有名なフレーズは篠田実の浪曲にあったものだ。

落語の『紺屋高尾』は六代目三遊亭圓生の得意ネタとして知られ、五代目三遊亭圓楽もそれを継承した。

五代目金原亭馬生から教わったという圓生の系統とは別に、立川談志は講釈師の五代目一龍斎貞丈（いちりゅうさいていじょう）から『紺屋高尾』を教わり、そこに篠田実の浪曲のフレーズを盛り込みながら、独自の演出で圓生とは異なる『紺屋高尾』をつくり上げている。

瓶のぞきの後日談――圓生

圓生の『紺屋高尾』はこういう噺だ。

染物屋が軒を並べる神田の紺屋町。三日も寝込んでいる染物職人の久蔵を心配した親方の吉兵衛が、通りがかった医者の武内蘭石（たけのうちらんせき）を呼び込んだ。二階に上がった蘭石は久蔵を診て、「全盛を誇る三浦屋の高尾太夫（だゆう）に恋患いだろう」と言い当てる。驚く久蔵に「眺めていた高尾の絵草子を慌てて隠したのを見た」と種明かしをした蘭石がわけを訊くと、友達に連れて行かれた吉原で花魁道中を見て高尾に一目惚れ、「あれは大名道具、お前はそばにも寄れない相手だ」と言われてしかたなく絵草子を買って帰ったものの想いは募るばかり、ついに寝込んでしまったのだという。

それを聞いて蘭石は「大名道具とてしょせんは売りもの買いもの、十両も出せば会える」と励ましたが、久蔵の給金は年に三両。

「ならば三年辛抱して九両貯めろ。私が一両足して必ず会わせてやる」

「ありがとうございます！」

三年過ぎて四年目の二月、吉兵衛が久蔵を呼んで「お前の給金が俺の預かりで九両になった。一両足して十両にして預かっておくから、あと三年辛抱して二十両こさえろ。店を持たせてやる」と言ったところ、久蔵はその十両で買いたいものがあるという。なにを買うか言わないと渡せないという吉兵衛に、初めは言い淀んでいた久蔵も観念して、「高尾太夫に会いたいんです」と、三年前の恋患いの一件を持ち出す。

それを聞いた吉兵衛、「職人が三年の給金を一夜の栄華に使おうってのは江戸っ子らしくて威勢がいい」と機嫌よく十両を渡すのみならず、結城の着物から羽織、帯、襦袢（じゅばん）、足袋、雪駄（せった）、褌（ふんどし）に至るまですっかり身なりを整えてくれた。

お玉が池の蘭石を訪れて事情を話すと「約束だから連れて行くが、紺屋の職人では会ってもらえない。流山のお大尽ということにするから、私を『武内、これ、蘭石』と呼び捨てにして、万事『あいよ、あいよ』と鷹揚に」と蘭石は言い、「その手では紺屋の職人とわかってしまう」と、久蔵の爪のつけ根に染まった藍色をメジロのフンを用いてぬるま湯できれいに落とす。

吉兵衛が「あの先生は医者はうまくねぇが女郎買いは名人だ」と言うだけあって、蘭石は馴染みの茶屋でも信用があり、すぐに三浦屋へ訊いてもらうと、いい塩梅に客が急な用事で帰って高尾の身体が空くところだという。

三浦屋まで供をした蘭石が茶屋へ引き返すと、久蔵一人が高尾の部屋へ通された。迎えて手を着く番頭新造。やがて禿に手を引かれて現われた高尾、久蔵に一服を勧めて煙管を差し出す。三年恋い焦がれた花魁手ずからの煙管を押し頂き火玉が踊るほど吸って返すと、高尾が廓言葉で一言。

「ぬしはよう来なました。今度はいつ来てくんなますえ？」

次はいつ来てくれるかと訊くのは単なる挨拶にすぎないが、正直な久蔵はこれを真に受けて、「三年経たなきゃ来ることができねぇんです」と泣き出した。

驚く高尾に久蔵は三年前の恋患いからすべての経緯を話した。

「三年稼いで金ができても、花魁が身請けされてここにいなくなれば二度とはお目にかかれませんので……それが悲しくって泣きました」

高尾がこれを聞いてポロッと涙を流した。源平藤橘、四姓の人に枕を交わす卑しい身を、三年も思い詰めてくれるとはなんと情の深い人か。こういう人と連れ添ったら、よし患っても捨てるようなことはなかろう、と……。

「それは本当ざますか？　わちきは来年二月十五日に年季が明けるのざます。ぬしのところへ訪ねて行きんすによって、女房に持ってくんなますか」

それを聞いてうれし泣きをする久蔵に、高尾は「こちらから訪ねるまでは、二度とここへ来てはなりんせん」とまた会うまでの形見に香筥の蓋を渡し、その夜は亭主の待遇でもてなした。

翌朝、大門まで送ってもらった久蔵は店へ帰って「初会から花魁がバカな惚れ方で……へへへ」と有頂天。

早く来年の二月十五日になってくれればという思いだけで働き続ける久蔵は、なにをするにも「来年の二月十五日」と口走るものだから、「おい、二月の十五日」などと呼ばれて「へい」と返事をする始末。

そして迎えた翌年二月十五日。店の前に止まった駕籠（かご）の中から出てきたのは高尾太夫。吉兵衛に挨拶をして持参金を差し出した。

圓生は、ここまで語って「親方の仲人でめでたく夫婦にまとまったという……傾城（けいせい）にも誠あり、紺屋高尾でございます」と終えることも多かったが、本来はそのあとがある。

曰く「新しく染物屋を始めた久蔵夫婦は客を獲得するために『早染め』というものを考案した。これは、客が持ってきたものをその場で染めてすぐに渡すという商売で、染めるというより『瓶（かめ）をちょっと覗いた』くらいの薄い浅黄色（あさぎいろ）になるので、『瓶のぞき』という名がついて流行し、店は大いに繁盛した」というものだが、圓生が五代目馬生に教わったのは「瓶のぞきというのは、高尾が瓶にまたがって作業をするので、そこに映ってるんじゃないかと男たちが首を伸ばして瓶をのぞきこんだから」というエロなオチ。

これをソフトにした演り方として「あの高尾太夫の顔を拝みたい」と男たちが瓶に

映った高尾の顔をのぞき込んだから、というのもある。

早染めのことは「駄染め」とも言うところから『紺屋高尾』を別名『駄染高尾』とも言い、また『瓶のぞき』という演題で呼ばれたこともあったようだが、今はもう「瓶のぞき」のくだりを語る噺家はめったにおらず、そういう別名は消滅したと言っていい。

圓生の『紺屋高尾』は、最も長いヴァージョンだと早染めによる「瓶のぞき」という色の説明をしたあとで「ほかにも説があって」とエロ解釈を披露し、「あんまりアテにはなりませんけれども」と言ってから、さらに後日談へと続ける。

「高尾が染めてくれる」というので男たちは白い布を持って店に日参するが、そのうち染める物がなくなってしまう。そんな男の一人が猫を連れて行って染めてもらうと言い出した。「バカだねお前は、白い猫ならともかく、黒猫じゃないか」「いいんだよ、色揚げしてもらうんだ」がオチ。

これは三代目蝶花楼馬楽の速記にあったのを圓生が取り入れたのだという。

この噺を圓生から受け継いだ五代目圓楽はラスト、高尾が吉兵衛の店にやって来る場面を描いたあと、「この親方の粋な計らいで二人は夫婦にまとまりまして」と続け、時に「この高尾という人は才覚があり、駄染めというのを考案して大いに流行ったため、『駄染高尾』とも言われ」という短い説明を入れたりしながら、「一口に高尾と申しましても十一代までありました。ところが代々の高尾太夫がその全盛に比べて悲惨な最期を遂げました中で、この久蔵に嫁ぎました高尾太夫、八十余歳の天寿をまっとうしたと言われます。『傾城に誠なしとは誰が言うた　誠あるほど通いもせずに』。名妓伝のうち紺屋高尾の一席でございます」と締めていた。これはなかなか収まりのいい終わり方だ。

ロマンティックな恋――談志

先に述べたように立川談志は五代目一龍斎貞丈に教わり、浪曲のテイストを取り入れながら、圓生とは異なる『紺屋高尾』をつくり上げた。

それを一言で表現するならば、「身分を超えた恋を描いた感動のラブストーリー」だ。

圓生の『紺屋高尾』には「冷蔵庫を買うんじゃないから」「定期券を買うんじゃないんだから」「消毒液を撒いて保健所に届けておけ」「(こんな金持ちは)お前と田中角栄さんぐらいだろう」「ぬしは背任横領罪でも?」「この十両でパチンコでもやりなまし」等々、時代を超えたギャグで笑いをとる箇所が目立つ。

実のところ圓生はこうした「現代的なギャグ」が意外に多い演者で、そこが魅力でもあったりするのだが、こと『紺屋高尾』においては、すでに浪曲や講談で有名な人情噺を落語として定着させるために、意識的にそういう演出を用いたような気もする。

高尾が店にやって来る二月十五日の描写にしても、圓生は「あくる年の二月十五日、新しい四つ手駕籠がぴたっと止まりまして、中から出たのは高尾太夫、親方にしとやかに挨拶すると『これはそちらに』と花魁から持参金、開けてみると三菱銀行の預金残高八千万円、『おーっ、久公、えらい、よく取った!』って、まるで猫がネズミを獲ったようで」などと、肝心の久蔵と高尾の感動の再会を描くことなく笑いをとる方向に行き、地の語りで「祝儀をつけて駕籠屋を帰す。さて親方の仲人でこれから改めて夫婦ということになる」とあっさり結婚させてしまうのだから、ドラマとしては少々物足りない。

そこへいくと談志の『紺屋高尾』は正攻法の純愛ドラマ。男女における「思慕の情」を大事に思う談志のロマンティストな一面をストレートに反映している。

談志は圓生の『紺屋高尾』の「源平藤橘、四姓の人に枕を交わす卑しい身を、三年も思い詰めてくれるというのはなんという情の深い人か、こういう人に連れ添ったら、よし思っても見捨てるようなことはなかろう」というフレーズ、その了見が嫌だったという。

「そのほうが人間としても、事実に近いかも知れない。（中略）しかし、私は男女の結びつきの方法としては、恋愛が一番好きなのである。嘘でもいい、恋愛そのものが作りごとであり、人間が考えついた学習の一つかも知れないが、恋はいい。で、高尾に恋をさせた貞丈流をとったのである」（『談志の落語　二』）

談志は、高尾が打算で久蔵を選ぶ圓生流ではなく、五代目貞丈と初代篠田実をベースにして、「こういう恋愛の形もある」という物語をつくった。それが談志の『紺屋高尾』だ。

談志の『紺屋高尾』は、二十一世紀に入って「久蔵が高尾に真実を打ち明けるタイミング」が変わった（といっても内容はほとんど変わっていない）。

それより以前、二十世紀の談志が演っていた『紺屋高尾』は、こういう噺だ。

紺屋職人の久蔵が寝込んでいるのを心配した親方が様子を見に行くと、恋患いだという。三日前、久蔵は兄弟子たちに連れられ生まれてはじめて吉原へ行き、花魁道中に出くわした。花魁たちのいずれ劣らぬ美しさ、その中でひときわ目立ついい女、三浦屋の高尾太夫に一目惚れ……「ああいう人と半刻でも一緒にいたい」と言うと兄弟子に「バカ言うな、あれは十万石の格式を持つ松の位の太夫職、大名だって百万石が来ようが大金を積まれようが『嫌だ』と首を横に振ったらどうにもならない女。紺屋の職人風情にゃ及ばぬ鯉（恋）の滝登り」と言われたけれど、それからというもの寝ても覚めても高尾のことばかり……。

そんな久蔵を見かねた親方が「十五両貯めたら高尾に会わせてやる。お前なら一所懸命働けば三年で十五両は貯められる」と説くと、久蔵はとたんに元気になってその日から「三年で十五両、十五両で高尾に会える、三年で高尾、高尾が三年……」と仕事に精を出し、見事に三年で十五両を貯めた。

実は親方の「会わせてやる」とは久蔵を励ますための嘘で、紺屋の職人が金を持っていっても高尾に会える道理はなかったが、一途な久蔵の想いをなんとか叶えてやりたいと、親方は「女郎買いの名人」で知られる医者の藪井竹庵に相談、「久蔵は流山あたりのお大尽の若旦那、竹庵は取り巻きの医者」ということにして連れていくことになった。

髪型を直し、損料屋で借りてきた絹物を着せ、店のみんなの応援ですっかり若旦那らしい風体となった久蔵に、竹庵は「向こうであんまり口を利いちゃいけない、なにを言われても『アイ、アイ』と鷹揚に。それからその手、藍が染み込んでお里が知れちゃうから懐手(ふところで)をして。その手を出しちゃダメだよ。私のことは藪井、と呼び捨てに」と注意事項を伝える。馴染みの茶屋で竹庵が「若旦那のお見立ては高尾太夫」と告げ、無理だろうと思いながら茶屋の女将(おかみ)が話をしてみると、運のいいことに身体の空いていた高尾が、なんの気まぐれか「いつも大名はんの相手ばかりでは気が詰まりんす。たまにはそのようなさばけたお客はんの相手がしとうざんす」との返事。久蔵、高尾の部屋へ通された。

三年の間、命懸けで惚れ抜いた高尾が、新造衆を連れてやって来る。

夢にまで見た相手に煙草を勧められ、高鳴る胸を押さえながら、うっかり手を出せば紺屋の職人とわかってしまうから、着物の袂ごと両手を突き出して煙管を受け取ると、火玉が踊るほどこれを吸う。なにを訊かれても「アイ、アイ」としか答えないこの純朴な青年を高尾はどう感じたのか、一晩ゆっくりともてなしてくれた。「夜よ明けるな、時よ止まれ」という願いも虚しく、やがて夜が明けて……。

寝顔を見せないのが花魁の嗜み、そっと寝床を抜け出して身支度をした高尾、寝ていていいのか起きるべきか迷っている久蔵の寝床にやって来て煙管を差し出す。

「ぬし、一服つけなんし」

「……アイ」

「わちきを名指してくれてうれしゅうおざんす。お裏にはいつ来てくんなます?」

「……アイ」

「ぬし、お裏は?」

「……アイ、アイ……」

「次はいつ来てくれるのざます?」

「三年……三年経ったらまた来ます」

「お客はんは皆、明日来るの明後日来るのと言いなんすが、ぬしにかぎって三年とはあまりに長いではありんせんか」

もう嘘はつけないと覚悟を決めた久蔵、「三年働いて金を貯めないと来られません」と、すべてを正直に打ち明けた。

「三年前に花魁の姿を見て、こんなきれいな人がこの世にいるのかと……それからはもう会いたい会いたいと仕事も手につかない、物も食えない、もういいや、花魁の姿を胸に抱いて死んじまおうと……。でも親方が親切な人で、三年働いて貯めた給金を持っていけば会えるだろうと言ってくれて、夜も寝ないで働きました。お大尽の若旦那と嘘をついたのも私を思っての竹庵先生の知恵で、先生に罪はない。勘弁してください」

そんな久蔵を黙って見つめる高尾太夫。

「会えないと思っていた花魁が、会ってくれた。ありがとうございます。もう大丈夫です。また一所懸命働いて、三年経ったらまた来ます。会ってください……いや、全盛の花魁のこと、三年のうちにはどこぞに身請けされて奥方に……そうすればもうここでは会えない、これが最後なんです。……でも、この広い江戸の空の下、どこかで会えるかもしれない。いえ、会えると信じてます。そのとき、お願いですから木で鼻をくったように横を向かないで、一言『久はん、元気?』って言ってください……その一言で私は生きていけます。だましてすみません……」

聞いていた高尾が涙をポロッとこぼし、「その話、本当ざますか?」と尋ねる。

「この手を見てください、紺に染まった職人の手なんです」

「わかりんした。わちきは来年三月十五日、年季が明けるのざます。そのとき、ぬしのそばに参りんすによって、わちきを女房にしてくんなますか?」

「えっ?」

「ぬしの女房になりたいんざます。ぬしの正直に惚れんした。わちきのような者ができたからは、二度とこの里に足を踏み入れてはなりんせんよ」

高尾は久蔵を軽く睨むと「これは後の証拠」と挿していた簪を抜き、簞笥の小引き出しから出した三十両の金を添えて、亭主の待遇で送り出してくれた。

フワフワと夢見心地で店に帰った久蔵、その日から「来年三月十五日高尾が来る、来年三月十五日、来年三月十五日……」と一心不乱に働き続け、ついに迎えた翌年三月十五日。黒塗りの上等な駕籠が紺屋の前に着くと、出てきたのは女房姿になった高尾太夫。

奥から「うわーっ!」と叫び声をあげて出てきた久蔵、高尾を見るとヘナヘナと腰が砕けて高尾の帯にすがりつき、下から見上げて「花魁、待ってました……」と涙声。

「久はん……三月十五日ざます」

「はい」

「久はん、元気?」

「(泣きながら)はい……」

口の悪い職人連中、普段なら囃し立てるところだろうが、これを見て冷やかす者は誰もいなかった。

親方が間に入って祝言が済み、夫婦で紺屋の跡取りとなったから江戸中の評判で……と地で語ったあと、高尾に会いたくて毎日なにかしら染めてもらいに通うという江戸っ子たちの会話を挿入し、「どっかにこういう話ありませんかね、談志に惚れて全財産つぎ込む女なんて……あるわきゃないネ、こっちに真心がなくて女房があるんだから」とおどけて、「紺屋高尾の一席でございます」と締める。照れ屋の談志らしい終わり方だ。

談志の『紺屋高尾』を象徴する名場面、それは紺屋の店先に女房姿で現われた高尾の「久はん、元気？」である。

あの朝の久蔵の「木で鼻をくったように横を向かないで『久はん、元気？』って言ってください、その一言で生きていけます」という言葉に胸を打たれた高尾は、きっと片時もその言葉を忘れたことがなかったのだろう。この言葉に、久蔵と高尾の「恋」が凝縮されている。

ところで、先述のように談志は二十一世紀に入ってから、高尾への久蔵の告白のタイミングを変えた。それは「全盛の高尾が初会の客をいきなり部屋に通すはずがない」という吉原の常識を踏まえての変更で、新演出では、新造衆を連れた高尾のほうから久蔵と竹庵のいる茶屋へやって来ての対面となる。

高尾が「ぬし、吸いなんし」と差し出した煙管を着物で隠した両手で受け取り、火玉が踊るほど吸って返す久蔵。高尾が「わちきのような者を名指してくれてうれしゅうおざんす。お裏は？」と形式どおり尋ねると、久蔵は「アイ、アイ」と答えるばかり。

高尾が何度も「お裏は？」と訊くのを見かねた竹庵が「花魁、それはあの、また今度、花魁の都合のいい日に」と口を挟むが、高尾は「ぬしに訊いてるのではありんせん、若旦那はんに訊いてるのざます」とそれを制し、「お裏はいつ？　次、いつ来てくれるのざます？」と久蔵に問いかける。

「……さ、三年……」

「久さん！　『アイ、アイ』だよ！」

「お願いざますから二人で話をさせてくんなまし。ぬし、今度いつ来るんざます？」

「三、三年……」

「久さん！」

「先生、もういい、ありがとうございます。先生、もういいんです、恩に着ます。顔を見られた、もう大丈夫です！　……花魁、三年経ったらまた来ます」

「三年とは長うおます。もっと早く来て」

「そりゃ来られれば来てぇが、来られねぇ……花魁、先生、すいません、もう嘘はつけねぇ。あっしは流山のお大尽の若旦那でもなんでもねぇ、神田お玉が池の紺屋の職人で久蔵っていう者です」

「わちきをだましたのざますか……なぜ？」

久蔵は、三年前に死を覚悟したことを打ち明ける。

「なんてきれいな人なんだ、ほんのわずかでも会いてぇ、会いてぇ……でも会える人じゃやねぇって知ったんですよ！　でもどうにもならなくて、もういいや、花魁の面影を胸に死んじまおう、こういうふうに生まれついてきたんだ、それでいいと……」

嘘をついてすみませんと謝る久蔵。

「三年経ったらまた来ます、でもそのとき花魁がいなければ、これが最後なんです！」

想いをぶつける久蔵、それを受け止める高尾。

「どこかで会ったら『久はん、元気？』と……その一言で生きていきます！　花魁、だましてすみません！」

涙ながらにひれ伏す久蔵。聞いていた高尾は涙をポロッとこぼす。

「わかりんした。ぬし、顔を上げてくんなまし」

年季が明けたらぬしの女房に、と申し出る高尾。その言葉が理解できず「どっかの女房になっちゃうんですか」と寂しげに言う久蔵に、「なぁに？　ぬしの女房じゃござんせんか」と微笑む高尾。

「え？　……そ、それ……花魁……」

高尾、再び微笑んで久蔵を見つめ、軽く頷きながら、「ぬしの正直に惚れんした……わちきの部屋に参りんしょ」。

そのまま三浦屋の高尾の寝間へ。「夜よ明けるな」と願ったその夜も明け、身支度を整えた高尾が「わちきのような者ができたからには二度とこの里に足を踏み入れてはなりんせんよ」と久蔵を軽く睨み、「後の証拠に」と挿していた簪を抜き三十両とともに久蔵に渡して亭主の待遇で送り出す……。

これが、初めて「茶屋で対面する」という演出に切り替えたときのもの。

このとき談志はカーテンコールで「いきなり花魁の部屋に行くわけがないんで……あそこで白状させちゃったっていうのがミソでね」と言っていたが、翌年にはまた少し変えて、茶屋での久蔵の告白を聞いていた高尾の顔がスーッと青くなっていき、「ぬし、わちきの部屋へ参りんしょう」と高尾の部屋へ移り、二人きりになってから「なにも考えないで、これから言うことだけを覚えて……わちきは来年三月、年季が明けるのざます」と嫁入り話を切り出す。たしかにこのほうが自然かもしれない。

現代的な純愛——談春・志らく

身分を超えた恋を描く談志の『紺屋高尾』のロマンは、立川志の輔、立川談春、立川志らくといった優秀な弟子たちに受け継がれ、落語ファンの間に浸透した。今や『紺屋高尾』と言えば圓生よりも談志の型のほうが一般にはよく知られていると言っていいだろう。

もっとも、彼らが受け継いだ「談志の型」は二十世紀ヴァージョンで、談志自身がつくり替えた二十一世紀ヴァージョンではない。

志の輔はかなり談志に忠実だが、談春と志らくは独自の演出を加えて、より現代的な「純愛」を描いている。

談春の『紺屋高尾』は、久蔵がごく当然のような顔をして「今度所帯を持つことにしました。相手は吉原の高尾という人です」と親方に報告する、というのが幕開けだ。

高尾がどんな身分か理解していない久蔵は「客になりたいんじゃない。間違えないでください。所帯を持つんだからいいでしょ？」と親方を諭そうとするものの、まったく理解を示してもらえないので、「人が人を好きになっちゃいけないんですか！」とキレ気味に抗議する。それに対して親方は「俺が明日から将軍様になるって言ったら、お前どうする？」と返す。

「笑います」

「笑うよな。お前は俺を知ってるから笑うだけで済む。知らない奴が聞いたら気が触れたと思うだろうな。それと同じなんだよ」

「えっ⁉　じゃ、ダメじゃないですか！」

「そう、ダメなんだよ」

これで久蔵は思ってしまう。

以降の展開は談志とほぼ同じだが、談春らしさ全開なのが親方夫婦の会話。

「高尾に会わせてやるって言ってやりなよ。あの子は女に初めて惚れたんだ。舞い上がってのぼせてるんだよ。この女のためだったら命もいらないって思ってるんだよ久蔵は。お前さん、初めて惚れた女と所帯持ったかい？　違うだろ？　大丈夫、そのうちあの子にもわかる。今はなにを言ってもダメ。一所懸命働いているうちに、いつか高尾は高嶺の花だってわかるときがくる。そうしたら『高嶺の花より身近な花がいい』って思うようになるから」と饒舌に親方を説得する女房。「俺が言ったんじゃないぞ、お前が言ったんだからな」と釘を刺しつつ助言に従い、三年後に「ほら見ろ、お前が大丈夫って言ったんだぞ！」と女房を責める親方。

こういう夫婦漫才の楽しさは談春ならではのものだ。

志らくは久蔵が真実を告白する場面で独特な演出を施した。

紺屋の職人だと言われて高尾は「ぬし！　わちきをだましたんざますね！　職人の分際で！」と激怒し、煙管で久蔵を殴りつけて出ていこうとする。その怒りを目の当たりにして、久蔵は必死に詫びる。

「すみません……私は自分のことしか考えていませんでした。だまされたと知ってどんな嫌な気分になるか、花魁の気持ちを考えませんでした。殴られて当たり前です」

そして三年前に恋患いになったこと、三年働いて金を貯めたことなど、すべてを打ち明ける。

「また三年働きます……でも三年経ったら花魁はもうここにはいないかなぁ。きっとどこかに身請けされてますよね。でも、この広い江戸の空の下、いつかどこかで会うことだって、あるかもしれない。そしたら変な奴だって横向かないで、ニコッと笑ってください。もう会えないと思いますが、それだけを頼りに生きていきます」

それを聞いて一筋の涙を流し、藍色に染まった手を握った高尾は「あんた、おかみさんいるの？」と、花魁言葉ではなく普通の言葉になってしまう。

「あなたが裸でぶつかってきたから、あたしも裸になったの。ねえ、二度とこの里に来ちゃいけないからね。あたし、来年三月に年季が明けるから、お嫁さんにしてちょうだい」

「嘘だ！　花魁はだますのに尾がいらないからオイランだって」

「今、あたしは裸だからだましようがありません」

こうした演出で志らくが意図したのは、より積極的に「恋をした高尾」を描くことだった。

初めは腹を立てていた高尾は久蔵の話を聞いてるうちにふと、「真心でぶつかってきたのはこの人だけだ」と思うようになり、一所懸命に話している久蔵を見て、恋に落ちてしまった。それは錯覚かもしれない。しかし恋とはそういうものなのだ、と……。

志らくは、久蔵と高尾が所帯を持ったあと、店の様子を見に来た親方に、高尾が身ごもったことを報告するという後日談をつけた。

「子供ができたって？ よかったな！ 幸せになれよ！ それで子供が生まれるのはいつだ？」「へい、来年の三月十五日」がオチ。気が利いているではないか。

今、圓生系で見事なのは「圓楽党の逸材」三遊亭兼好の『紺屋高尾』。笑いどころも多く、後味爽快な逸品だ。

ただし兼好の『紺屋高尾』では久蔵の「真っ青に染まった紺屋の職人の手」はいくら洗ってもきれいにならず、隠していたその手を高尾に見せて自分が紺屋の職人だと打ち明ける。これは圓生ではなく談志の『紺屋高尾』と同じだ。

年季が明けるのは二月ではなく三月十五日、久蔵と高尾の再会の場面もみっちり描くなど、他にも談志系との共通点が散見される。

『幾代餅』というヴァージョン

『紺屋高尾』とほとんど同じストーリーの『幾代餅』という落語がある。

五代目古今亭志ん生が手掛けた演目で、倅の十代目金原亭馬生、古今亭志ん朝らがポピュラーにした。

志ん生は講談の『幾代餅の由来』を翻案したようだが、『紺屋高尾』がいかにも講釈ネタらしい人情噺なのに対し、『幾代餅』は笑いどころが多くて落語らしい。これは志ん生が『幾代餅』をそういう噺として創作したからである。

『紺屋高尾』は圓生が磨き上げる前から有名な物語だったが、『幾代餅』は志ん生が広めた噺なのだ。

志ん生の『幾代餅』はこういう噺だ。

日本橋馬喰町一丁目の搗米屋で六右衛門という親方がいた。奉公人の清蔵が寝込んでしまい、医者が診ても原因がわからない。六右衛門の女房が様子を見にいくと、清蔵は「おかみさん、笑うから……」とモジモジ。笑わないからと聞き出すと、恋患いだという。

相手は姿海老屋の幾代太夫。人形町へ遣いに行った折に具足屋という絵草紙屋の前に飾ってあった幾代の錦絵を見て一目惚れしたものの、幾代は松の位の太夫職で町人には手の出せない大名道具。想いが叶わないのでなにも食べられずに死ぬと言う始末。女房からそれを聞いた六右衛門は二階に上がって清蔵に「相手が大名のお姫様ならともかく、太夫は売りもの買いもの、金を出せば買えるんだ。一年働いて金を貯めろ、そうしたら俺が連れてってやる」と励ました。すると清蔵、とたんに元気になって「じゃあご飯食べて働きます」と起き上がった。

一年後、親方に預けておいた給金が十三両と二分。幾代を買うのでその金をくれと言うと六右衛門は「まだ覚えてたのか、あれはお前を治そうと言ったことで、無理だよ。あきらめな」と素っ気ない返事。

「え、嘘だったんですか……じゃあまた患おう」

「おい、冗談じゃねぇよ！　わかった、十三両二分に俺が足して十五両にしてやろう。これでなんとかなると思うが、ああいう大見世の遊びは俺じゃいけねぇ、医者の藪井竹庵を呼ぼう。あいつは医者はマズいが女郎買いはうまい」

床屋へ行って湯に入り、親方の着物や羽織を借りてすっかり立派になった清蔵を馴染みの茶屋に連れて行きながら竹庵は「搗米屋の清蔵じゃ幾代は会ってくれない、お前は野田の醤油問屋の若旦那ってことにするから」と言い渡す。

竹庵が茶屋の女将に「若旦那は金があるから、裏、馴染みと、うんと使うことになる。今日、なんとか会わせてやってくれ」と幾代を指名すると、身体が空いていた幾代は茶屋への義理もあって清蔵に会ってくれた。天にも昇るような気持ちでポーッとした清蔵、その晩は短く、あくる朝。身支度を整えた幾代が「今度いつ来てくんなんす？」と尋ねると、「また一年稼いだら来ます」と正直に答え、すべてを打ち明けた。

手を突いて話す清蔵の様子をじっと見ていた幾代がポロッと涙をこぼし、こう言った。

「紙より薄い人情の今の世に、ぬしのように誠を明かしてくれるお方はありんせん。わちきは来年の三月、年季が明けるのざます。わちきのような者をそれほど思ってくれるなら、ぬしのところへ訪ねていって夫婦になりたい。女房にしてくんなますか」

所帯を持つときの足しにと五十両を渡され、二度とここに足を入れてはならないと釘を刺された清蔵、店に帰っても夢見心地。

「ぼんやりしやがって、だから言わねぇこっちゃねぇや、大名道具がてめぇのところなんざ来るめぇ」

「いいえ、来たんです。来年の三月、年季が明けたら私のところに来て女房になるって約束しました」

「長生きするよ、てめぇは！　働きな！」

なにをするにも「来年の三月」ばかり言ってる清蔵を皆が「おい、三月！」などとからかっているうちに、新玉の春を迎えて二月、そして三月十五日の昼時に、六右衛門の家の前にぴたりと着いた四つ手駕籠。駕籠から出た幾代太夫は小紋縮緬(ちりめん)の着物に黒繻子(くろじゅす)の帯を胸高に締めて、眉毛を落として歯を染めて、髷(まげ)に結った女房姿。

「小僧どん、清はんがいなんしたら、吉原(なか)から幾代が来たと言ってくんなんし」

それを聞いた定吉、「へっ！　三月が来た！」と大慌てで親方のところへ。奥から清蔵が出てきて、手を取り合って互いに涙にくれて喜んだ。結びの神は藪井竹庵と、先生が中へ入って高砂や……。

夫婦になった二人は両国広小路に空き店を見つけ、もとが搗米屋なので餅屋を始めようということになり、これを「幾代餅」としたところ、全盛の幾代太夫に会えるとあって大変な繁盛。「傾城に誠なしとは誰が言うた、両国名物『幾代餅』の由来の一席でございます」と締めくくられる。

この噺、実在の江戸名物の逸話という体裁をとっていて、志ん生は「こういう女に似合わず三人の子まであげて、富栄えておりましたけれども、ご一新のときにこれ（幾代餅）がなくなったと、いまだに老人の口の端に残っております」と付け加えることもあった。

たしかに「いくよ餅」というのは江戸時代に存在したようで、両国橋の小松屋喜兵衛が吉原の遊女「幾世」を妻にして、その名をつけた餅を売り出したところ評判になったというのだが、小松屋の夫婦に『幾代餅』級のドラマがあったとは思えない。

『幾代餅』では職人が金を貯めるのが「一年」と、『紺屋高尾』の「三年」に比べるとだいぶ短いが、吉原に連れて行く医者の名が「藪井竹庵」、職人が花魁に真相を告白するタイミングが「翌朝」、花魁の年季が明けるのが「来年三月十五日」というのはすべて談志の『紺屋高尾』（二十世紀ヴァージョン）と同じ。この『幾代餅』を談志と同世代の志ん朝が演っていたことで、「藪井竹庵」「翌朝の告白」「三月十五日」という設定は落語ファンにお馴染みとなり、圓生の『紺屋高尾』の「武内蘭石」「先に告白してから夜を過ごす」「三月十五日」はむしろ「意外な演出」にさえ思えるようになった。

現在、寄席の世界では『紺屋高尾』よりも『幾代餅』のほうが圧倒的に多く演じられる。『紺屋高尾』を演じる談志一門、五代目圓楽一門がどちらも東京の寄席の定席四軒には出演しないから、というのもあるだろうが、『幾代餅』がこれほどの人気演目になったのは、志ん朝の『幾代餅』があまりによくできていたからだ。

志ん朝の『幾代餅』は志ん生よりもずっと面白く、落語としての完成度が高かった。志ん生の『幾代餅』はいい噺には違いないが、今、改めて聴いてみると、ずいぶんあっさりしていて、正直、物足りない。どうしてそう感じるかというと、志ん朝の饒舌でダイナミックな『幾代餅』を知っているからである。

志ん朝は、志ん生の骨格はそのままに、きめ細やかな演出で全体的に台詞を大きく膨らませた。志ん生の『幾代餅』は、言ってしまえば「『紺屋高尾』みたいな噺を志ん生が演った」ということにすぎないが、志ん朝は『幾代餅』を『紺屋高尾』に匹敵する、いや、むしろそれを凌駕する「名作落語」に進化させ、寄席の世界に定着させた。

五街道雲助、古今亭志ん輔といった志ん生直系の演者のみならず、小さん一門の柳家さん喬・柳家権太楼の二人が揃って『幾代餅』を演っているのだから、寄席の世界で『幾代餅』が『紺屋高尾』より優勢なのも当然だ（柳家三三も『紺屋高尾』ではなく『幾代餅』である）。

『幾代餅』を十八番としているさん喬は、『紺屋高尾』も教わったものの『幾代餅』のほうが親しみやすいと感じたため、『紺屋高尾』は一度、高座に掛けた程度でやめたのだという。

ちなみに立川志らくは今でこそ『紺屋高尾』を演っているが、以前は『幾代餅』を演っていた。理由は、「先代馬生の『幾代餅』が好きだったから」。志らくが『紺屋高尾』に切り替えたのは二〇〇八年のことだ。

談志一門が大ネタ人情噺としての側面を推し進めた『紺屋高尾』よりも、笑いが多くサイズ的にもコンパクトな『幾代餅』のほうが、寄席の演目としては使い勝手がいいのは事実だろう。

桃月庵白酒は完全に滑稽噺のテイストで楽しませる軽妙な『幾代餅』をつくり上げたが、ここまでくると、もう人情噺『紺屋高尾』とはまったくの別物だ。

もっとも、笑いが多くてコンパクトな三遊亭兼好の『紺屋高尾』のような例もあり、今後、そうした演り方に触発される若手が出てくれば、新たな『紺屋高尾』の潮流が生まれて、『幾代餅』優勢の状況に変化が生じるかもしれない。

寄席の世界ではこれまで、談春の型を教わった柳家花禄と三遊亭遊雀が『紺屋高尾』を得意としてきたが、二〇二〇年、新たに春風亭一之輔が加わった。二〇一二年の初演以来まったく演らなかった『紺屋高尾』を蔵出ししたのである。一之輔の『紺屋高尾』は圓生系で、久蔵は「花魁道中で目が合って微笑んでくれた」と思い込んで高尾に恋をする。その想いに応えて年季明けの三月にやって来た高尾の「また目が合いやしたね、久蔵はん。思い返せばあの時も目が合った気がするの」という台詞が胸に沁みる。適度に笑いもあって温かい余韻が残る見事な『紺屋高尾』を一之輔が完成させたことで、これまで劣勢だった圓生系の演出が、落語ファンに馴染み深いものになっていくのではないだろうか。

『紺屋高尾』と『幾代餅』の源流

実はもう一つ、搗米屋の奉公人が大名道具の花魁に惚れて、金を貯めて会いに行く落語がある。

八代目春風亭柳枝が演っていた『搗屋無間』という噺だ。

日本橋人形町の越前屋という搗米屋で十三年奉公している米搗き男の田舎者、徳兵衛。なんの道楽もなく働く一方なので、十四、五両の預け金ができていた。その徳兵衛が寝込んで主人が心配しているところに聚楽という幇間がやって来て、徳兵衛を見舞った。わけを聞くと、両国の絵草子屋で目について買ってきた錦絵の女に恋患いしたのだという。

錦絵を見ると、その女とは聚楽が親しくしている松葉屋の丸山花魁。「相手は大名道具、十両はいる。一晩で諦めておくれよ、言っちゃ悪いが米搗き風情と釣り合う相手じゃない」と断わった上で、徳兵衛を上総のお大尽ということにして聚楽が茶屋へ連れて行った。

芸者衆がやって来ると見世へ移り、運よく丸山花魁の部屋へ通された。お大尽らしく見えるよう聚楽が取りつくろうものの、徳兵衛は田舎者丸出しでハラハラさせられっぱなし。やがてお引けとなり、その晩はどうやら納まったが、翌朝「ぬしは今度、いつ裏を返してくんなます?」と訊かれた徳兵衛、涙をポロポロッと流し「十三年経たなきゃ来られねぇ」と今までのことを話した。

それを聞いた丸山花魁、「わちきのために十三年の苦労を水の泡にさせては申しわけありんせん。これからはわちきがぬしを呼び通します」と見栄を張った。

全盛を誇った丸山も、徳兵衛という真夫ができたと噂が立つとバッタリ客足が途絶え、金がなくなって徳兵衛を呼べなくなった。再び親方の二階で寝込んだ徳兵衛、ある晩「昔の梅ヶ枝という傾城は、無間の鐘を撞いて三百両の金を得た」という話を思い出して、店先に出て杵で一心不乱に搗き始めた。その一念が通じたか、バラバラと小判が落ちてきたが、数えてみると二百七十両。

「三百両には三十両足りないが、それもそのはず、一割は搗き減りがした」でサゲ。

今、この噺を演る噺家があまりいない理由は明白だ。

まず、サゲがわからない。これは、米搗き男は重労働の割に給金が安いので「搗き減りがした」と言って一割分は米搗き男の儲けになった、という昔の慣習になぞらえたもので、サゲを変えないかぎり、あらかじめマクラなどで米搗きの仕込みが必要だ。

「梅ヶ枝」の故事は浄瑠璃『ひらかな盛衰記』の四段目に出てくるエピソードだが、これまたピンとくる人は多くないだろうし、「無間の鐘」（遠江にあった観音寺の鐘／これを撞けばこの世では金持ちになれるが来世では無間地獄に落ちるという）も説明が必要だ。

だがそれ以上に「噺として面白くない」というのが、『搗屋無間』が廃れた最大の理由だろう。徳兵衛にも丸山にも感情移入しにくいし、ラストが唐突で不自然、なんのカタルシスも与えてくれない。『紺屋高尾』や『幾代餅』のハッピーエンドの爽快さとは雲泥の差だ。

もちろん、こういった欠点をすべて解消するような改作を行なう噺家が出てくれば話は別だが、談志が演った『紺屋高尾』や志ん朝が演った『幾代餅』ではなくあえて『搗屋無間』に手を出そうというモチベーションが若い噺家に生まれる理由は、ほとんどないように思える。

『紺屋高尾』と『幾代餅』は物語の骨格が同じだし、『搗屋無間』も途中までは似ている上に「搗米屋」が『幾代餅』と被る。

一つの噺が異なる流れに分かれて伝承されたり、逆にいくつかの噺が混ざり合ったり、噺家同士が影響を与え合って同工異曲の落語がいくつも出てきたりということは、古典落語の長い歴史の中ではままあることだが、この三つの噺に関しては、ストーリーの源流は中国の説話『売油郎独占花魁(あぶらうりおいらんひとりじめ)』で、それが異なる流れで落語になっていった、という説が有力である。

『売油郎独占花魁』は非常に長い物語で、『紺屋高尾』や『幾代餅』のような一席物のサイズではなく、むしろ圓朝の長編作品のような「因果は巡る」ストーリーだが、一言で言ってしまえば「秦重というしがない油の行商人が、一目惚れした王美娘という高級花魁に一年間コツコツ働いて貯めた金で会いに行き、紆余曲折を経ながらも、最後に夫婦となって幸せに暮らす話」で、そう考えるとたしかに元ネタのように思える。

『売油郎独占花魁』は十八世紀の後半に翻訳されて日本で読まれるようになり、大阪の司馬芝叟（しそう）という浄瑠璃作家が十九世紀初頭に長咄（ながばなし）『売油郎（あぶらうり）』に翻案した。

一説によれば、まずそこから『油屋与兵衛』という古い上方落語が生まれ、それが江戸で『紺屋高尾』や『幾代餅』に翻案されたという。

ならば『搗屋無間』との関係はどうなのだろうか。例えば、もともと『搗屋無間』という古い江戸の噺があって、それを『紺屋高尾』と合体させるような形で『幾代餅』が生まれた、と考えることは可能だけれども、それは憶測の域を出ない。

ただ、『紺屋高尾』と『幾代餅』がこれほど似ているのは偶然ではないだろう、ということだけは言えそうだ。

ちなみに『油屋与兵衛』という上方落語、長年ほとんど演り手のない噺だったそうだが、近年は桂まん我が高座に掛けている。

第四章　文七元結

　本所達磨横丁に住む左官職人の長兵衛は、腕はいいのに博奕（ばくち）に狂って仕事もせず、借金だらけで女房に当たり散らす毎日。

　ある年の瀬の夕方、また博奕で負けて身ぐるみ剝がれ、法被（はっぴ）一枚の姿で帰ってくると、十七になる一人娘のお久がいなくなったと女房が泣いている。そこへ吉原の佐野（さの）槌（づち）という大見世の男がやって来て「お久さんはうちにいます」と言う。お久は両親の様子を見かねて佐野槌に身を売り、その金を父に渡して意見してくれと女将に頼んだのである。

　長兵衛は女房の着物を引き剝がして身にまとい、佐野槌へ。

　お久を哀れに思った佐野槌の女将は長兵衛に「このお金で借金を返して真っ当に働きなさい」と五十両を渡すと、「あげるんじゃない、貸すんだよ。お久は借金のかたとしてうちで預かります。期限は来年の大晦日。それまでこの子に客は取らせません。私のそばにいてもらって習い事もさせてあげます。でも、それまでに五十両を返しに来なければ、この子に客を取らせます。娘が可愛ければ博奕から足を洗って五十両持って来なさい」と告げる。

五十両を手に吉原をあとにした長兵衛、吾妻橋（あづまばし）に差し掛かると、身投げしようとする若者に出くわした。

若者は鼈甲（べっこう）問屋の手代で、取りに行った売掛金の五十両をスリに盗られ、恩のある旦那に合わせる顔がないから死んでお詫びをすると言う。長兵衛は「死んでも金が出てくるわけじゃない、旦那だって喜ばない、働いて恩返しをしろ、死んじゃいけない」と懸命に説得するが、若者は「死ぬしかない」の一点張り。進退窮まった長兵衛は「金がなきゃ死ぬっていうならしかたない」と、お久が身を売った五十両を「くれてやる！」と若者にぶつけて名乗りもせずに駆け去った。

文七というその若者が五十両を手に店に戻ると、盗られたはずの五十両が先に届いていた。掛け金を取りに行った先で碁に夢中になった文七が向こうに置き忘れてきたのだという。「大変なことになった！」と文七は事情を店の主人と番頭に明かす。

それを聞いて驚いた主人の近江屋卯兵衛、文七を救った男の「今年十七になる娘、お久が吉原の佐野槌に身を売った金」という言葉を手がかりに長兵衛の身元を突き止め、翌朝、文七を伴って長兵衛宅へ。近江屋が差し出した五十両を「そいつにやった金だ、受け取れない」と突っぱねていた長兵衛だが、女房に促されて「じゃあ、もらいます。よそで言わないでください」と恥ずかしそうに受け取った。

見ず知らずの他人の命を救うために大事な金を恵んだ長兵衛の行為に感動した近江屋は「身寄りのない文七の親代わりになってほしい。そして手前どもと親戚づきあいをお願いします」と申し出て酒を差し出す。「お肴も用意しました」と招き入れたのは、きらびやかに着飾った娘のお久。近江屋の粋な計らいで、佐野槌から身請けされたのだった。

裸同然の姿で隠れていた女房、お久が帰ってきたと聞いて思わず飛び出し、親子三人抱き合って涙に暮れた。

これが縁で文七とお久が夫婦となり、麹町貝坂で小間物屋を開いたところ、文七の工夫した元結が評判となり、大いに繁盛したという……。

三遊亭圓朝作『文七元結』。

完全な「圓朝による創作」ではなく、もともとあった噺を改作したのだというが、大ネタ人情噺として今に伝わる『文七元結』は圓朝作品と考えていいだろう。

歌舞伎にもなっており、『文七元結』を原作とする世話物歌舞伎『人情噺文七元結』（榎戸賢治作）は一九〇二年十月に歌舞伎座で初演され（長兵衛役は五代目尾上菊五郎）、現代に至るまでさかんに上演されている。

圓朝作品の数々は「高座で語られた」ものだが、明治になって「速記術」が確立されたことによって、圓朝の高座を丸ごと再現する速記本の出版が相次いだ。最初は『怪談牡丹灯籠（ぼたんどうろう）』（一八八四年）、続いて『塩原多助一代記』（一八八五年）。その後は新聞で連載の形で速記が載ることが増え、『文七元結』は一八八九年四月から五月にかけてやまと新聞に連載された（同年六月には速記本も出版）。

圓朝の高座が速記本として出回ったことは、日本文学における言文一致体文学の確立に大きく寄与したと言われている。

圓朝が『文七元結』をこしらえた経緯については、「圓朝」の名跡を預かる三遊派宗家の藤浦敦氏が著書『三遊亭円朝の遺言』の中で明かしている（藤浦氏の祖父・藤浦周吉は親交の深い圓朝を経済的に支援していたことから初代三遊派宗家となった)。

藤浦氏によれば、ある日、藤浦周吉(三河屋周吉/通称「三周」)の家に伊藤博文、井上馨、黒田清隆、西郷従道ら明治の元勲たちが遊びにきた際、居合わせた圓朝に対して彼らが「江戸っ子の見本が出てくる噺をつくってみてくれ」と持ちかけ、さらに三周が「本来は悪人が出てきてこそメリハリがついて面白くなるけれども、わざと善人だけで悪人を出さず、それでいてヤマ場があってメリハリのある面白い噺を」と注文をつけた。それに応えて圓朝がつくったのが『文七元結』だったというのだ。

『文七元結』で圓朝は見事に「江戸っ子の心意気」を描いた。

見ず知らずの他人の命を救うために大事な金をポンとくれてやる長兵衛が江戸っ子ならば、そういう長兵衛の心意気に打たれてお久を身請けする近江屋卯兵衛も江戸っ子だ。

そしてお久の訴えに心を打たれ長兵衛に五十両を貸す佐野槌の女将もまた「江戸の女の心意気」を示していると言えるだろう。

テキストとしての速記――圓朝

通常、落語には「テキストがない」ものだけれども、圓朝作品に関しては「圓朝全集」というテキストがある。ならばそのテキストがそのまま『文七元結』という落語として演じられているのかというと、そうではない。歴代の演者によっていろいろとアレンジが加えられて変化しているし、その変化の仕方も演者によってだいぶ異なる。テキストが存在している『文七元結』でさえ「誰が演るか」によって違うという、この事実こそが落語という芸能の本質を物語っている。

速記に残された圓朝の『文七元結』は冒頭「これは文七元結の由来という江戸時代の話で」と切り出し、続いて地の語りで「腕のいい左官職人でありながら怠け者の長兵衛が、ある日の暮れどき、博奕に負けて裸にされ、十一になる女の子の短い半纏を引っかけた姿でぼんやり帰ってきた」ことを説明する。

この中で圓朝は長兵衛が職人として優れていることを「むらなく落雁肌に塗れる」

と表現しているが、実は「落雁肌」という言い方が本当にあるわけではなく、圓朝が「まことしやかに」聞こえる言い方を考案したものらしい。

長兵衛が帰宅したところから夫婦の会話が始まり、「お久が今朝出たっきり帰ってこない、どこを探してもいない」と女房が言う。

ここで落語ファンは「ゆうべから帰ってこないんじゃなかったっけ？」と思うはずだ。

現行の『文七元結』ではたいてい「ゆうべから」と言っている。現代の感覚だと「朝に出て行った娘が日が暮れても帰ってこない」と心配した母親が探しにまわるというのは少々違和感があるが、実際に圓朝の速記を読んでみると、こういう「現行の『文七元結』との違い」は数多い。

「年頃の娘だから悪い男に引っかかったんじゃないのか、お前が気をつけてくれなきゃ困るじゃないか」と責める長兵衛に、女房は「お前が三年越しで仕事もろくにしないで借金だらけにして、うちをしまうの夫婦別れをするのという話をするのを聞いて、『こんな親と一緒にいたら生涯うだつがあがらない』と愛想を尽かして出ていったに違いない。あの子がいればこそ貧乏世帯で苦労をしてきたけれど、お久がいないくらいなら私も出ていくよ」と宣言、それに対して長兵衛は「お久がいないなら俺もいられない、今日から博奕はやめて仕事に精出すから、お久を連れて帰ってくれ」と言う。だが女房はそんな反省は聞き流し、「だいたいその格好はなんだい、女の子の半纏なんか着て、尻まる出しで」と詰め寄る。この半纏は帰りがけに知人宅に寄って借りたものだ。

と、そこに吉原の角海老（かどえび）から藤助（とうすけ）という男（番頭）が来て「女将が呼んでいる」と告げる。聞けばお久は角海老にいるという。長兵衛は女房の着物を引っぺがし、それを着て角海老に向かう。

ここでまた落語ファンは「角海老？　佐野槌じゃないの？」と思うに違いない。

歌舞伎のほうでは今でも圓朝の速記どおり「角海老」だが、落語ではお久が身を預ける大見世の名は「佐野槌」だ。佐野槌も角海老も実在した大見世の名だが、どうして後世の演者は圓朝の速記どおりに演らないのか。

ここが「テキストが残っていること」の落とし穴で、たしかに新聞連載に載った速記は角海老だが、高座で演じるとき圓朝は佐野槌で演っていたというのである。

佐野槌は江戸時代からあったが、角海老は明治になってできた新興の大見世である。江戸時代の話として語るのであれば角海老はありえない。

実は、圓朝が新聞に『文七元結』を連載する少し前の一八八七年、五代目翁家（おきなや）さん馬口演による速記本『文七元結情話之写真（はなしのしゃしん）』が出版されていて、この速記では大見世の名は佐野槌となっている。

左官の名が正作で娘の名がお鶴だったりと圓朝作品との差異も目立つこの『文七元結』を五代目さん馬がどのようなルートで継承したのか不明だが、こちらが「もとからあった噺」に近いものだった可能性はある。そして、「圓朝も高座では佐野槌で演っていた」とすると、本来、大見世の名は角海老ではなく佐野槌だったと考えるべきだろう。

圓朝は当然、角海老が「最近できた新興勢力」であることを知っている。でありながら、あえて時代考証を無視した角海老ヴァージョンの『文七元結』を新聞に掲載したということになる。

伊藤博文、井上馨ら元勲のリクエストに応えて創作した『文七元結』を初めて高座に掛けたのが何年のことだったかは不明だが、晩年の圓朝はほとんど『文七元結』は演らず、弟子の四代目三遊亭圓生がこれを得意にしていたという。

圓朝は席亭たちと対立して一八九一年に「東京の寄席からの引退」を表明、六年後に復帰したものの往年の勢いはなく、一八九九年に『牡丹灯籠』を演じたのが最後の高座となって一九〇〇年に亡くなっている。圓朝は新聞連載以降、ほとんど『文七元結』は演らなかったのではないだろうか。

もともと佐野槌だったのを角海老に変えたとして、その本当の理由はわからない。新聞で大衆に読ませるにあたり「みんなが知っているポピュラーな大見世」として角海老を持ち出してウケを狙ったのか、あるいは贔屓(ひいき)筋への配慮なのか……。

いずれにしても、近代落語の祖と言われる圓朝が、あえて時代考証を無視して「同時代のポピュラーな名前」を江戸の噺に導入したという事実は、落語という芸能の「同時代の観客に向けて語るもの」という本質を端的に示している。

後年、圓朝門下の初代三遊亭圓右が『文七元結』を角海老ヴァージョンで演ったところ、周囲の人々から「角海老は江戸時代にはない。佐野槌で演るべきだ」と言われたという。こういう考え方が主流になったからかどうか、『文七元結』が圓朝の手を離れて後進によって磨きを掛けられていく中で、「道理に合わない」角海老の名は消え、佐野槌で演るのが当たり前になった。

圓朝の速記に戻ると、角海老に来た長兵衛がきまり悪そうにしている様子を地で語ったあと、長兵衛が女将に挨拶して会話となる（以下の会話は速記そのままの引用ではなく筆者による「抄訳」である）。

「年頃の娘が出歩いちゃいけねぇ、なんでこういうご商売柄のお宅に来てるんだ」と長兵衛がお久に言うと、角海老の女将が言う。

「そんなことを言うもんじゃないよ。門口でしばらく入りにくそうにしていたこの子が、思いきって入ってきて……私も忘れてしまっていたが、以前お前にお弁当を持って来ていた子じゃないか。おいおい泣くばかりなのでわけを訊くと、『父が道楽をやめず、博奕で借金をこしらえて、この暮れが立ち行かないので、夫婦別れをするの、所帯をしまうのという話になっています。それを聞き捨てにはできないので、私がここで奉公しますから、そのお金で夫婦が仲よく年を越せるようにしてください。父も娘を売ったとなれば私への義理で道楽もやめるでしょう』って言うんだよ。こういうところへ親のために自分から来る娘なんているもんじゃない、こんなに親孝行な子が、かわいそうじゃないか」

長兵衛はそれを聞いて目に涙を浮かべ、「すまねぇ、お前にそんな苦労をかけて」とお久に謝る。「たった一人の娘を女郎にはしたくないが、そうでもしなきゃこの暮れは越せない。三年辛抱してくれ。もう博奕はやめて仕事に精を出して、きっと身請けに来るから」と言う長兵衛に、お久は「私はいつまででも奉公する覚悟ですけど、また博奕に負けておっ母さんに手荒なことをして、おっ母さんが血の道を起こすか癪でも起こしたりしたら、私がいないと介抱する人がいないんだから、どうか仲よく……」と訴える。

お久の親孝行に心を打たれた女将は長兵衛に「いくらあればこの暮れが立ち行くんだ」と尋ね、「百両もあればきれいさっぱり」と答えるので、「この娘の親孝行に免じて百両あげよう。この娘に客は取らせたくない。私の許に置いておくから、早く身請けに来なさい」と言う。一年か二年で必ず、と言う長兵衛に女将は「二年経っても身請けに来なければこの娘に客を取らせるからね」と告げる。

「お前が来なくて客を取らせ、悪い病にでもかかると、お前にこの子のバチが当たるよ」

「はい、この子は、借金取りのところへ自分から言いわけをしに行ってくれたりする親孝行な娘です。お久、早く借金のかたをつけて迎えに来るからな」

「お前、財布がないだろう。お金もちょうど脇から来たのがあるから、財布ぐるみあげよう。早く帰っておかみさんを安心させておやり」


ここから地の語り。

表へ出た長兵衛、掌中の玉を取られたような思いで仲の町を歩き、大門を出て土手へ掛かり、山の宿から花川戸、やがて吾妻橋に差し掛かる。空は一面に曇って雪模様、風は少し北風が強く、ドブンドブンと打ちつける波の音。


真っ暗な中、長兵衛が橋の半ばまで来ると、欄干へ手を掛け、片足踏み掛けているのは年頃二十二、三の若い男で、腰に大きな矢立を差しているところを見るとお店者(たなもの)。慌てて後ろから抱き止めて……と、ここから二人の会話になる。

「なんだお前は、身投げするのか」

「よろしゅうございます」

「いいことがあるもんか、軽はずみなことをして親に嘆きをかけちゃいけねぇよ」

「ご親切にありがとうございます。でも、こうするしかありません。覚悟を決めましたので、おかまいなくいらしてくださいまし」

「おかまいなくってわけにいくか。なんで死ぬんだ。お店者みたいだから、おおかた女郎に使い込んで、金が足らなくって主人にすまねぇって……そうだろう」

「そんなわけではありませんが、よろしゅうございます」

「よろしくねえよ、冗談じゃねぇぜ」

若い男は白銀町三丁目の近卯という鼈甲問屋の若い者で、小梅の水戸様の屋敷で百両を受け取り、枕橋まで来たところでうさんくさい奴に突き当たられて懐の金を盗られ、相談する相手もいない身の上で、どうにもならないから死ぬのだという。

「ご主人様が『お前は身寄り頼りのない身の上だから、辛抱次第で暖簾を分けてやる』と常々おっしゃって私を贔屓してくださるので、番頭さんが妬んで意地悪をしますから、相談もできません。きっと私が女郎買いで使い込んだとしか思われませんから、面目なくって旦那様に合わす顔はございません」

それを聞いて長兵衛は「いけねぇなぁ、どうしても死ななくっちゃいけねぇのか……じゃあしかたがねえ、金ずくで人の命は買えねぇ、俺にもなくちゃならねぇ金だが、お前に出っくわしたのがこっちの災難、これをお前に……」と百両を渡しかけて思いとどまり、「死ぬんじゃないぞ、いいな」と念を押す。「はい、死にません、死にません」と答える若い男。

ここで再び地の語り。長兵衛、二十歩ばかり駆けてきたが、どうも気になるので振り返って見ると、その若い者がバタバタバタと下手の欄干の側へ行き、また片足を踏み掛けて飛び込もうとする様子ゆえ、驚いて引っ返して抱きとどめる。

「待ちなよ、待ちなって……どうしても金がなけりゃ生きていられねえのか、しようがねぇなぁ、俺がこれを……死なねぇような工夫はねぇかなぁ……困るなぁ」

「おかまいなくいらしてください、ご親切はわかりましたから」

「じゃあ、行くよ」

バラバラバラと行きかけるが、また飛び込もうとする。

「冗談じゃねえぜ。金がなくっちゃ、どうしてもいけねえのか」

男はさめざめと泣き、涙声で言う。

「私だって死にたくありませんが、どうにもなりません」

「……しかたがねぇ、じゃあ俺がこの金をやろう。実はここに百両持ってるが、これはお前のを盗ったんじゃねぇぜ。俺には親孝行な娘が一人いて、今年十七になるお久って娘だが、今日、吉原の角海老へ駆け込んで、どうか私の身体を買ってください、父への意見にもなりましょうからって、娘が身を売ってくれた金だ。それをお前にやる。娘は泥水へ沈んだって死なねぇが、お前は本当に死ぬっていうから、これをやるんだ。俺が仕事をして借金を返すには三年掛かるか、五年掛かるか……すっかり借金を返して、また三年でも五年でも稼がなけりゃ、百両の金で娘を身請けすることができねぇ。娘を女郎にしちまうんだ。お前にこれをやる代わり、俺の娘が悪い病を引き受けませんよう、達者で年季の明けるまで勤めますようにと、お前が信心する不動様でも、お祖師様でも、何様へでも一所懸命に祈ってやってくれ」

「さような金はいりません」

「俺だってやりたくねぇが、お前が死ぬというからやるんだ！　人の親切を無にするのか！」

財布を放りつけて去っていく長兵衛。男は「財布に石ころかなんか入れて人の頭にぶつけていきやがって、あんな奴が百両持ってるはずがない」と財布を触ってみてハッとする。財布の中へ手を入れて引き出して見ると百両あった。

驚いて橋のたもとまで追いかけてみるが、もう長兵衛の姿は見えない。

「ありがとう存じます、このご恩は死んでも忘れはいたしません。必ずこのご恩をお返し申します」

ここで場面は白銀町三丁目の近卯へ。

主人は遣いにやった文七の帰りが遅いので心配し、番頭の平助が「遣いに出すと長いのがあれの癖、お払い金などを取りにおやりなさるのはよろしくないことで、困りましたな」と言っているところに、表の戸をトントンと叩いて「番頭さん、文七でございます」と帰ってきて、三人の会話となる。

「遅いじゃないか」と番頭に叱られた文七、「高橋様の碁のお相手をして遅くなりました」と言いわけをし、主人には「私が持ってまいりました革財布を見て、高橋様が『商人（あきんど）は妙な財布を持つ。少し借りたい』とおっしゃったので、この縞の財布と交換して百両を受け取ってまいりました」と財布を差し出した。

「金を？　困ったな、文七は遣いに出せないね」

主人は文七に、「碁盤の下に置き忘れてあった百両を高橋様のご家来が届けてくださった」と言う。

「財布がどうだとか嘘をついて、この百両どこから持ってきたんだ」

それを聞いて文七は驚き、事情を打ち明ける。

「金をぶつけて行った、どこの誰かもわからないっていうのか。娘を売った金とか言ったな」

「はい、今年十七になるお久さんという娘を角海老へ売った金が百両あるから、これをお前にやる、娘は女郎にならなけりゃいけない、悪い病を受けて死ぬかもしれないから、信心する不動様へでもなんでも、お線香を上げてくれと、男泣きに泣きながら頼まれましたので、どうか店の傍へ不動様を一つこしらえてください」

「馬鹿なことを……角海老という女郎屋さんに行ってお久さんという十七になる娘が身を売ったかと訊けば、その方の身元が知れるが、私は吉原へ行ったことがない。店の者も堅いのはいいがこういうときに困るな、番頭さん」

「角海老ってのは京町の角にある立派な見世ですよ」

「お前、吉原へ行ったのか？　……まあ、今夜は小言はよしましょう。今後は慎むように」

ここから地の語り。翌朝になって主人が番頭を呼んで相談すると、番頭はすぐに出かけ、帰ってきてなにかを報告する。それを聞いた主人は文七を連れて観音様に参詣し、吾妻橋を渡って本所達磨横丁へ。

文七が酒屋で「ご近所に左官の長兵衛さんという方はいらっしゃいますか」と尋ねると、「魚屋の裏へ入って一番奥です。前に掃溜(はきだめ)と便所が並んでますからわかりますよ」との返事。五升の切手を買い、柄樽(えだる)（一対の高い柄をつけて提げ手を通した酒樽）を借りて、長兵衛宅へ向かう。

ここからはすべて会話で進行する。

長兵衛宅では、「金はどこへやったんだ」「だから言ってるじゃねぇか、やったんだ」「娘が身を売ってこしらえた百両をやっちまう奴があるか、どうせ博奕で使ったんだろう」「死ぬってぇから見かねてやったんだ、一晩中責めてやがって、ちっとも寝られねぇ」「お前が人を助けるもんか、足をすくって放り込む奴だ」「なんだと！」と夫婦喧嘩の真っ最中。そこへ近江屋の主従が訪れた。長兵衛、女房を屏風(びょうぶ)の陰に隠して客人を迎え入れる。

「私は白銀町三丁目の近江屋卯兵衛と申しまして鼈甲渡世をいたす者ですが、この者をお見覚えがございますか……文七、こちらへ出てこのお方のお顔を見な」

「ああ、このお方でございます！　昨晩はまことにありがとう存じます」

「おお、お前だ、お前に金をやったに違いねぇ」

近江屋卯兵衛は丁寧に長兵衛に礼を言い、実は百両は盗られたのではなく先方に置き忘れたのだと打ち明けて、長兵衛が文七にやった百両を財布ごと差し出す。

「見ず知らずの者へ百両もくださるとは神様のようなお方だと、昨夜も番頭とあなたのお噂をしておりました。お名前が知れず心配しておりましたが、ようやくわかりましたので、ご返金に参りました」

「盗られたんじゃねぇのか、冗談じゃねぇぜ、俺はお前のおかげで夜っぴてカカァに責められて……旦那、間違いにもほどがあらぁ」

だが長兵衛は「この金はこの人にやったんだ、この人が店でも出すときの足しにでもしてくだせぇ」と、最初は百両を受け取ろうとしない。近江屋が「それでは私が二重にいただくことになるので」と押し返すと、長兵衛は「だがね、どうも……」と反論しかけるものの、「だからよ、もらっておくからいいじゃねぇか……どうも旦那、きまりが悪いけどこの金はおもらい申します」と受け取ることに。

速記では会話だけで進行しているからわかりにくいが、今の落語家が演るように、屏風の陰から女房が長兵衛の着物を引っ張って「受け取ってくれ」と無言で訴えたのだろう。「だからよ、もらっておくから」というのは屏風の向こうに言っているわけだ。

近江屋は「ありがとうございます。つきましては、あなたのようなご俠客のお方とご懇意にいたしていますれば、こちらの曲がった心も直ろうかと存じます。まことに恐れ入りますが、今日から親類になってくださるように、私は兄弟という者がない身の上でございますゆえ」と願い出る。「こんな貧乏人が親類になると借りにばかり行くぜ」と言う長兵衛に、「いいえ、どうか願います」と念を押し、さらに文七の親代わりになってほしいと言う。

「この文七は親も兄弟もなく、正直なのはいいが、どうも弱いところがありまして、店でも出してやりたいけれど、しかるべき後見人がなければ出してやれんと思っておりましたところ、あなたのようなお方が後見になってくだされば、私はすぐに暖簾を分けてやるつもりです。命の親という縁もございますから、これをあなたの子にしてやってくださいませ。文七、お前も願いな」

「はい、お願いいたします、そうでもしてくださいませんと私はあなたにご恩返しのしかたがございません。ふつつかでございますが、あなたの子にしてくだされば、ご恩返しに孝行をつくします」

長兵衛が「なんか妙な成り行きですなぁ」と言いながら承諾すると、固めの杯と称して柄樽を近江屋が差し出す。文七が「お肴が」と言い、近江屋が「もう来ているだろう」と応じる。

ここからは圓朝が地で「腰障子を開けると、その頃のことゆえ四つ手駕籠で、彫物だらけの駕籠屋が三枚で飛ばしてまいり、路地口へ駕籠を下ろし、あおりを揚げると中から出たのはお久で、昨日に変わる今日のいでたち、立派になって駕籠の中より出ながら……」と語り、お久の台詞「お父っつぁん、帰ってきたよ」に繋いでいる。

「お久……どうして来た」

「ここにいらっしゃる鼈甲屋の旦那様に請け出されて」

それを聞いた女房が「お久、帰って来たか」と言いながら立ち上がったものの、すぐに屏風の陰に隠れてしまい、「さてこれから文七とお久を夫婦にいたし、主人が暖簾を分けて、麴町六丁目へ文七元結の店を開いたというおめでたいお話でございます」と地で語ってハッピーエンド。

これが圓朝作『文七元結』のあらましだ。

読んでみると、後世の落語家が演じているものよりも、だいぶあっさりしている。

演劇的リアリズムの誕生——圓生

圓朝の『文七元結』を練り上げて大ネタ人情噺として定着させたのが弟子の四代目三遊亭圓生だった。それが三遊亭一朝（圓朝の門弟で、本人は「三遊一朝」と名乗った）を経由して、五代目圓生から六代目圓生へと継承される中で、『文七元結』は一つの完成形へと到達する。

以降、あらゆる演者の『文七元結』は（直接的か間接的かはさておき）六代目圓生の影響下にあると言っていい。

六代目圓生の名演はＣＤやＤＶＤでじっくり味わうことができる。

圓生の落語はいわゆる「昭和の名人」と呼ばれる世代の中では飛びぬけて台詞の量が多く、桂文楽のような「落語的リアリズム」とは次元の違う「演劇的リアリズム」を追究している。

六代目圓生は、落語という話芸をより一層「一人芝居」に近づけることによって「上手い落語」の概念を変えた演者だ。それ以前の落語の美学から言えば、圓生の落語は演技過剰・説明過多の「野暮な落語」と言えそうだが、それゆえに圓生の落語は「誰が聴いてもその世界に没入できる」普遍性を備えることになった。

昭和の高度経済成長期、日本人のライフスタイルが大きく変わっていく中で、伝統的に演じられてきた落語は「古典落語」と呼ばれるようになったが、この「古典落語」なるものを「現代のエンターテインメント」として発展させる道筋を示したのが圓生なのだ。

彼は「落語通を唸らせる上手さ」ではなく「わかりやすさ」で人気を得た。一九七〇年代以降の落語界は圓生の落語と同じベクトル（普遍性を求める方向）で進化してきている。四十年も前の圓生の口演を現代人が聴いてもあまり古めかしさを感じないのはそのためだ。

圓生の『文七元結』は、「名人」に関するマクラを振り、「せっかくいい腕をしていても道楽が過ぎて女房や子供を困らせるなんてことはいくらもあるようで」と言いつつも、圓朝の速記のようにそれが長兵衛の説明をする「地の語り」に続くのではなく、いきなり「おい、いるのか、真っ暗じゃねぇか。日が暮れたんだ、明かりくらいつけたらいいじゃねぇか」「どこをのたくってたんだい、ゆうべっからお久がいないんだよ」と夫婦の会話になる。

男ができたんじゃないのかと長兵衛が言い、女房がお久はそんな子じゃないと反論するのは圓朝と同じだが、圓生の場合ここで女房がこういう言い方をする。

「気まずいことを言うようだが、あの子はあたしがお腹を痛めたんじゃない、先のおかみさんの子じゃないか。血は繋がってないが、あんなに気立ての優しい、いい子ってのはありゃしないよ。お前が博奕に負けて帰って八つ当たりにあたしをぶったりするのを見て、あんな優しい子だから見るのも辛いってんで、身を投げるの首をくくるのというようなことがあったら、あたしはもう、うちにはいないよ！」

母とお久が義理の仲であるという設定は圓朝にはないが、これによって「両親のために身を売ろうとする」お久の優しさ、気立てのよさがいっそう際立つ。

そこへやってくるのが佐野槌の藤助。お久なら佐野槌にいると言う。「ゆうべうちにいらして、女将さんと長いことお話しになっておりまして……今朝になってお迎えに行くようにと言われましたが、私も用の多い身体、すっかり遅くなってしまいまして」と言うのを聞いて、女房はすぐに一緒に行くように言うが、長兵衛は「あとから追いかけます」と藤助を先に帰し、「細川の法被で仲の町を歩けるか、博奕に負けたって看板かけてるようで、うすみっともねぇ」と、女房の着物を引っぺがして着る。本所にあった細川の下屋敷は有名な博奕場だったそうで、長兵衛の台詞で「細川の屋敷で脱ぎ扶持（負けて着物を使い奴に持たせて質に入れること）をした奴にこれを貸してよこすんだ」と説明させている。細川云々も圓朝にはない。

ちなみに圓朝版だと女房は腰巻をしているが、圓生版では腰巻も売ってしまって着けていないので「長屋の厠にも行けない」と女房が苦情を言う。

圓生の『文七元結』の大きな聴かせどころが佐野槌の場面だ。ここを大きく膨らませたことで、噺にグッと深みが増している。

佐野槌の裏口から入ろうとすると長兵衛は女中に「なんだ、入ってきちゃダメだよ」と気味悪そうに応対される。長兵衛の身なりは女物の着物だからみっともないという以上に、その着物がボロで汚く「乞食のように見える」のだということが、この描写でわかる。左官の長兵衛だと名乗ると、「ああ、親方でしたか、いったいなにが入ってきたのかと……どうぞどうぞ」と上げてもらい、藤助に迎えられて女将の前へ。

バツが悪そうに挨拶する長兵衛に「お前さんも変わりがなくていいね。なにか商売違いのほうでたいそう忙しいそうじゃないの」と軽く皮肉った女将が「親方、この娘ね……」と上手に視線をやると、長兵衛がハッとして「女将さん、どうもすいません」と謝り、視線を変えて娘に「この馬鹿！　女将さんの上座に座ってメソメソ泣いてやがって、行儀もなにも知りやがらねぇ。なぜここへ来るときに、おっ母ぁに断らないんだ、泣いて騒いでるじゃねぇか」と叱りつけ、「簞笥の引き出しにいい着物がいくらでもあるんだ、なぜあっちのいいのを着てこないんだ、うすみっともない」と言うので、女将が「お前もあっちのいいのを着てきたほうがいいんじゃないか」と皮肉を言う。先ほどの「長兵衛を女中が乞食と間違える」描写によって長兵衛がよほど汚いなりをしているのだとわかるから、観客から笑いが起こる。

女将は、ゆうべの大引け（吉原の終業時間）前にお久が来て、父が博奕に凝って仕事もせず、負けて帰って義理ある母をぶったりするのを見るのも辛い、といって自分が意見しても聞いてはくれないので、自分を買って金を父に渡し、博奕をやめるよう意見してくれと泣いて頼んだことを長兵衛に告げる。「大引け」は冬だと午前二時二十分くらいで本当の真夜中だが、大門が閉じるのは午後十時前だから、お久は吉原に来てから相当長い時間、逡巡していたことがわかる。

「あたしももらい泣きしたよ。こんないい子がいながら、なぜ博奕なんぞするんだい？　腕が悪いんならしかたがないが、お前なぞは立派な腕を持っているじゃないか。よくお客様がいらして『この壁はたいそういい仕事をしてあるがどこの職人だ』とお誉めになるから、長年出入りしている者でございますと、あたしは自慢に話をしてるんだ。そんないい腕をしていながらなぜ女房や子供に嘆きをかけるんだい！　なんとかお言いよ」

「……だから女のガキはいやだってんだ、親のアラみんなしゃべっちまって……（娘に向かって）早く帰ぇんな！」

「小言をお言いでないよ。それでお前、いくらあれば仕事に掛かれるんだい？」

圓朝版だと長兵衛がお久の親孝行に感謝し、博奕をやめて早く身請けに来るからと言うので、それを聞いた角海老の女将が「この娘は見世に出さないから早く百両持ってきなさい」と言うことになるのだが、圓生の佐野槌の女将は最初から「博奕をやめろと意見をして金を貸す」つもりである。

好きで博奕を始めたんじゃない、細川の屋敷に仕事に行ったときにひょいと覗いて手を出したのが病みつきで、ひとつ目と出りゃカカァやガキに着物の一つも買ってやれると思ったのが負い目で……などと言い訳をして、借金が四十七、八両あると打ち明ける。それを聞いた女将、「五十両あれば仕事に掛かれるのか」と念を押し、五十両を財布ごと渡す。

「それはお前も見覚えがあるだろう、亡くなったうちの旦那の羽織の余り布でこしらえた財布だ。それに入れて持っていきな」

この「亡くなった旦那の羽織の余り布でこしらえた」という台詞、不思議なことに「圓生百席」や「落語研究会　六代目三遊亭圓生全集」といったポピュラーな商品に収録された口演では聞かれないが、圓生の『文七元結』ならではのきめ細かい演出で、志ん朝や談志、五代目圓楽らもこれを踏襲している。

女将が「それはあげたんじゃないよ、貸したんだ。いつ返せる？」と訊くと、長兵衛、最初は軽薄な調子で「ええ、もう来月にでも」と言うが、真面目に答えろと迫られて「来年の七、八月」と答える。それを聞いて女将は「来年の大晦日まで待ってあげよう。それまでにお金を持ってくれれば、この娘は預かっただけで返してあげる。針仕事も教えるし、習い事もさせる。あたしもこういう気立てのいい娘に傍にいてもらって用をしてほしいし」と言い、さらに釘を刺す。

「その代わり、大晦日を一日でも過ぎたら、あたしも鬼になるよ。この娘を見世に出して客を取らせる。こんなか細い娘だから、悪い病でも引き受けて片輪にでもならないものでもないが、そのときになってあたしを恨まれても困るよ。本当に子供が可愛かったら、一所懸命稼いで、お金を持ってきておくれ」

この「あたしも鬼になるよ」という台詞は多くの演者に継承され、ある意味『文七元結』を象徴する名フレーズとなっている。

お久に礼を言えと女将に促された長兵衛、最初は照れてまともに言わないが、やがてお久に「博奕はやめて仕事をするから、辛抱して待っててくれ」と真摯な言葉を掛け、「お前は世間を知らないが、女郎なんざ意地の悪い奴がいるから、ご内所に来たガキは高慢ちきだなんて言われないよう、なんでも人には頭を下げて、殴られても『お手は痛くありませんか』ぐらいのことを言っとけ」と親心を見せる。それに対してお久は「あたしのことは心配しなくていいから、博奕だけはしないで、おっ母さんと仲よく……負けて帰っておっ母さんをぶったりして、癪を起してもあたしがいないと世話の仕手がいないんだから……お父っつぁん……」と泣くので、長兵衛も涙を流す。

「大丈夫だよ……心配すんな……へへ、女将さん、てめぇのガキにこんなこと言われるようじゃおしまいですね……泣くなよ、泣く奴があるか」

「お前さんが泣いてるんじゃないか……棟梁、辛抱しておくれよ」

長兵衛は涙ながらに佐野槌を出る。

圓朝版では先に「おっ母さんが癪を起しても」云々があって、あとから女将が百両を渡して二年で返すように言うが、順序を逆にしたことで、長兵衛とお久の涙の余韻を残したまま吾妻橋の場面に移行することになる。

吾妻橋に差し掛かったところで長兵衛は吉原のほうを振り返り、「お久……どうか辛抱してくれ。近いうちにお前を連れて帰るように、一所懸命稼ぐから」と再び涙がこみ上げる。「持つべきものは子だってぇが、俺はもう博奕は嫌に……」と、ここで長兵衛はなにかに気づき、腕まくりをして寄っていき、「おい、待ちな！」と摑みかかる。「危ねぇから手を離せ！」「お離しください、どうしても死ななければならないわけが……助けると思って殺して」「そんな器用な真似ができるか、離せてぇんだよ、おい！」と手荒に引きずり倒すと、相手は「痛いじゃないですか、怪我したらどうするんです」と間抜けな抗議をする。

圓朝の『文七元結』では、長兵衛が吾妻橋の半ばまで来ると欄干へ手を掛けて飛び込もうとしている若いお店者がいることを地の語りで説明していたが、圓生はそれを省略して長兵衛がいきなりハッと気づいて摑みかかる演技になる。五代目圓生の速記でもここは圓朝と同じく地の語りでの説明を入れているから、これは六代目圓生独自の演出である。

実はここが六代目圓生による『文七元結』の最大の特徴で、全体に「地の語りが少ない」のである。

落語は本来、地の語りではなく会話で進行していく話芸だ。ところが圓朝の『文七元結』は地の語りが非常に多く、それをそのまま継承すると、あたかも講釈ネタの人情噺を講釈に近い演り方で演じているようにも聞こえかねない。六代目圓生はそれを「一人芝居」に近い形で演じることによって、より「落語らしく」した。

人情噺における圓生の演出は非常に「演劇的」で、同時代あるいはそれ以前の演者と大きく印象が異なるが、それはこの『文七元結』に顕著な「地の語りを省略して演技と台詞でそれを補う」という手法によるもので、観客はそれを話芸としての人情噺とは一線を画する「完成度の高い一人芝居」として受け取ることになる。

先に圓生の落語はそれ以前の基準から見ると「演技過剰・説明過多」と書いたが、現代の観客は決してそうは受け取らないはずだ。むしろ、地の語りが多い従来の人情噺（五代目圓生などの演り方）のほうが「説明的」に思える。圓生は膨大な情報を演技と台詞に詰め込むことで、観客を「一人芝居の世界」に引き込んでいく。それが圓生落語の魅力だった。

この吾妻橋の場面は、長兵衛の心理を丹念に演じる六代目圓生の演出によってケタ違いにドラマティックなものとなった。

横山町三丁目の鼈甲問屋、近江屋卯兵衛の若い者だという男が「枕橋のところで五十両盗られた」と話すと、長兵衛はハッとして「五十両⁉　他人事じゃねぇ」と懐をまさぐり、「……俺は大丈夫だ、へへへ」と安心したところで、「死んだってしょうがねぇじゃねぇか、お前が死んで金が返ってくるわけでもあるめぇし」と説得にかかる。「お前の主人はガリガリ亡者か？　違う？　そんないいご主人ならわけを話して、詫びをして許してもらいな。死んだってしょうがねぇ」と言って立ち去ろうとするが、すぐにまた飛び込もうとするので慌てて止める。ここも圓生は地の語りを省略して演技で表現している。

「死んだってしょうがねぇだろう、番頭に話して詫びをしてもらうとか……どっかで五十両こしらえたらいいじゃねぇか」

「そんな大金とてもできません」

「できねぇものをなんだって盗られるんだよ……どうしても死ぬってぇのか？　……じゃあもういい、死にな。だけど俺は身投げの音なんざ聞きたくないから、俺が渡って向こう行ってからドカンボコンってやってくれ」

「早く行ってください」

ここにいるよここに！」

「そうはいかねぇよ……（振り返るともう飛び込もうとしているので）おい、まだこ

ここからはあまり若者の描写をせず、ほぼ長兵衛の独り語りで進む。

「どうしても死にてぇのか……（見渡して）……誰か来ねぇかな……誰か来やがったらそいつに譲るんだが……。じゃあどうしても死ぬのか、五十両なけりゃ。……俺には授からない銭だ、じゃあいいや、テメェに俺が」と懐から五十両出して渡そうとするが、ハッと思いとどまり、もう一度「なんとかならないのか」と尋ね、弱った顔になって「どうしても死ぬのか……じゃあしょうがねぇ」と再び五十両を出そうとして思いとどまる。

「本当に盗られたのか？　三十両じゃダメか？　どうしても死ぬってぇのか……厄介な奴に出っくわしちまったなぁ……もういっぺんよく考えてみろ、どうしてもいけねぇのか、じゃあいいや、お前にこれ……五十……（迷った末に強く叩きつけて）やらぁ！　持ってけ！」

「そんな大金いただくわけにはいきません」

「俺だってやりたかねぇが、お前はなきゃ死ぬってぇからやるんだ！」

若者が「こんな乞食みたいな奴が五十両持ってるはずがない」という疑いのまなざしを向けるのを見て取った長兵衛は娘を佐野槌に預けた金だと事情を話し、最後にこう付け加える。

「おめぇに五十両やって借金の片つける五十両とで都合百両、俺には荷が勝ちすぎてしょうがねぇ。お前も金の冥利だと思って、店の隅に金毘羅様でも不動様でも、贔屓の神様を祀って、吉原の佐野槌という店に今年十七になるお久という娘が奉公していますが、悪い病気にならないよう、片輪に（涙声になり）……片輪にならないようによく頼んでくれ、それでいいんだ、持ってけ」

「そんなわけのあるお金を受け取るわけにはまいりません」

「わからねぇ野郎だな、俺の娘はなにも死ぬわけじゃねぇんだよ、疵物（きずもの）にすればいいんだ。お前は死ぬてぇからやるんだよ！　俺も男だ、いったんやるって出したものを引っ込めるわけにはいかねぇ、お前がいらねぇってんなら川に放り込んじまうぞ！」

財布を男の額に叩きつけて長兵衛が去ると、男は「おお痛い……あんな汚いなりをして五十両なんて持ってるわけがあるかい。石ころかなんか入れて……」と財布を拾いあげると手触りでわかり、中を見て「あっ！　もし！」と追おうとして、その場で去った方向を拝んで涙声で「ありがとうございます……」と呟く。

圓生は吾妻橋の場面で、長兵衛の迷いに迷う心情を克明に描く。お久を思う心情と、この若者を死なせたくないという思いとの葛藤にスポットを当てた演出だ。

現代人の感覚だと、見ず知らずの他人の命を救うために大事な五十両を簡単に差し出すのは、やはり理解しがたい。だが圓生は、長兵衛の葛藤を写実的に描くことで説得力を持たせた。「娘は死ぬわけじゃない、お前は死ぬって言うからやるんだ」という理屈に辿り着いた瞬間、長兵衛は吹っ切れている。なのにグズグズ言われてカーッとして叩きつけて去っていくというのが、いかにも短気な江戸っ子らしい。

場面は一転して近江屋へ。

ここでは近江屋卯兵衛が、大店（おおだな）の主人らしく、品格と威厳を備えた人物として描かれている。文七が五十両を持ってきたと言うのを聞いた卯兵衛は「こんな若い者に五十の百のという金を自由にされるというのはお前が不取締りだ、よく調べなさい」と番頭を叱る。この番頭も、圓朝の「文七に対して意地悪な男」ではなく、店を取り締まる厳格な人物だ。

番頭に「お前は碁となると夢中でいけない、五十両はもう届いている」と言われた文七がいきなり「不動様と金毘羅様と、どちらがご利益がありますか!?」と叫び、ドッと笑いが起こる。

ちなみに圓生版の文七は「中村様と河田様の碁を見ていて、そのあとで中村様のお相手をしていて、『遅くなりゃしないか』と言われて」慌てて出てきたという設定。財布が違うのは「誰かが間違えた」と言いわけしている。

「棚を二つ吊ってください……娘が女郎に……」と泣きだす文七、「お前、お稲荷様の鳥居に小便でもしたんじゃないのか」ととまどう番頭。少し落ち着いた文七が「吾妻橋で身を投げて死のうとした」というところまで話すと、驚いた卯兵衛が「馬鹿な……それで?」と聞き役に回る。

見ず知らずの人が金をぶつけて逃げた、名前もなにもわからないと言う文七に、卯兵衛が「しかし、なにかおっしゃっただろう」と水を向けると、「その方は博奕が好きで借金だらけで、その方の娘さんで、今年十七になる、おさき……おさん……お久さんという方が、吉原の佐野屋という女郎……佐野……佐野槌です、佐野槌という見世に身を売って」と、少し引っかかりながらも長兵衛の事情を思い出して卯兵衛に語る。「わかった……が、困ったな。こういうときは堅いのも考えもので、私は吉原はまるでわからないが……番頭、お前もわかるまいな」「へっ？　……えへへ、手前は方角もわからないくらいで」と答える番頭の顔は明らかに嘘をついていて実に可笑しい。

「困ったな……ああ、久造、吉原に佐野槌という女郎屋があったな」

「ええ、あれは角を曲がって……あっ！」

つい口を滑らせる久造。卯兵衛はすべてお見通しだ。

翌朝早く久造と共に出かけた番頭が昼前に帰ってきて卯兵衛に「残らず済ませてまいりました」と報告。卯兵衛は文七を連れて店を出る。

「ゆうべここから飛び込みに掛かったのか」「はい……ずいぶん水があります」「そりゃ、ある」「飛び込んだら死にますね。こんなところから飛び込もうなんて、馬鹿な奴がある」「お前じゃないか」などと話しながら吾妻橋を通った主従、本所達磨横町に着くと小西という酒屋で「よいほうの」二升の切手を買い、角樽（つのだる）を借りると長兵衛宅へ。小西では「この路地をまっすぐ行った右側の真ん中で、ゆうべからずっと夫婦喧嘩やってますから、喧嘩を頼りに行けばすぐわかります」と教えてくれた。

場面は長兵衛宅に転換し、派手な夫婦喧嘩の真っ最中。

「どうせ博奕で盗られたんだ、こうなりゃあたしが佐野槌に行って……」

「細川の短い法被で腰巻もなくて下がガラ空きで行けるかよ」

「もうヤケだい！」

と、そこへ客が来たので女房を枕屏風の向こうに隠す。

卯兵衛が名乗ると「あ、鼈甲屋さんならお門違いだ、うちのカカァなんざ蕎麦屋の箸をおっぺしょって中差しにしてるくらいで」と帰そうとするが、卯兵衛に促されて文七が長兵衛の顔を見ると、「あっ、旦那！　間違いありません、この親方です！　おいろいろありがとうございました」と礼を言うから、長兵衛のほうでも「あっ！　お前だ！　ゆうべ吾妻橋で五十両やったな！」と気づき、思わず屏風の向こうに「それ見やがれ、だから俺が……」と言いかけ、慌てて近江屋主従に向き直り、うれしそうに「よくわかったな」と文七に話しかける。

お詫びかたがたやってまいりました、と切り出した卯兵衛が「金は置き忘れてきたもので、これはお返しいたします」と五十両を差し出すと、「忘れてきた⁉　馬鹿野郎！　見やがれ、てめぇが死んじまって金が出てどうするんだ！　旦那、こんなそそっかしい野郎に金の遣いはさせられませんね」と言いつつ、「これはこの人にやったものだから」と金は受け取ろうとしない。「それではこちらが二重に」「人にやったものをまた懐に入れるなんてみっともねぇことは」というやりとりの中で、屏風の陰から再三、女房が長兵衛の裾を引っ張るので、「じゃあいいよ、もらうてぇんだよ！」と受け取ることに。

「実を言うとこの金のことでゆうべから寝てねぇんで。……おう、若ぇの、お前も気をつけなきゃダメだぜ」

卯兵衛が長兵衛に、命の親でもあり文七の親代わりとして後見になってほしい、手前どもと親戚づきあいを、と申し出て長兵衛「物好きだね」と言いつつこれを引き受ける。

「これは金が出ました身祝いで」と二升の切手と角樽を差し出した卯兵衛が「お肴をご覧に入れます」と表に合図すると、地の語り。彫り物ぞろい三枚できたての四つ手駕籠が路地へタッタッタ……と入ってきてピタッと降りる。駕籠屋が垂れをスッと上げると中から出たのは娘のお久。頭は文金の高島田お召の着物に繻子(しゅす)の帯かなにかを締めて、すっかりお化粧をして……。

　ここからは会話で「お父っつぁん」「な……どうしたんだ⁉」「このおじさんに身請けをされて、もう帰っていいんだって」となる。

「お肴、御意に召しましょうか」

「大変けっこうな肴で……旦那、なんにも言いません、親子のものがどれだけ助かるか知れません……」

　感涙にむせぶ長兵衛、思わず「なにやってんだ、お久が帰ってるじゃねェか！」と女房に声を掛け、出たくてたまらなかった女房もあんまりうれしかったので反射的に立ち上がってしまう。

　最後は地の語りで締めくくり。

「きまり悪いってんで、ぐるっと後ろを向いたらお尻が丸出しだったという、これはきまり悪いがそれを忘れて親子がすがりあって泣いたという……。この文七とお久を夫婦にしまして、麴町貝坂に元結屋を開いたという、『文七元結』でございます」

　六代目圓生の実母は彼が幼い頃、五代目圓生と再婚した。それゆえ五代目は六代目にとって継父に当たる。

六代目圓生は五代目が得意とした演目は五代目存命中には演らず、亡くなってから初めて手をつけたという。『文七元結』もその一つで、彼は継父の「地の語りが多く説明的な」『文七元結』を、より演劇的なアプローチによって改訂し、同時代の観客に「名演」と讃えられた。

六代目圓生のつくり上げた『文七元結』は、その音源と映像が容易に入手できるという事実も手伝い、圓朝の速記に代わる「テキスト」となったと言ってもいいだろう。

江戸っ子の清々しさ——正蔵

六代目圓生と同時代に『文七元結』を演じ、圓生の「吾妻橋で長兵衛が迷いに迷う」演出に批判的だった落語家が、八代目林家正蔵（一八九五年生まれ／圓生より五歳上）だった。正蔵が言うには「いかに江戸っ子でも時間が経てば分別が出てしまう。とっさに出すべきだ」というのである。

正蔵は五代目の圓生と同じく『文七元結』を三遊一朝から直接教わっている。『文七元結』のマクラで正蔵が「古老に聞いた話」として、圓朝が暇を持て余して山の手の端席に入って聴いていたら『文七元結』を演った者がいて、それを大きく変えて自分のものとし、三遊派の噺として伝わることになった、というエピソードを披露している音源があるが、その「古老」とは三遊一朝のことだろう。『文七元結』成立の経緯に関してはおそらく藤浦敦氏の書き記しているものが最も正確だろうが、膨らませる前の「原話」を圓朝自身が他の演者で聴いたことがあったとしてもおかしくはない。

正蔵は佐野槌の場面までの経緯を地で手短に語って（ここでは長兵衛が左官の仕事にかけては名人だが博奕に凝って借金で首が回らず、一人娘のお久が佐野槌に駆け込んで五十両を算段してくれた、ということしか語られない）、いきなり吾妻橋の場面から演じる。

「おい、待ちな！」「生きていられないことがありまして身を投げます。離してください」「離さねぇよ」「助けると思って殺してください」などのやりとりの末、長兵衛が文七を引きずり倒して「なにするんです、怪我したらどうするんですか」と苦情を言うあたりは圓生と同じ。

男は「横山町二丁目の近江屋卯兵衛という鼈甲屋の若い者で文七と申します」と名乗り（三丁目ではない）、五十両を盗られたと言う。長兵衛は「鼈甲屋なら五十両くらい大したことはないだろう。盗られたってのは災難だ、命を粗末にするんじゃねぇ。わかったな」と去ろうとするが、文七はまた飛び込もうとする。

「私も小僧じゃありません、大恩を受けたご主人様のお金をなくしてこのままじゃいられません」

「正直だな。じゃあ、どっかから融通してきて五十両渡して、給金で返していけばいいじゃねぇか」

「私ごとき店者にそんな大金の工面はとてもできません」

「お前は正直だなぁ。お前の言うことに嘘はねぇ、お前の正直に惚れた。俺は五十両持ってるからお前に……やるが、どうだい、二十五両じゃダメか？　三十……いけねぇか、四十……五十両。授からねぇ金だ、さ、お前にやるから持ってきな」

と、長兵衛が文七の正直に惚れてポンとやってしまうという演出で、これに関しては五代目圓楽が著書『圓楽　芸談　しゃれ噺』の中で、「五十両、ポーンとやっちゃえ。それで『ほい、しまった』と後悔する。それが江戸っ子の常なんだ」と正蔵から教わった、と書いている。

以降の流れは圓生とだいたい同じだが、大きく異なるのは卯兵衛に「盗られたんじゃなくて置き忘れた」という真相を聞いたときの長兵衛の反応。圓生は「こんなそそっかしい奴に大金は任せられませんね」という言い方をしていて、ただ呆れるだけ（これは圓朝の原作のニュアンスに忠実）だが、正蔵の場合は「忘れるのと盗られるのとじゃ大違いだが、旦那、この人は偉いね、正直者だ。盗られたと思い込んでるからお前さんにすまねぇ、申し訳ねぇの一点張りだ。人間は正直なのがいいねぇ、そこへあっしは惚れこんでやっちゃったんだ。金はこの人が店を持つときの暖簾の染め代に使ってくれ」と言う。

圓生の演出だと「江戸っ子がいったん懐から出た金を受け取れるか」という見栄だが、正蔵の演り方だと、「文七に惚れこんでやった金だから祝い事に使ってくれ」ということで、筋が通っている。

それに対し卯兵衛が手をついて「どうか受け取ってください」と言うのを見て、長兵衛は慌てて「旦那、お手をお上げください、この金はもらいます」と受け取る。女房に何度も袖を引っ張られて受け取るのではなく、大店の旦那が自分のような者に手をついて願い事をしている、その態度に感銘を受けたという演り方で、これも実に気持ちいい。

さらに卯兵衛が「つきましてはお願いがございます」と言うと、「へえ？　壁の塗り替えかい？」と応じて笑わせるのも正蔵ならでは。

清々しい余韻を残す『文七元結』だ。

なお、正蔵は長兵衛に金を受け取ってもらったあとの頼みごととして、まず「親方のご気性にほとほと感心しまして、手前どもと親類づきあいをお願いしたい」と言い、「もう一つ、この文七に将来店を持たせたいが、近い者では叔母しかおらず、女ではどうにもなりませんので、親方にこの者の後見になっていただきたい」と付け加えている。

圓生は「文七の命の親ということで親代わりに」と願ったあとで「もう一つ、親方と親類づきあいをお願いしたい」と付け加えるという順番だが、先に見たように圓朝の速記では「親類づきあい」が先で「親代わり」はその次なので、正蔵は圓朝に忠実、ということになる。

飄々とした味わい――志ん生

五代目古今亭志ん生も「抜き読み」と称して正蔵のように吾妻橋から演ることはあったが（前半だけの音源もある）、基本的には通しで演じていた。

志ん生の『文七元結』は冒頭、博奕に凝って借金で首が回らない左官の長兵衛が暮れの二十六日、家財を売り払って大勝負に出たのが裏目に出て、二十八日に汚い印半纏一つの姿で帰ってきた、ということを地で語り、女房との会話に入る（帰ってきてみたらお久がいなくなっていた、というところまで地で語ることもあった）。お久が先妻の娘だという設定はここにはない。

志ん生の『文七元結』は、構造としては圓朝の原作に近いシンプルな型で、登場人物の心理を独自に解釈することは少ないけれども、志ん生ならではの飄々とした味わいが全編を覆っていて、笑いどころも多い。長兵衛が佐野槌に向かうために女房の着物を引っぺがす（腰巻がないという女房に長兵衛は「風呂敷でも巻いとけ」と言う）場面も、シリアスな圓生と違って滑稽噺のトーンだ。

場面が変わって佐野槌の女将が「長兵衛さん、こっちへお入り」と声を掛ける（長兵衛が入りにくそうにしたりする描写はない）。引き合わされたお久に長兵衛が「なんだって黙って出てくんだ」と小言を言うと、女将は「小言は自分に言いな。お前さん、屋根屋に商売替えしたんだってね。めくってばかりいるって」と皮肉ってから、昨夜お久が中引け（夜中の十二時）頃にやって来たと告げる。

この「屋根屋になったんだってね。めくってばかりいるって」という台詞は倅の志ん朝にも受け継がれているが、屋根の葺き替え工事で瓦を「めくる」のと花札を「めくる」のをかけた洒落で、仕草を伴うとなんとも可笑しい。

お久が女将に訴えたのは「お父っつぁんが三年このかた仕事をしないで悪いことばかりして、この暮れが越せないから夫婦別れして別々に奉公しようと言っています。子としてそれを聞いていられないので、私を買ってください」ということ。

圓生のように「負けて帰って腹いせにおっ母さんをぶったりする」という乱暴な話ではなく、貧乏で年を越せないから夫婦別れをする、というのは圓朝の原作にだいぶ忠実だが、志ん生より下の世代の演者でこういう『文七元結』はあまり聞かない。「八つ当たりで女房をぶったり」というのがない演り方で思い出されるのは志ん生の長男である十代目金原亭馬生くらいで、あとは志ん朝や談志も含め、皆、「負けて帰ってきて八つ当たりでぶったり蹴ったりする」という演り方だ。

お久の話を聞いた女将が長兵衛に提案したのは「お久を預かって五十両を貸すから来年の盆までに返しにくること」、つまり返済期限は半年で、圓朝の二年、圓生の一年よりさらに短いが、それだけ長兵衛の腕がいいと女将が認めているということだろう。女将が長兵衛に「いっぺんに返すのは無理だから、少しずつ持っておいで」という言い方をしているのが特徴的だ。

佐野槌の女将は長兵衛に財布はあるかと訊くが、持ってないと言うので、財布を渡してこう告げる。

「五十両、これに入れてお行き。これは私の着物の布で縫った財布だ。これ見るたびに、佐野槌の女将と約束したってことを思い出しなさい。このお金でまた悪い癖が出て元のようになったなんてことが耳に入ったらこの子を見世に出すよ。悪い病を引き受けたりしたらこの子のバチが当たるよ」

女将の着物の余り布でこしらえた財布、というのも、圓生の「亡くなった旦那の羽織の余り布」に負けず劣らず印象的だ。

お久に「すまねぇな」と詫び、これから一所懸命働くと約束してから佐野槌を出た長兵衛が、寒風吹きすさぶ中、物思いに耽りながら歩いていくと、吾妻橋のところで身投げをしようとしている若者を見つける……と、ここまでを地でしっとりと語ってから長兵衛と文七の会話へ。「怪我でもしたらどうするんです」とか「助けると思って殺してください」「両方はできねぇ」といった台詞も、志ん生のトーンで聴くと一段と可笑しい。ここで志ん生は文七に「日本橋石町二丁目の近惣という鼈甲問屋の若い者」と名乗らせる。

五十両を盗られて死ぬしかないと言い張る文七、それを思いとどまらせようとする長兵衛、というやりとりは短い。「五十両あればいいのか、じゃあ、俺がお前に五十両……」と言いかけて止めた長兵衛、「どうにもならないのか」と数回訊いても文七の心が変わらないのを知り、「とんでもないところに出っくわしちゃったなぁ……」と嘆息。ここで笑いが起こるのはさすが志ん生。「よし、俺がお前に五十両やろうじゃねぇか」と思い切りよく言った長兵衛、一気に自分の事情を話し、受け取れないと言う文七に「やりたくねぇけどやるんだよ、こん畜生！」とぶつけて去る。

近江屋に戻って「浅草で友達に会って遅くなった」「山田様と財布を交換した」と嘘をつく文七に番頭が「金は届いている」と言うと、文七は「えっ、大変だ、店に金毘羅様と不動様を吊って……」と慌て、見ず知らずの男にもらったことを打ち明ける。このとき文七は「吉原の金槌という見世に娘を売った」と言い、旦那が「吉原に金槌なんて見世があったかい？」と尋ねると、番頭が「京町二丁目の佐野槌でしょう」と即答、旦那も「ああ佐野槌か」と納得する。

長兵衛宅に舞台を移してからの楽しさは志ん生の真骨頂。「尻が出てる」と女房を隠すところ、屏風の陰から長兵衛の袖を女房が引っ張るところなどの可笑しさもさることながら、五十両を受け取った長兵衛に近惣が「もうひとつお願いが」と切り出すと「金、返せってのかい？」と答えて笑わせるのは志ん生ならではの発想だ。「文七の親代わりに」と願い出るときの文七と長兵衛の「子にしてください！　お父っつぁん！」「早ぇよ」というやりとりも可笑しい。

なお、志ん生も正蔵と同じく先に「親類づきあいを」と願って、次に「親代わりに」と願うという圓朝に忠実なパターン。

正蔵の場合は文七とお久が店を開くのは圓生と同じく「麴町貝坂」だが、志ん生は圓朝の速記のとおりの麴町六丁目だ。

四代目つばめというルーツ――小さん

五代目柳家小さんが一九八二年の「落語研究会」で『文七元結』を演じた映像がDVDになっている。それを観ると、小さんはまず地の語りで「腕のいい左官の長兵衛が博奕に凝って家の中は火の車」と説明し、暮れの二十八日の寒い晩だと付け加えて長兵衛が帰宅するシーンに入っていく。

小さんの『文七元結』では、佐野槌に女物の着物姿で遅れてやって来た長兵衛を迎えた藤助が「羽織を貸しましょうか」と申し出る。この格好じゃ女将の前に出にくいという長兵衛への藤助の気遣いだが、圓朝にも志ん生や圓生にもない「藤助が羽織を貸す」という演出は、立川談志が若い頃から演っていたもので、最も古い音源だと一九七四年に談志はすでにその型で演っている。五十両を受け取って佐野槌を出ようとする長兵衛に藤助が「ちょっと、その羽織……」と声を掛けて羽織を返してもらい、長兵衛が「お礼をしたいんだけど、なにしろこのとおりで……」と言うのも談志の演り方だが、小さんもそれと同じだ。

これは小さんの考案を談志が踏襲したのではなく、「ルーツが同じ」なのである。

談志は二〇〇六年十二月によみうりホールで『文七元結』を高座に掛けた際、「私はこの噺を小さん師匠が深津龍太郎といったつばめ師匠（四代目柳家つばめ）から教わった現場にいたことがあります」と言っている。一九八二年の小さんの『文七元結』をTBSテレビの「落語特選会」で観たとき、この羽織のくだりは談志だけの演出だと思っていたので驚いたのだが、二〇〇六年に談志から「四代目つばめから」という言葉を聞いてようやく腑に落ちた。

ちなみに「藤助が長兵衛に羽織を貸す」という演出は歌舞伎の『人情噺　文七元結』にもあるが、歌舞伎のほうでは藤助が長兵衛宅で羽織を貸し、二人一緒に長兵衛宅をあとにして角海老に向かう。

お久が佐野槌の女将に訴えたのは、「お父っつぁんが酒と博奕ばかりで家の中は火の車、夫婦喧嘩が絶えません。それを見ているのが辛うございます。こちらで私にお金を出してくださって、それで借金を返して仕事に精を出してくれれば、前のようないいお父っつぁんになると思いますので、どうか意見してやってください」ということ。「夫婦喧嘩が絶えない」というのは圓生の「負けて帰って八つ当たりで女房を殴る」という表現とは異なるが、女将に「どういう気持ちなんだ」と問われた長兵衛が「どうにかしようと思っても裏目裏目と出て、ついやけくそで酒を飲んで帰って当たり散らし、乱暴なこともしました」と言う場面があり、実態は同じことだとわかる。「面目ねぇと思ってます」と悔いて「どうかもういっぺん助けていただきてぇんですが」と長兵衛が頭を下げると、女将は即座に「ああそうだよ、そのつもりで呼んだんだからね」と答え、これで借金を返して働くようにと五十両を渡したあとで、長兵衛にこう告げる。

「証文の代わりにこの子を預かる。半年待つよ。全部返さなくてもいい。今月はこれだけ残りましたって二両持ってきてもいい、いくらでもいいんだ。お前が働く気になってくれたら、半年経たないうちにこの子は返すから。その代わり、この金でまた馬鹿なことに手を出したら私も鬼になるよ。この娘を見世に出すよ」

全部返さなくてもいい、働く気になってくれたら、という台詞の優しさが小さんらしい。

吾妻橋で飛び込もうとしている若者に長兵衛が気づいたとき、小さんは地に戻って、「飛び込もうとする奴にしがみつくと自分も一緒に落ちてしまうので、横っ面の一つもひっぱたいて正気づかせるのがいい」と説明してから、いきなり殴りつける。これがまた実に痛そうで「さすがは剣道家」と思ってしまうが、しがみつかずにいきなり殴るのは小さんが初めてだろう。

長兵衛は文七に「ご主人様に申し訳ないから死ぬっていうのは偉い、と言いたいところだが、お前がそれで死んだとは誰も思わない。お前が金を使い込んで死んだと思われるだけで、死に損だ」と言う。これは圓朝の速記にはなく、圓生・正蔵・志ん生らにもなかったが、現代人の感覚から言えば非常に合理的な考え方で、談志を含め多くの演者が用いている。

小さん演じる長兵衛は、「誰か来ねぇかな……来たら譲っちゃうんだが」と言いながら、あまり悩んだ様子はなく、あっさり五十両を渡す。このへんは正蔵の「深く考えずにやってしまい、後悔する」という解釈に近く、またそれを小さんが演ると「江戸っ子はそんなものかもしれない」と思えてくる。

近江屋の番頭が文七に佐野槌という名前を思い出させる場面も、談志が若い頃から演っていたのと同じで、「番頭が吉原の大見世の名前を列挙していく」演り方。近江屋が「見世の名前を聞いてないのか？　聞いたけど忘れた？　しょうがない男だな」と言うと、番頭が「お待ちくださいまし、文七も気が動転していますから、私が段取りよく訊いてみます」と割って入り、文七に向かって「一度聞いたんだから思い出せる。私が大見世の名前を並べてやろう。この暮れに五十両を出すなんてチョンチョン格子じゃないよ。三浦屋、半蔵松葉、玉屋山三郎、海老屋、佐野槌、大文字……」と並べていく中で文七が「佐野槌です」と思い出し、旦那が「わかってよかった……よかったがねぇ番頭さん、私はお前さんが堅物と思っていたんだが、ずいぶん吉原に詳しいんだね」と言って笑いが起こる。これも四代目つばめから伝わった型ということだろう（吉原へのあこがれが強い談志は、これをもっと細かく演る）。

このあと、小さんは近江屋の主人（「卯兵衛」ではなく「シンベエ」と発音していたが漢字は不明）と文七が長兵衛の家に辿り着くまでの描写をカットしてすぐに夫婦喧嘩に移る（談志は圓生や志ん生と同じく近江屋主従の視点で吾妻橋を通り、酒屋に寄るくだりを描写する。

近江屋が長兵衛宅を訪れて五十両を返し、身請けされたお久が戻って親子三人手を取り合ってうれし涙に暮れたあと、小さんは「この文七とお久が夫婦になり」と地の語りで終わらせるのではなく、近江屋が「来年は文七に店を持たせるので身を固めさせたく、娘御をいただけませんか」と申し出て、長兵衛が「けっこう、けっこう！あいつはいい奴だ！」と快諾するという場面を挿入し、そのあとで茅場町に店を持たせて元結が評判になったことを語る。この終わらせ方は珍しい。

なお、「麴町貝坂」ではなく「茅場町」に文七が店を出すというのは談志も若い頃に演っていたことがあるが、小さんのこの口演が行なわれた一九八二年にはすでに談志は「麴町貝坂」に変更している。

名作としての完成形──志ん朝

六代目圓生の演劇的な手法をさらに推し進めて、名作人情噺『文七元結』の完成形を提示したのが古今亭志ん朝だ。

志ん朝が役者として商業演劇に出演することを好んでいたことはよく知られている。とりわけ交流が深かったのは三木のり平。志ん朝はのり平を演劇の師と仰ぎ、その影響は落語にも反映されていたと言われる。中でも三木のり平との関わりが深い演目が『文七元結』だ。

一九六九年、志ん朝は『文七元結』を原作とする商業演劇『めおと太鼓』（作・小野田勇／演出・三木のり平）の明治座公演に文七役で出演、二幕四場「大川端」では、三木のり平が演じる長兵衛と、落語での吾妻橋の場面そのままのやりとりをした。それが後年、「吾妻橋を徹底的にドラマティックに描く」志ん朝ならではの『文七元結』演出を生むことになる。

志ん朝の『文七元結』は、フルサイズで一時間十分以上掛かるが、独演会などではこれを佐野槌までの「上」と吾妻橋からの「下」に分けて演じることがあった。それは志ん生が「上」「下」に分けて演じたことがあったから、というのもあるだろうが、むしろ第何幕という分け方をする演劇の発想に近いのかもしれない。

志ん朝の『文七元結』は「舞台の芝居を観ているような」人物の描き分けをしていて、圓生よりさらにわかりやすい。そこには「少しクサいくらいに演ったほうがいい」という三木のり平の芸談の影響によるところもあったようだ。実際に稽古で「高座を大きく使って、少しクサいくらいに」と志ん朝からアドバイスを受けた若手噺家もいる。

『文七元結』という噺には根本的に「親孝行な娘を女郎にしてでも見ず知らずの若者の命を助けることはありうるのか」という問題がある。

近江屋卯兵衛のように「とても我々にはできないことをやった長兵衛親方は立派だ」と感心するよりも、「そんなことありえないだろう」と呆れたり、「お久がかわいそうだ」と憤ったりするほうが、現代人の感覚としては普通なのではないだろうか。落語家にとっても、そこがこの噺を演じる上で一番の問題だろう。だが志ん朝は「おかしいと思うなら演らないほうがいい」という考えであったという。

真意はさておき、志ん朝にはそれを言う資格があった。なぜなら、志ん朝はその芸の力によって『文七元結』を「いい話」として成立させ、観客にカタルシスを与えたからである。

立川談志は美談を否定する観点から独自の『文七元結』をつくり上げた。それは吾妻橋の長兵衛と自己を同化させ、徹底的に「長兵衛という男の主観」で演じることによって説得力を持たせるものだった。一方、志ん朝は高座の上に演劇的な空間を生み出すことによって観客をフィクションの世界に引き込んだ。重要なのはそのフィクションが観客にとって「心地よい」ものだった、ということ。志ん朝という落語家には、「聴き手を心地よくさせる」という天賦の才能があった。この才能があればこそ、志ん朝の『文七元結』は文句なしの「美談」として成立したと言えるだろう。「演劇的」であるだけでは、しょせん「一人芝居」の域を出ない。志ん朝は落語家として天才であったがゆえに、『文七元結』を美談として観客に納得させることができたのだ。その意味では、志ん朝の『文七元結』は「完成形」ではあるけれども普遍的な「テキスト」ではない。凡庸な落語家がそのまま踏襲しても無残な結果をもたらすだけだ（それは立川談志の『文七元結』も同じである）。

志ん朝の『文七元結』には、演出面では圓生と類似する部分が多く、「圓生をお手本にした」と評する向きもあるが、志ん朝の場合、登場人物の台詞回しの端々に志ん生ゆずりの「フラ」が感じられて、ごく自然に笑いが起こる場面が多い。その絶妙のバランスが観客には実に心地よく、圓生の四角四面な『文七元結』とはだいぶ印象が異なる。

実際、「お久は長兵衛の先妻が産んだ子」という設定を踏襲していないところを含め、圓生との違いも多い。「父の演目を受け継ぐ」という意識が強かった志ん朝だけに、『文七元結』に関してもどちらかというと基盤となっているのは志ん生で、圓生演出の優れた点を大いに取り入れつつ、三木のり平からの影響を盛り込むことで「自分の噺」にしていったのだと思われる。

「腰巻がないなら風呂敷でも巻いとけ」「紋付だから嫌だよ」という冒頭の会話、佐野槌の女将の「屋根屋になったたって聞いたよ」という皮肉や「いちどきに五十両返そうと思うと大変だから、あるときに少しずつ入れておくれ」という台詞などは志ん生そのままだし、近江屋の「お願いがあります」に対して長兵衛が「やっぱり金は返せって？」と言って笑わせる志ん生の演出を取り入れることも稀にあった。お久が佐野槌に来たのが「中引けすぎ」というのも志ん生に近い（ちなみに近江屋は正蔵と同じ「横山町二丁目の近江屋卯兵衛」、長兵衛が「来年のお盆までに返せる」と佐野槌の女将に言うと「じゃあこっちらも譲って来年の大晦日まで待とう」となるのは圓生とほぼ同じで、文七とお久が店を出すのは圓生・正蔵らと同じく「麹町貝坂」だ)。

志ん朝の『文七元結』で最も特徴的なのは吾妻橋の場面での文七の描き方だろう。一言で言うと「魅力的」なのである。これは志ん朝自身が商業演劇で文七を演じたことの直接的な影響だ。

通常の『文七元結』において文七は主人公である長兵衛の身に降りかかった「災難」そのものであり、依怙地(いこじ)で物わかりの悪い奴でしかない。だが志ん朝は、演劇においてそうであるように、文七という若者を、この吾妻橋の一幕において長兵衛と対峙する「もう一人の主役」として演じた。たしかに未熟ゆえに物わかりは悪いけれども、その一途さがいじらしくもあり、「この純粋で健気な若者をなんとか助けてやりたい」と長兵衛が思ってもおかしくない好青年……それが志ん朝の演じた文七だ。

だからこそ、相手役の長兵衛の男意気もまた光る。わかりました、死にませんと言う文七の態度に不審なものを感じて、「ちょっと顔を見せろ……そっち向いてねぇで、おい」と下手から上手に移動した長兵衛が「ツラァ見せろってんだ!」と文七の顔に手を掛けてこっちを向かせ、「……ダメだ、こん畜生、やっぱり死ぬ気だな」と呟く。

この緻密な演出は志ん朝ならではのもの。「だったら死にな」と言って去ろうとして「まだここにいるじゃねぇか!」と飛び込もうとする文七を欄干から引き剝がし、「そんなところにいちゃダメだ、こっちへ来い!」と橋の中ほどに文七を連れ戻すのも、実に「演劇的」だ。

「(懐に入れた五十両が)どっか脇のほうに行っちゃったんじゃねぇか? 背中のほうに廻ってねぇか? 下のほうずっと探してみろ……ないか。歩いてきたところずっと探したのか? そうか……盗られたんだ。災難だからしょうがねぇんだが……どうしても死ぬのか」と言って考え込み、しかたなく五十両を出そうとする。ここからの長兵衛の迷い方も視覚的に計算されていて、財布を出して空を見上げる表情は明らかにお久を思っているし、懐から出した財布を持ちかえてもう一度懐に戻したりする仕草も絵になっている。

長兵衛がぶつけていった財布を握った右手を振り上げ、「石ころかなんか入れて……」と投げ捨てようとした刹那、ハッとした表情になってゆっくりと顔の向きを変え、その右手を凝視する。この「振り上げた右手を下ろさずにそのまま視線を向ける」という演出は三木のり平の「そうすりゃお客さんの目もそっちに行くだろ」という助言に基づくものだという。圓生は「石ころなんかを」と手に取ってハッと下を向きすぐに財布を開いてみて金だと知り、見えなくなった長兵衛のほうを伏し拝んで「ありがとうございます……」と涙声で繰り返すが、志ん朝はしばし右手を凝視したあと、財布の紐をほどくのももどかしく震える手で金を確認して一瞬呆然とし、バタバタッと長兵衛のあとを追って「親方！　親方……ありがとうございます……」と頭を下げる。志ん朝のほうが断然ダイナミックで、舞台空間を感じさせる。

近江屋に戻った文七が番頭に導かれて「佐野槌」という名を徐々に思い出していく場面の盛り上がりもまた志ん朝独自のもの。「吉原のなんとかっていう大見世」と聞いたが名は忘れたという文七を前に「弱ったな……番頭さんは私よりは少しは吉原のことがわかるんじゃないか」と言う主人に番頭は大げさな身振りで「めっそうもない」と否定する、その態度は明らかに嘘をついていて笑いを呼ぶ。

「ですが旦那様、人間というものはいったん聞いたものは必ず思い出すことができます」と言って番頭は文七に向き直る。

「順序立てて考えれば必ず思い出せる。たとえば、長い名前だったか、短い名前だったか……長かったかい？」

「待ってください……吉原の……（思い出しながら）長くはございません」

「そうか、『屋』はついたか？」

「待ってください、吉原の……『屋』はついておりません」

「じゃあ、『楼』がついたか？」

「吉原の……『楼』もつきません」

「ほら、だんだん狭まってきてるんだぞ。もう少しだ。お前、さっき『お久さん』って思い出すときに、ずっと上から順に言って思い出した。それをやりなさい。屋も楼もついてなくて長い名前じゃないっていうんだから」

「はい……今年十七になるお久さんという娘さんが吉原の……吉原のさ……『さ』がつきます！」

「うんうん、そのあとは？」

「吉原のさ……吉原のさの……そうです、吉原の『さの』ってんです、『さのなんとか』です」

「佐野槌か！」

「そうです！」

「そうか！　よくやった！　旦那様、佐野槌です！　京町二丁目にある立派なお見世……（ハッとして）だということを伊勢屋の番頭さんがおっしゃってまして……（とごまかす）」

この「佐野槌か！」「そうです！」で場内が爆笑の渦になるのは志ん朝の「間」のよさあればこそ。それを聞いた旦那が「そうかい、伊勢屋の番頭さんにお礼を言わなきゃ」と素直なのも志ん朝らしい。

この、番頭が「……と聞いたことがありまして」とごまかす場面は、「……というのを『吉原細見』で見まして」と言い訳することもあって、これは圓生と同じだが、圓生の近江屋は「嘘をつきなさい」と言うのに対し、志ん朝の近江屋は「そうかい、なんでも勉強しておくもんだね」と、やっぱりとても素直なのだった。

志ん朝の『文七元結』の音源は「一九八二年十二月・本多劇場」「一九九四年十一月・大須演芸場」「一九九四年十一月・神奈川県民ホール」の三種類が、映像は「一九八三年十二月・落語研究会」「一九九七年十一月・落語研究会」の二種類が市販されていて、どれも大変にいい出来だが、殊に「名演」とされているのが一九九七年の落語研究会での高座。佐野槌・吾妻橋・近江屋・長兵衛宅と、それぞれの場面が芝居の一幕のようによくできていて、見応えがある。

それ以前のものは落語という「話芸」として優れているが、一九九七年の落語研究会の『文七元結』は、視線や仕草の一つ一つが計算されつくした「演劇そのもの」という域に達していると言っていいだろう。

吉原をあとにして吾妻橋に掛かるとき、志ん朝は地の語りで「見返り柳をうしろに見て、右に道哲、左に待乳山聖天（まつちやましょうてん）の森を見て、山の宿から花川戸、左へ曲がる吾妻橋」と説明したあと、長兵衛が「すまねぇな、お久……勘弁してくれよ」と言いながらハッと気づいて「おい、待ちなっ！」と身投げを止めるのが常だったが、一九九七年「落語研究会」の『文七元結』では、「左に曲がる吾妻橋」と言ったあと、すぐに「おっと待った！」と長兵衛が身投げを止める場面に切り替わる。これが実に効果的だ。

佐野槌の場面では女将の視線の動きで空間を見事に描き、長兵衛が女物の着物の八つ口を気にしてたくし込む仕草で笑わせるなど、このときの口演は全編、演出が凝りに凝っている。それまでになかった台詞も目立ち、翌朝の長兵衛宅の夫婦喧嘩で女房が「お店者だって言ったね、なんて店だか聞いてるはずだよ、思い出してもらおうじゃないか」と言いながら火箸をグルグル回すと長兵衛が「火箸なんか出してどうしようってんだ！」と怯え、女房が「私にもわからないよ」と言いながら迫る、というくだりが妙に可笑しくて好きだが、これはアドリブだろうか。

長兵衛宅を訪れた近江屋に「盗られたのではなく置き忘れた」という真相を打ち明けられたときの「なにをっ⁉」という長兵衛の表情、そのあとの「バカーッ、コン畜生！」という言い方などの可笑しさは志ん生ゆずりのフラ全開。

ここで長兵衛は文七にこう言う。

「テメェで勝手に思い込みやがって、人が通りかからなかったらドボンと飛び込んじゃうんじゃねぇか。俺がいくら止めたってどうしても死ぬってそう言ってただろ。俺はもうどうでもかまわねぇ、死ねってそう言ったよ。だけどオメェ、こうやって見たところ飛び込まなかったんだ。飛び込まなくてよかったじゃねぇか、お前が死んじゃって金が出てきてどうすんだい、本当にドジだねぇ、本当に……旦那、こういうドジな奴にはもう金の遣いはやらせられませんね」

圓生も「旦那、こういう野郎に金の遣いなんかさせられませんね」と「テメェが飛び込んで土左衛門になっちまって金が出てきてどうするんだ」は言うが順番は志ん朝と逆で、圓生の場合「間抜けな話に呆れてる」というニュアンスだが、志ん朝は明らかに文七という若者に対する小言であって、「旦那、こういう奴に」云々というのは小言を一段落させた長兵衛の「こいつが生きててよかった」という気持ちがつい言わせた近江屋への「呼びかけ」という感じ。中でも「こうやって見たところ飛び込まなかったんだ」という台詞はさすが志ん朝、たしかに五十両叩きつけても文七があのあとで飛び込んだ可能性もあるわけで、そういう心配も長兵衛の中にあったというこの描き方は、長兵衛という男の魅力をいっそう高めている。

金を受け取れないと言う長兵衛の袖を屛風の陰から女房が引っ張る場面の楽しさも志ん朝は格別で、大きなアクションによって女房の存在がクッキリと浮かび上がる。「やった金は受け取れない」と話しているところをグイッと引っ張られてガクッと傾く仕草のリアルさはまさに芝居、引っ張る力がだんだん強くなって、しまいには体を起こせず完全に傾いたまま話そうとして声が出ない、という演技には拍手が起こったほど。姿勢を直して女房に「返してもらうなんて、そんなみっともねぇこと……」と話してる最中に「イ、痛いっ！」と叫んで見つめる先の女房の表情が見えるようだ。

長兵衛は本格的に女房に向かって話し始め、「そうかもしれねぇが俺は今日までそうやってきたんだ、それを今さらそんなこと気持ち悪くてできねぇんだ……お久？たしかに苦労するよ、でも俺がなんとかするんだから……え？　うん、そりゃそうだよ、出たんだ、うん、うん……うん……（身悶えて）イヤだなぁどうも……（溜息）……（襟を正して近江屋に向き直り）ええ、ただいま親類一同で相談がまとまりまして、それはせっかくだからいただいたほうがいいだろうということに……」ということになる。ここをこんなに念入りに演じて面白いのは志ん朝だけだ。

大金を受け取ってもらった近江屋は、まず「この文七には目を掛けておりまして、大変よく商売をするので店を持たせてやりたいのですが、幼い頃に両親と死に別れて身寄り頼りがございません。新しい店となりますと後見も必要となりますので、親方に命の親ということで親代わりになっていただき、後見なども務めていただきたいと……」と切り出し、長兵衛が「（文七に向かって）こんな道楽者を親に持つと苦労するぜ、いいのかい？　へぇ、変わった野郎だ」と承諾すると、「今度はあたくしのお願いでございます。見ず知らずのお方に五十両という大金を恵んでやるなどということは手前ども商人には考えられないことで、それをなすった親方はまことに男気のある立派な方だと皆、感心しております。そういうご気性の方と、ぜひ親類づきあいを……」と願う。

この順番は志ん生ではなく圓生と同じだが、圓生の場合、二つの願いをいっぺんに続けて言っているのに対し、志ん朝は親代わりを引き受けてもらってから親類づきあいの件を持ち出している。

身祝いとして近江屋が差し出した酒を受け取るときの「表の小西の切手でござんすね、二升……あら、まあ、上等のほう！　これはいただきます」というられしそうな表情、「おお、角樽も……いやあ、形のいいもんでございますなぁ、これ置いとくってぇとそれだけで気分がよくなる」という台詞が長兵衛の酒好きを見事に表現している。「お肴をご用意しました」と身請けされたお久が晴れ姿で入ってきて、近江屋が「お肴、お気に召しましたでしょうか」と言うと、感極まった声で「大好物でございますよ……」と深々と頭を下げる長兵衛。志ん朝の『文七元結』を象徴する名場面の一つだ。

ちなみにこの一九九七年の落語研究会での口演で志ん朝は、お久が佐野槌の女将に

「お父っつぁんが博奕で取られて帰ってくるとおっ母さんをぶったり蹴ったりいたします」と訴えるときに「義理ある母親がそんな目に遭ってるのを黙って見てられませんから」と言ったことにしている。

「義理ある母親」という表現はこの口演で初めて聴いたが、これは圓生の「義理の母」という設定を踏襲する意図があったのだろうか(圓生は「実の親なら知らぬこと、義理ある親がぶたれておりますのを見ているのも辛うございますから」という言い方をしている)。真意を知りたいところだ。志ん朝が芸談の類いをいっさい残さなかったのは彼の美学だろうが、ファンとしては悔やまれる。

一九九七年「落語研究会」の口演は、志ん朝の演劇的な『文七元結』の究極の到達点だった。まさか、わずかその四年後に亡くなってしまうとは……。

成り行きのリアリズム――談志

立川談志の『文七元結』を最後に観たのは亡くなる五年前だった。

談志の『文七元結』は、佐野槌の女将の堂々たる存在感、大店の主人に相応しい近江屋（談志は「善兵衛」で演じた）の風格など、この噺で描かれるべき人物像を的確に表現したことだけでも「十八番」と呼ぶに値する逸品だったが、なんといっても見事だったのは、吾妻橋の場面だ。

談志は、吾妻橋の上で身投げしようとする若い男に出会ってしまった状況に困り果て、その状況を解決するため、ついに大事な五十両を渡してしまうに至る長兵衛の心理にスポットを当て、追い詰められて混乱する長兵衛をその日の成り行き任せで演じた。このリアリズムは、演劇的な手法で全編を丹念に磨き上げた志ん朝の『文七元結』とは対極にあったと言えるだろう。

「落語が人間の業を肯定するものだとするならば、人情噺は落語に非ず」と言った談志がなぜ、『芝浜』や『文七元結』を演るのか。談志自身がその矛盾に引っかかっていたのは事実で、『芝浜』に関しては「美談ではなく夫婦の物語」として演じることでその矛盾を克服し、最後は「『芝浜』は完全に私のものだ」と断言するに至っている。一方、『文七元結』に関しては晩年「だんだん、離れていった落語です」と言い、「感情注入できる部分が少ない噺」とも言った。先年亡くなった十八代目中村勘三郎に対し「あんなもの（『文七元結』）、よくやるね」と言ったというエピソードも談志ファンにはおなじみだ。談志が「俺の『文七元結』は凄い」と言うのは聞いたことがない。

だが、実のところ「落語は非常識の肯定」であり「落語はイリュージョン」とする談志の落語論と、談志の『文七元結』とは矛盾しない。吾妻橋で「娘を売った金」を見知らぬ男にくれてやるという行為は「非常識」であり、「理屈に合わないこと（＝談志言うところのイリュージョン）」だからである。

談志が亡くなったあとで大林宣彦監督がたびたび紹介したエピソードに、談志は「落語は人を殺さない。だからいいんだ」と言っていた、というものがある。これを言い換えれば、談志にとって「落語はファンタジー」だったのではないだろうか。

談志は著書『新釈落語咄』の中で『文七元結』について、こう書いた。

「『誰か通らないかな……通りゃァその人に譲るよ』というのは本心であろう。長兵衛は身投げに関わり合ったことの始末に困って、五十両の金を若者にやっちまっただけなのだ。だから本人にとっては美談でもなんでもない。さして善いことをしたという気もない。どうにもならなくなってその場しのぎの方法でやった、ともいえる。だから長屋に帰ってからの女房の文句に反論すらないのだ」

この「本人にとっては美談でもなんでもない」という部分にスポットを当てて吾妻橋を演じたのが談志の『文七元結』だ。圓朝が美談として書いた意図はわかるが、自分はそれを自分の解釈で演る、というのが談志の立場だった。ここで重要なのは、なぜ長兵衛は「追い詰められる」のか、ということである。

この噺を美談として堂々と演じた志ん朝は、「五十両やりますかねぇ」と疑問を呈した若手に「そう思うんなら君は『文七元結』は演らないほうがいい、向いてないから」と言ったという。その言い方に倣えば、美談を否定する談志こそ「五十両やってしまう」と考える側の人間だった。少なくとも、それを落語に求めていた。

談志落語に共通しているのは「優しさ」であり「ロマンティシズム」であって、それを象徴するのが「落語は人を殺さない」という言葉だった。談志の分身である長兵衛は、若者を見殺しにするという選択肢を持たないからこそ、窮地に陥る。「誰か通らないかな……譲るよ俺ァ」と呟く長兵衛には「誰かに譲ったら、そいつはこの若者を見殺しにするかもしれない」という発想がない。「とにかく誰かがこいつを助けなくちゃいけない、でもなんでよりによって俺なんだ」と悩み、苦しむのだ。

著書『談志の落語 五』では、吾妻橋の状況での長兵衛を「自分の頭のハエも追えない奴が他人のことまで考えるな」ということを学習せずに「無垢(むく)な親切」を実践する男、と捉えた上で、「しかし、どうも親切ってなァ照れる。照れるくらいだから、どっかで私も親切なのだろう。いやお節介なのだろう。長兵衛さんはお節介という感じではない。面倒になった、もういいや、ナンダカワカンなくなっちゃった……と演っているのだが……(中略)早い話が、親切の定義が、まだはっきりしていないのである」と書いているが、要するに「どうして長兵衛は(=私は)若者を見殺しにできないのかがわからない」と言っているのであって、そこに談志自身はジレンマを感じていたようだが、「わからないのにやってしまう」=「イリュージョン」ということだから、実は談志の落語論と「談志の『文七元結』」は見事に一致していたのである。

談志の『文七元結』の基本形は三十代で固まっていて、五十代で円熟の境地に達したものの、六十代になってあえてそれを崩したりもした。現在、談志の『文七元結』は七種類の音源／映像が市販されている。

［A］一九七四年三月二十二日・紀伊國屋ホール（CD）
［B］一九七八年十二月二十八日・東横ホール（CD）
［C］一九八〇年十一月十四日・東横ホール（CD）
［D］一九九二年十一月九日・国立演芸場（DVD）
［E］一九九三年九月二十二日・芸術座（CD）
［F］二〇〇三年十月二十一日・京王プラザホテル（DVD）
［G］二〇〇六年十二月十九日・よみうりホール（DVD）

［A］は三十八歳の談志による口演。

冒頭、女房は泣いているのではなく、伝法な口調で「半纏一枚で帰ってきやがって、細川の屋敷で取られてきたんだろ」と長兵衛をなじる。お久がいなくなったことを打ち明けてはじめて「どうすんのさ！」と涙声が混じってくるが、あくまで強い口調だ。ここではっきり「あたしの子だよ！」と女房が言うのは師匠小さんと同じで、「義理の娘」という圓生との違いが明確になっている。

女物の着物姿の長兵衛に藤助が「羽織貸そうか」と申し出てくれるのは圓生にも志

ん朝にもない演出。

佐野槌の女将は「博奕が好きなのか、それとも金に負い目があって離れられないのか」と問い、「自分の腕に失礼だと思わないかい？　そこまで育ててくれた親方に申し訳ないと思わないかい？　うちの蔵を見てみんなが誉めるから、あたしは鼻高々でお前さんの名を出すくらいなんだ。金でなんとかなるなら相談受けようじゃないか」と申し出て、長兵衛が芯からの博奕狂いではなく職人の腕を活かすことを確認して五十両を渡す。元の「腕のいい職人」に戻ってほしいという思いが前面に出ている演出だ。

五十両の返済期限は「来年の大晦日」。長兵衛が「来年の六、七月……」と言うのに対して「半年延ばしてあげよう」とするもので、圓生や志ん朝とほぼ同じパターンだが、談志の描く女将は長兵衛に対する親近感が他の演者とは段違いで、親身になって相談に乗っているのがわかる。

圓生や志ん朝は「そんないい腕を持ちながら」ということ以上に「こんないい娘を持って、なんだって博奕なんぞをするんだ」と責め、五十両を持って帰る父にお久が「お父っつぁん、あたしのことは心配しなくていいから、そのお金でまた博奕をしないでおくれ。おっ母さんが癪を起こしても、あたしがいないとおっ母さんの世話の焼き手がいないんだよ」と涙ながらに言う場面を人情味たっぷりに描いて「娘の健気さ」を強調したが、談志はお久が「お父っつぁん、あたしは大丈夫だから……」と言いかけると、「わかったわかった！　なにか言うな」と遮り、女将に向かって「こんなヤツですが気立てのいい……」と言いかけると、女将もまた「なにも言わなくていい、わかってるんだから」と遮る。談志の場合、女将はお久のためにというよりむしろ、長兵衛のために五十両貸すのである。

藤助に羽織を返して吉原を出た長兵衛は、「娘に意見されるようじゃおしまいだな……」と呟きながら吾妻橋にかかると身投げに遭遇。この口演ではわりと早めに「三十両にまからねぇか？」と切り出し、「弱ったなこりゃあ……しゃあねぇ、五十両やるから持ってけ」と諦め調子でポンと出している。「親切な江戸っ子」の典型で、後年の談志演じる長兵衛のような煩悶はない。むしろ志ん生に近いタイミングだ。

近江屋に戻った文七が五十両を差し出すと、主人（善兵衛）が「番頭さん、だから私が言ったでしょう、こういう若い者に五十の百のという大金を触らせちゃいけないって。お前さんの気持ちはわかるけどね」と言い、善兵衛が自ら文七に「お前は陰日向のない、いい男だ。仕事に一所懸命、道楽はない……一つあるんだ。お前は碁になると夢中だ。碁ならいいと思っているんだろうが、間違いを起こせば碁でも酒でも女でも同じなんだ」と切り出して事情を明かし（圓生や志ん朝のように番頭任せではない）、問い質す。命を救われ五十両をもらったと聞き、「いい話だな、番頭さん。こういう話を聞くと、生きてるのもまんざら悪くないな」と言う善兵衛の台詞が清々しい。

金をくれた男の身元がわからないと文七が言うと、番頭が割って入って「娘が身を沈めたという見世の名、私が言うと思い出すかな？　ちょっと言ってみよう。チョンチョン格子じゃないな。三浦屋か？　違う？　半蔵松葉か？　違うか。玉屋山三郎、海老屋、佐野槌」と大見世の名を列挙、「もういっぺん……佐野槌です」と思い出す。後年に比べると列挙する見世の数が少ないが、「大見世を列挙する」スタイルはすでに確立している。主人が番頭に「偉いけどよく知ってるね」と言いつつ、「ハッハッハ、皮肉を言ってるんじゃない、過ちの功名だ、お前さんのことだから心配してないがな」と付け加える口調が爽快だ。

長兵衛宅を訪れると「横山町三丁目の近江屋善兵衛」と名乗るが鼈甲問屋とは言わ

ない。金を長兵衛に受り取ってもらった近江屋は「この文七は遠い親類に当たりますので、行く行くは店を持たせてやろうと思っておりますが、ぜひ親方のような情け深い江戸っ子侠気のある方に親代わりになっていただいて、手前どもと親類づきあいを」と申し出る。長兵衛の口調が実に小気味よく、近江屋もまた好人物に描かれていて、「いい話」としての説得力が充分にある。美談としての『文七元結』を爽やかに演じていて、後年の「この噺をどう捉えたらいいのか」という疑念が感じられない。ラストは「元結が評判になったというおなじみの一席でございます」とサゲているが、後年と異なり文七の開いた小間物屋の場所を「茅場町あたり」としている。

四十二歳の談志が演じた［B］では人物造形の深みが増している。藤助が長兵衛にタメ口をきく軽さ、お久の行方が知れて「よかったね！　よかったね！」と長兵衛に言う女房の母心などが談志らしい。長兵衛と佐野槌の女将の会話も、［A］よりさらに親近感が増している。女将が長兵衛を叱る口調は出入りの職人に対しての小言というより母親のようだ。ここで女将は左官としての長兵衛の腕のよさについて「落雁肌に塗れるっていうじゃないの」という言い方をしている。「落雁肌に塗る」は、圓生や志ん朝は用いなかったが、圓朝の原作の導入部にあった表現だ。博奕はやめられないのかと訊く女将に「博奕はそれほど好きじゃない、誘われてやってみたら儲かるんで仕事するよりいいと思って毎日やってたら大きく負けて、取り返そうとしてどうにもならなくなった」と説明する長兵衛の口調に深刻さがないのも特徴的で、「開かない千両箱を持ってる了見で」博奕にハマったという言い方がわかりやすい。そして長兵衛は自ら女将に「なんとかなりますか、お願いできますか」と切り出す。談志らしい展開だ。女将も「はいはい、そのつもりで呼んだ」と即座に応えるのが気持ちいい。いつ返せるのか「気取ってないで本当のことをお言い」という台詞にも親しみがある。

お久を預かった女将は「この娘は見世には出さない、あたしの身の周りのことをやってもらう。習い事もさせてあげる」と言ったあとで、こう迫る。

「だけど長兵衛さん、話はここからだよ。来年の大晦日、一日でも遅れたら嫌だ。どんなわけがあってもあたしは嫌だよ。それともう一つ、途中でまた悪さが出たって話があたしの耳に入って、それが本当だってことになったら、話はこれまで。あたしは鬼になるよ。見世に出す。嫌なら財布を置いて娘を連れて帰っておくれ。どうする長兵衛さん？　しっかり腹をくくって答えておくれ。長兵衛さん！」

この「腹をくくって答えておくれ」という一言は後年「性根を据えて返答おし！」という名台詞に進化していくことになる。

吾妻橋で遭遇した文七に対して長兵衛は最初は親身になって話すが、それでも飛び込もうとする態度に「死ね、テメェなんざ！」と反射的に言い、本当に飛び込もうとされて慌てる。「誰か通らねぇかな、そいつに渡すよ、ヤだなぁ……」と弱った口調で呟くが、誰も来ない。追い詰められた長兵衛は、「ああ弱ったなぁ！　……（文七に向かって）ちょっと待て！　待てって、この野郎！　待たないと承知しねぇぞこの野郎！　待てよ、腹が立ってるんだ俺は！　えれぇところに来ちまったって腹が立ってるんだ！」と文七に怒りをぶつける。この描き方は斬新だ。そして「授からねぇのか！」と口に出したとたん、「……授からねぇものはしょうがねぇか、持ってけほら五十両あるから」と諦めて財布を渡してしまう。一種の「潔さ」が感じられる長兵衛像だ。

近江屋の場面、財布が違う言いわけを饒舌に語る文七に、善兵衛は「あたしの小言をうわの空で聞いてるとしまいには怒りますよ」と切り出し、水戸様の屋敷で碁を打ったことを「お前から打つわけはないが、お前に隙があるから誘われる」という言い方でたしなめる。細やかな演出だ。真相を聞いて大慌ての文七が「私も不思議な顔をして見てたんだと思うんです、その人が言ったんです、娘さんがいて……」と五十両の謂われを長兵衛が語った状況から説明するのも談志らしい。なぜ長兵衛が身の上を語ったかに対する談志自身の理屈づけから生まれた演出かもしれないが、他ならぬ文七がそれを口にすることによって、吾妻橋の場面では人となりが今ひとつわかりにくかった文七のキャラが、グッと身近になる。

番頭が列挙する大見世の名はグンと増えた。「松葉屋かい？　半蔵松葉。違うかい？　角海老、違う？　三浦屋、金瓶大黒、文四大黒、大菱屋、丁字屋、梅屋、鶴屋、佐野槌、違うかな」と聞いて文七が「もういっぺんお願いします」と言うと、番頭は再び「松葉屋半蔵、三浦屋、玉屋、大菱屋、丁字屋、大文字、佐野槌」と微妙に異なるラインナップを列挙、「佐野槌です！」と文七が思い出す。これだけ並べられたら善兵衛が「詳しいねぇ。ほどほどにしなさいよ」と呆れるのも当然、「いえ、あの、吉原細見という……」と慌てる番頭の反応も含め、大きな笑いを呼ぶ談志ならではの見せ場となった。

長兵衛宅の場面では、近江屋の気品と風格、それに応じる爽やかな長兵衛、この二人の会話が心地よい。ここは単なる「締めくくり」ではなく『文七元結』の「人情噺としてのハイライト」で、ここでどこまで感動させてくれるかが重要なポイントだが、この場面での爽快さが談志は突出している。

お久が身請けをされたと聞いた長兵衛が談志お得意の泣き節で「こんないい日は初めてで……ありがとうござんす」と礼を言った瞬間、感動がマックスに。文七が店を持ったのは［A］と同じく「日本橋の茅場町」としている。

［C］になると、お久が佐野槌の女将に言う「お金を女将さんからお父っつぁんに渡して意見してください」という台詞に「女将さんの意見だったら聞くと思います」と付け加えられている。この一言で、この女将と長兵衛との関係性がより明確化するとともに、談志演出では直接の発言がほとんどないお久の人物像も見えてくる。

吾妻橋では、死のうとするわけを長兵衛に訊かれた文七が「言ったたって無駄じゃありませんか、あなたに」と生意気な口のきき方をするのに対し、「なんだ、嫌な言い方しやがって……ああ、このなりだからか。なりはこれでも腹の中には五月（さつき）の風が吹いてら、心配するな」と返す長兵衛の江戸っ子気質が印象的。

「死んじゃいけない」と言い残して去ろうとする長兵衛、欄干に手を掛けた文七を引き剝がすため再び殴りつける。文七は「身寄り頼りもない私を遠い親類だというだけで今のご主人様が今日までにしてくれて、そのご主人様の五十両を盗られて生きてはいられない」と泣き声で訴え、長兵衛は「五十両、なんともならねぇんだろ、だからしょうがねぇから死ぬ……のはいけねぇんだってわからねぇかな」と混乱気味。関わりがないんだから行ってくれと文七は繰り返すが、長兵衛は「ここまで関わりができちゃったら今さら……」と弱り果て、思わず五十両やろうとして「いけねぇ……いけねぇんだ」と自分に言い聞かせる。「三十両にまからねぇか」というのは切実な台詞だ。

「じゃあ死ね、死んじゃえ……（再び飛び込もうとするので）いや待ってくれ、嘘嘘嘘……死んじゃいけねぇ……待てこの野郎！　動くんじゃねぇ、コン畜生！　お前、こんな……」と追い詰められた長兵衛、ついに空を見上げ、「お久、勘弁しろ、しょうがねぇや。授からねぇんだ俺には……」と諦め、「五十両やるから持っていけ」と財布を落とす。［B］に比べるとだいぶ葛藤した末の諦めだ。財布を出したあとの「俺はメチャクチャなんだ！　俺はメチャクチャだけど娘は偉いんだ！」「そんなお金はもらえません！」「持ってけこの野郎！」「助けてください」「助けてほしいのは俺だ、この馬鹿野郎！」というやりとりの迫力は談志ならでは。地で「長兵衛はもう足音も聞こえない、霧の中に消えちゃった」と語って鮮やかに情景を浮かび上がらせるのは志ん朝の演劇的な演技と好対照だ。

近江屋に戻った文七は、［B］では友達に会ったというだけだったが、その二年後の口演である［C］では「吾妻橋で友達に会ったら、その友達が酒と博奕でお金を使っちゃって死んじゃうって言うんで、死んじゃいけないって助けて、財布を友達と換えて……」などとつくり話を重ねて遅くなった言いわけをする。そんな文七を「甘えてるのかい！」と叱る近江屋善兵衛。「五十両で死なれたら店の名に傷がつく」と言い、翌朝「眠れなかった」と言う文七に「当たり前だ。眠れるって言ったら、お前クビだよ」という言い方をするあたりに威厳を感じさせる。この近江屋、［A］［B］ではなんの店だか言及がなかったが、ここでは「飾り問屋」としている。

長兵衛宅で善兵衛は「商売の裏を教えるのが人の道だと思っていたが、表を教えなきゃいけなかった」と言い、文七に「本当のこと」を教えてほしいので、文七の親代わりになって親類づきあいを、と長兵衛に頼み込む。長兵衛がそれに感激して「おたくみたいにあんな大きな手広いのとあっしみたいな左官屋が親戚づきあいなんて、鼻が高ぇのなんのって!」と素直に喜んだあと、「ホント? 嘘言うと怒るよ」と付け加えるのが可愛い。お久が「引かれてきたの」と帰ってきて、あまりのうれしさに「ありがとうござんす」しか言葉が出ないのがリアルだ。

この口演では文七が小間物店を出したのは「麴町貝坂」としており、以降それで通している。

談志五十六歳の[D]では「美談でもなんでもない、どうしようもなくなって五十両くれてやっただけ」という解釈で吾妻橋の場面を完全につくり替えた『文七元結』が聴ける。

佐野槌の女将、近江屋善兵衛の描き方も見事だが、際立っているのが吾妻橋での「追い詰められて混乱していく長兵衛」の描き方。「これぞ談志!」という究極のリアリズムだ。

佐野槌の場面も[C]までとはだいぶ変わった。女将はお久から聞いた話を長兵衛に伝え、「それでいいの？　この子を女郎にしていいの？」と訊く。長兵衛が「ダメですよ！」と即答すると「じゃ、どうするの？　博奕続けてなんとかなるの？」と迫る。煮え切らない長兵衛に「お金があれば仕事するの？」と女将は質問を変え、腕がいいんだからなんとかなるんだろ、と畳み掛ける。

五十両を受け取った長兵衛が来年の暮れに返せると言うのを受けて、女将は「じゃあ二年待つ。大晦日に持ってきな」と言う。［C］までの「来年の大晦日」から一年延びている。［E］［F］［G］も、同じく「再来年の大晦日」だ。いくら腕がよくても一年で五十両貯めるのはさすがに無理がある、という談志の考察が反映された結果である。「一日でも遅れたら見世に出すよ。悪い病を引き受けて目が見えなくなるの腰が抜けたの、命がなくなるのってことにならないとはかぎらない。そのときに私が恨まれるなら嫌だ、この話なかったことにしよう。どうする？　嫌なら娘を連れてお帰り。はっきりしな！　顔を上げておくれ！」と迫る女将の貫録が以前よりも増している。

娘を残して吉原をあとにする長兵衛。「ああ畜生！　みっともねぇなどうもなぁ！　子供だ子供だと思ってたら、あんなンなってやがった……」と嘆きながら吾妻橋に掛かり、文七と遭遇。「生涯掛かって返せ。死んじゃうとなんもなくなっちゃうぞ、悪いことだけしか残らねぇんだ、死ななきゃならないときには世の中が殺してくれるんだから心配いらねぇんだよ」と、自らの語彙を精一杯駆使して説得を試みる長兵衛は実に魅力的であり、その必死な姿に観客は引き込まれずにはいられない。

ここでの文七は「どうぞ行ってください」と「五十両盗られたんです」を最初に短く言うだけで、あとはほとんど長兵衛の独り語り。まさに「長兵衛にスポットを当てた演出」で、志ん朝とは正反対だ。

再び飛び込もうとする文七を引きずり落とす。「五十両くらい……なんともならねぇよな。そうか、ならねぇな……だけど、気を落ち着けてな……どっか遊びに行くか？　……なんだよ！」「どうぞ行ってください」「行ってくださいって……死んじゃいけねェよ！（懐に手を入れて）誰か通らねぇかな、譲ってやるよ」と見渡したあと、「もういい、死ね。そういうもんだ、死にてぇ奴は死んだほうがいいのかもしれない（即座に飛び込もうとするので抱きついて）ち、違う……」と呻く長兵衛は完全に困り果てた表情だ。

「ああ、わかんねぇ！　動くなコン畜生！　なんだいこれァ！　誰か俺を助けてくれ！　誰か……」

泣きそうな顔で左右を、上を見渡すが、誰も助けてくれない。懐に手を入れて財布を探り「授からねぇのか、おい……」と放心したように呟くと、「五十両やるから持ってけ」と言って財布をポトンと落とす。


呆然とする文七に向かって「娘が偉ぇんだ」と事情を話しながら感極まっていく長兵衛。

「いいよ！　俺は死なねぇもん。カカァだって生きてく。お久も女郎ンなったって死なねぇよ」という長兵衛の台詞には一種の清々しささえ漂う。それでも四の五の言う文七に苛立ち、「テメェは死んじゃうからいけねぇってんだ、わからねぇなこの野郎！」と五十両をぶつける。それが金だと文七が気づいたときには、長兵衛は霧の中に消えて見えなくなっていた……。

「八方塞がりの状況を解決する手段として五十両を出してしまう」という解釈による談志の『文七元結』の完成形である。


近江屋に帰ってからも文七は、遅れた言い訳をする以外は「盗られたんだと思って身を投げようと」とか「助けてくれた人が五十両くれたんです」などといった最小限の台詞しか言わず、主人の「くれた？　汚い格好した人が？　うんうん、え？　売った金を……そうか……長く生きてるとロクなことがないと思ってたが、こういう話があるんだ。それで？　そりゃそうだろう、で？　金ぶつけて逃げちゃった？　はぁ……それで相手の……わからないか。番頭さん、どうしよう」という独り語りで進んでいく。冗長さを排した談志らしい演出だ。

番頭が大見世の名を列挙するシーンは相変わらず楽しい。

「まず有名なのが角海老。あと松葉屋、半蔵松葉だ。玉屋山三郎で火焔玉屋。大黒屋金兵衛、これは金瓶大黒っていうんだけどね。大黒屋文四郎、文四大黒っていう。尾張屋、梅屋、丁字屋、大菱屋、大文字屋、佐野槌、熊造丸屋……」

談志の吉原への憧憬を込めた落語に『二階ぞめき』があるが、『文七元結』におけるこの言い立てにも、そうした談志の思いが色濃く反映している。『黄金餅』における下谷（したや）の山崎町から麻布絶口釜無村（ぜっこうかまなしむら）の木蓮寺までの道中づけ同様の「名場面」と言えるだろう。少しずつ範囲を狭めていってついに「佐野槌」という名を思い出す志ん朝のドラマティックな演出と双璧だ。

ラストは「文七元結といってたいそう繁盛したといいます」と言ったあと、「そんな幸せのある日々」と続けて長兵衛夫婦の会話へ。「オッカアよぉ、今だから話せるけど、あんときは恥も外聞もなく、テメェなんざ法被まとってるだけの素っ裸で飛び出して……」「そうだね、私はあのとき裸になって、初めて人の心がわかったよ」とサゲている。

翌年の［E］も［D］とほぼ同じ演出で、吾妻橋は長兵衛の独り舞台。死ぬわけを訊いても「行ってください」しか言わない文七を長兵衛は「言わねぇか！」と殴りつけ、「言わねぇともっと殴るぞ！」と脅して答えを引き出す。

「死んじゃダメなんだよ、死んじゃいけねぇから生きるんだよ。生きるためには金が……わからなくなってきた……動くなテメェ！　死んじゃいけねぇってのに……ああ弱った！　おい、助けてくれよ！」

長兵衛は、相手を助けるのではなく自分が助けを求めて周囲を見回すが、誰も来ない。「動くな馬鹿野郎！」と泣き声を振り絞ると、「授からねぇのかよ……五十両やるから持ってけ」と財布を出すことになる。

文七が死のうとしたと聞いた近江屋は［C］のように「店の名に傷がつく」という

言い方をするのではなく「馬鹿なことをするんじゃない、人間、死んじゃいけないんだ！」と叱り、文七が「その人もそう言ってました」と返す。

この近江屋が長兵衛宅を文七と共に訪れ「日本橋の近江屋善兵衛と申します」と名乗ると長兵衛は「ああ知ってるよ、飾り問屋ね」と即答する。それだけ名の知れた大店ということで、「親類づきあいを」と言われた長兵衛、「おたくみたいな大きなところが後ろ盾って……親類になっちゃうんだよ、半纏着ておたく入っちゃうよ？『おうっ、元気ぃ？』とか言っちゃうよ？……うれしいなぁ！俺ァうれしいよ！」と無邪気に喜ぶ。

最後は［D］と同じように幸せな日々を送る長兵衛夫婦の後日談。

「あのときはよく恥ずかしくなかったなぁ」

「あたしはあのとき素っ裸になって初めて人の世がわかったの」

三十代から四十代で磨き上げた得意ネタをいったん疑ってかかり、自らの落語論に基づいて再構築したのが五十代の談志だったが、六十代に入るとさらに進化を見せる。

六十七歳の談志が演じた［F］では、博奕で借金まみれの状況を他人事のように話す長兵衛に呆れた佐野槌の女将が「いくらあれば借金返して仕事できるの？」と訊き、「落雁肌に塗れる腕に申し訳ないと思わないのか」云々はいっさい言わず、返済の期限も告げずに、ただ五十両を渡す。「これ……お久は女郎になっちゃうんですか」と尋ねる長兵衛に「そうそう、貸すっていうより買ったってことかな」と女将が答えると、「それダメですよ、貸してくれるって」と長兵衛が気づき、そこで初めて「じゃあ返してもらうまで私が我慢しよう。この子はうちで預かる。再来年の大晦日までに返してくれれば利子もいらない」という話になる。

五十両持って吉原を出た長兵衛、「なんだったんだろう今まで……事がこんなっててると思わねぇ俺がおかしいんだな……」と思案しながら吾妻橋へ行くと、文七に出くわす。長兵衛は「江戸っ子だから目の前で火事があれば飛んでいく」のと同じで、放っておけないと言い、「江戸っ子だ、命だってくれてやらぁ」と啖呵を切ったあと、わけを話そうとしない文七を締め上げ、殴りつけて、たまらず文七が事情を話す。

ご主人様にわけを話して働いて返せと言っても死のうとする文七に「困ったな、お前……俺も困ったよ」と長兵衛が言うので、文七は「なんであなたが困るんですか、会わなかったことにして行けばいいじゃないですか」と言い返す。「会っちゃったじゃねぇか、なんとかするって言っちゃったから、江戸っ子だから……三十両にまからねぇか……わかったよ、お前の言うとおりだ。通らなかったと思えばいいんだ、誰も通らないのに通った俺が悪いんだ」と去ろうとするものの、すぐ飛び込もうとする文七を引き留めずにはいられない。「なにか言うなよ……なにか言うんじゃねぇ、コン畜生！……アーッ！」と懐の財布を出してポンと落とし、「五十両やろう」と静かに言う。

「D」のように激しく煩悶せず、ただ成り行きでそうなった、という感じ。佐野槌での女将とのやりとりでも長兵衛の成り行き任せで場当たり的な性格は明らかで、この長兵衛像は談志演じる居残り佐平次の「人生成り行き」に近い。

感情が高ぶるのは身の上話をして「不動様でも金毘羅様でも、吉原の佐野槌のお久って娘が悪い病を引き受けねぇように祈ってくれ」と涙ながらに五十両をぶつけるときだけだ。

近江屋の場面でも、事情を涙ながらに話す文七の存在感が大きくなっていて、「D」とだいぶ違う。

長兵衛宅を訪れた近江屋は「もしも親方がお通りにならなければ……こんなことを

言っても親方はお喜びにならないでしょうが、手前どもで町内でお金を出すことがあっても『両』とまでいくことはまずありません、『分』どまりでしょう。この世の中に、商人として儲けることばかりに頭が行ってた、それはいけないと思っていてもどこかに油断が……そんなことを一晩考えました。ありがとうございます、生涯の勉強をさせていただきました」と言ってから五十両を返そうとする。この近江屋の謙虚な人柄が心地よい。

その五十両を「やったんですから」と受け取ろうとしないのも、この日の「成り行き任せ」な長兵衛であれば説得力がある。受け取った長兵衛が「あなたは五十両くれたんですよ、知り合いでもないあっしにくれたんですよ、おかげで助かります」と涙ながらに感謝するという描き方も気持ちいい。

エンディングは「たいそう繁盛したというおなじみのめでたい文七元結……だけどこれやってってね……照れるから感情注入だってやりようがねぇんだよな。だからこれ、メチャメチャにしてやろうかと……」と、この日の「成り行き任せ」な演出について語り、「言い訳みたいなのをつける」と長兵衛夫婦の後日談へ。

「俺たちは幸せだなぁ」

「でも、あのお金が出てこなかったらどうするつもりだったの？」

「え？」

「前から訊こうと思ってたの。出てきたほうがおかしいんだよ。向こうが思い出してくれたからいいけど」

「ああ……そうか、あれが俺にとって最後の博奕、一世一代の大勝負だったんだな。あれで俺ァピタッと博奕をやめられたんだ」

「はあ……うまいこと言いやがったね……そうかもしれないね」

「そうだよ。だけどお前も、貧乏だからって、よく裸で出てこられたな」

「私もあのとき、裸になって初めて人間がわかったよ」

成り行き任せの江戸っ子としての長兵衛のキャラが自在に動く、六十代の談志らしい『文七元結』。談志自身、あえて自身の型を崩して全編アドリブで演じたこの日の高座に満足していたようだ。

［D］［E］で完成の域に達した『文七元結』を［F］ではあえて壊してみせた談志だったが、三年後の［G］では再び［D］に近い演出に戻っている。

自身の作品としての『文七元結』の集大成を見せておこうと意図したかのような高座だ。

死ぬしかないと思い詰める文七に「死んだって、女とか博奕かなんかで使っちゃったと思われたらバカバカしいだろ？　だったら一所懸命働くとか、親とか親類とか……え、なんにもないの？　今のご主人が遠い親類で可愛がられて？　だったら盗られるんじゃねぇバカヤロ！　まあいいや、一所懸命そこへ尽くせ、何年かかっても金を貯めて返せ。返した金、尽くしたという気持ち……そうすればお前もご主人様も両方が報われるんだ」と説得し、去ろうとするがまた飛び込もうとする。「動くなこの野郎！」と言いつつ、「ああ、なんだかわからなくなった……五十両……それじゃ俺がいなくなって……いなくなってから死ぬったって……」と考え込んでいるうちに、面倒くさくなったように「ああもういい、くれてやらぁ」と財布を放り出す。「授からねぇのか」も「お久、勘弁な」もない。張りつめた糸が切れた、という感じだ。

翌朝、訪れた近江屋と文七を無愛想に迎えた長兵衛は「親方！　ゆうべ吾妻橋で助けていただき……」と言う文七を見て表情が一変、「あっ！　テメェだ！　テメェだよな！　テメェ飛び込もうとしたとき俺、止めたよな！　止めて俺、五十両やったよな！　やったよな！　受け取ったよな！　受け取ったな！　やったな！（クルッと女房のほうを振り返り）ザマァ見やがれ！」で場内爆笑。談志ならではの痛快なヒトコマだ。

置き忘れたのだと聞いて「え？　忘れたの？　バカヤロ、だから言ったじゃねぇか、死んじゃって金が出てきてもしょうがねぇって。（近江屋を見て）こういうモンに金預けちゃダメだよ、おい」と言う長兵衛。志ん朝と対照的に淡泊な対応の中に「生きててよかったじゃねぇか」という思いを込めた談志らしい演出だ。

ひたすら平伏する近江屋の姿に笑いが起こり、長兵衛は怒るでもなく「へぇ……あ、そう。商いのことはわからないが」と続ける。こういう台詞はほかで聞いたことがない。

いったん文七にやった金は文七のものと言い張る長兵衛の袖を女房が引っ張る場面では、軽く左の袖を引いて視線を摑まれた袖へやり、袖を払って左を向くだけで、身体は傾かない。一回、二回と袖を払って話を続けたが、三回目には左を見てうなずき「もらう」と一言。金を受け取った長兵衛は「この金もらっていいんですか？　返してもらうんじゃない、これ、もらうんですよ、おたくからの生涯の借りみたいなもので」と念を押す。

圓生も志ん朝も「このことは内緒にしておいてくださいよ、口の悪いのが揃ってるから、あの野郎いったん人にやった金を返してもらって懐に入れたなんて言われると……」という具合に体面を気にするが、この長兵衛はそんなことはまったく言わず、「ありがとうございます……ありがとうございます」とただただ感謝する。

近江屋の「商売の道は教えましたが、人の気持ちというか、了見というものを教えてなかったと恥じ入りました。世の中のいろいろなことを教えていただきたく、この文七の親代わりになっていただきたい」との申し出に長兵衛が「こんなこと（花札やサイコロの仕草）の親ならできるけど」と返すと、近江屋は「そういうのができる方に親代わりを」と笑って「手前どももひとつ、親類づきあいを」と付け加える。二つ別々ではなくセットになった申し出で、長兵衛は「親類づきあい」に感激してそれを受ける。

最後は「文七元結の由来という、これでおしまいなんです」と締めて拍手を浴びたあと、「これだけじゃどうにもならないんで、このあとをちょいと演ります」と、［F］と同じ長兵衛夫婦の後日談でサゲた。

この高座は毎年談志が『芝浜』を演ることで知られる独演会で、「期待を裏切る」ような形で『文七元結』を演ったもの。「老い」と「体調不良」によって技術的に不完全な高座になったと談志自身は振り返ったが、感動のエンディングと爽快な後味には、『芝浜』を期待して来た観客を満足させるだけのものがたしかにあった。

陽気な人情噺——圓楽

六代目圓生の総領弟子、五代目三遊亭圓楽は、圓生の『文七元結』を覚え、そこに工夫を加えて自分なりの『文七元結』をつくった。圓生と同じくお久が先妻の子という設定で、冒頭の夫婦喧嘩の際に女房はこういう言い方をする。

「お前さんが博奕に負けて帰ってきて、あたしのことをぶったり蹴飛ばしたりするだろ。お前さんは酒飲んで寝ちまうからわからないだろうけど、あの子は涙ボロボロこぼしながら『おっ母さん、さぞ痛いでしょう、ごめんなさいね、でもお父っつぁんだって決して悪気があってやったんじゃないんだから、許してあげてね』ってあたしのぶたれたところを冷やしたり、撫でてくれたり……こんなことを言うとお前さん嫌だろうけど、あの子はあたしのお腹を痛めた子じゃないよ、先のおかみさんの子だよ。だのに、実の子だってあんなに親切にしてくれるもんじゃないよ」

佐野槌の女将が昔のお久を知っていたのも「先妻の子」という設定が関係している。

女将は呼びつけた長兵衛にこう言う。

「ゆうべ大引け過ぎに女の子が入ってきて『女将さん、お久しゅうございます』って言うから『どなた？』って訊いたら『お見忘れですか？　本所達磨横丁、左官の長兵衛の娘、お久です』って言うからビックリしたよ。こんなにきれいになったかと。たしか、先のおかみさんが亡くなって、まだお久ちゃんが小さかった。『仕事場に娘を連れて来るなんて世話場で嫌なことだが、女房がいねぇ。一人で家に置いておくのもかわいそうだから連れて来ました』ってお前さん、あたしに頭を下げたね。あたしが駄菓子なんぞをあげると『おばちゃん、ありがとう』ってうれしそうな顔をした、あの小さな可愛らしいお久ちゃんが、こんなに大きくなったのかと。それに本当に器量がいい。それだけに、なりの汚さが目立ってね……」

こういう演り方は圓楽だけだ。

談志が「女将さんの意見なら聞くと思います」とお久に言わせているのと同様に、

圓楽もお久に「女将さんの言うことだけはどういうわけかうちのお父っつぁんはよく聞きますから、女将さんから、もう賭け事に手を出さないように意見してください」と言わせているが、圓楽版の女将は、長兵衛にこういう意見の仕方をする。

「親が馬鹿なら子供が利口。お前さん、博奕を打つなじゃないよ、酒を飲むなじゃない。『酒も飲みなよ博奕も打ちな、たんと稼いだはしただけ』。家の者に泣きを見せるような遊び方ってぇのは男じゃないよ」

吉原で大見世を仕切る女将らしい表現だ。

それに対して長兵衛はこう弁明する。

「あっしはべつに楽しくてやったわけじゃない。ただ、ここんとこ景気がよくねぇんだ。お久も年頃だ。近所の同い年がみんないいなりをしてる。あっしはお久に着物の一枚、かかぁに帯の一枚も買ってやりたい。細川の屋敷を覗くと丁だ半だと山のような銭だ。あれがひとつ目と出て残らず俺のものになったら着物や帯が買ってやれると、つい手を出した。それが深みにはまっちまって、もうにっちもさっちもいかないんだ。勘弁してください」

それを聞いて女将は「そうかい、じゃああたしがお久ちゃんを買おう」と言って五十両を渡し、「財布はお前にあげる。中身はやるんじゃない、貸すんだよ」と言って、期限を来年の大晦日、除夜の鐘が鳴り終わるまでと決め、そのうえで「それまでは見世に出さない」と言う。

「お久ちゃんに礼を言いなさい」と言われた長兵衛は「お久、すまねぇ、親父が甲斐性ねぇばっかりに……」と娘に詫び、女郎衆にひっぱたかれても我慢しろ、五十両持ってきて必ず連れて帰るからと約束するが、お久から父への語りかけはいっさいない。お久が涙声で「お父っつぁん、あたしのことはいいから、そのお金で博奕をしないでね。おっ母さんが癪を起こしても、あたしがいないと世話をする者がないから……」と父に訴える圓生の演出とは正反対だ。

吾妻橋の場面では、八代目正蔵の「五十両、ポーンとやっちまえ」という芸談を取り入れている。

まずは力ずくで欄干から引き剝がした文七にわけを聞き、五十両くらい親類縁者から借り集めて働いて返せばいい、死ぬんじゃないと言って、「とりあえず帰りな、俺は行くよ」と去ろうとするが、すぐに飛び込もうとするのでそれを引き止め、「どこまでついてないんだ、もう少し早くかもう少し遅く橋を渡ればテメェに会わずにすんだ……」と呟き、「この世の中には生きていたいと思っても生きていかれない人が幾人もいるんだ。なのにテメェみたいに達者な奴が死ぬんじゃない」と文七を諭す。

ここで「ものは相談だが二十両にまからねぇか」と訊くのは演者圓楽自身の「やはり娘のことを考えて逡巡するだろう」という実感が言わせている台詞だが、「五十両きっちりないとダメなんです」という文七の言葉を聞いた長兵衛は、「五十両ないとダメなのか、おい、これ持ってけ。五十両ある」とすぐに財布を出す。何度も財布を出そうとしては引っ込める圓生とは異なる、正蔵からの影響が強い演り方だ。

圓楽版の長兵衛の身なりの酷さは突出していて、女房から引っぺがした着物は「着てるから着物で脱げばボロ」という雑巾並みの酷さ。佐野槌に来た長兵衛を追い返そうとした女中が「ボロッ布が風に吹かれて飛んできたのかと思いましたよ」と言ったくらいだ。その「ボロッ布が風に吹かれて飛んできた」という表現を近江屋で文七も用いて笑わせるのが圓楽らしい。

「佐野槌」という見世の名を文七が思い出し、吉原を知らない旦那が奉公人の久造を呼び出して「佐野槌という見世を知らないか」と尋ねると「知らなきゃモグリですよ、大門を入って左に曲がって……」と口を滑らせてしまう、という展開は圓生そのままだ。

ちなみに圓楽の描く文七は「小林様と中村様が碁を打ってるところに横から口を出して『そんな手はいけません』『それじゃ負けます』などと言うものだから小林様がカッとして『じゃあ文七、お前が打て』と言ったので」立て続けに打ち続けたという男。そこまで軽率な文七も珍しい。

長兵衛宅を訪れた文七を見て、「あっ、お前だ！　俺はお前を助けたよな、五十両やったな」と確認した長兵衛、「ザマァ見やがれ！　ちゃんと証人がいたじゃねぇか、それをテメェは『人助けなんてする男じゃない、飛び込もうとしたらご苦労さんって押す奴だ』とか言いやがって……」と女房に怒鳴ったあとで、「いや旦那、気にすることはありません、あっしは屏風に物を言う癖があってね」とごまかし、文七に「で、ちゃんと旦那に金を渡したか」と尋ねる。それに対し文七は「はい、お渡ししました。ところが、あれは巾着切りに盗られたんじゃない、私が碁が好きでお屋敷で碁を打っていたときに、そばに五十両置き忘れたので……」と自分で真相を打ち明ける。

圓生も含め、たいていの演者は近江屋が真相を語って詫びる演り方で、こういう演り方はあまり聞かないが、圓楽自身も当初は普通に演っていて、ある時点から変えたようだ（一九八〇年十一月の「東横落語会」では近江屋が打ち明けたが、一九八三年二月の「にっかん飛切落語会」と同年三月の上野鈴本演芸場での独演会では文七が打ち明ける型に変わっている）。

近江屋は、まず「商人は金が命、すべてが金、金、金で生きてきました。しかし親方のような方がいる、世の中は金だけじゃないんだと知りました。これから親戚づきあいをお願いいたします」と申し出て、「それはよそうよ」と言う長兵衛に「いえ、私は親方の御心をいただきたいのです」と念押ししたあと、答えを待たずに「五十両をお返しします」と切り出す。「親代わり」とか「後見」といった話は出てこない。

五十両を受け取らないという長兵衛の「吾妻橋で俺はこの金に『俺の懐にいてぇか』って訊いたんだよ。そしたら『いたくねぇ』って言いやがった。俺を嫌った金だ、いらねぇよ」という言い方、屏風の陰から女房に引っ張られたのを「うちは化物屋敷でして」とごまかして笑いを取るところなどは、圓楽が長兵衛宅の場面で「落語らしさ」を出そうとした演出だ。

身請けされて帰宅したお久は長兵衛に「こちらの方があたしを身請けしてくださっ

て、あたしはもう家にいていいんですって。お父っつぁんはもう借金はないんですって」と言う。これは、「近江屋がお久を身請けした」＝「近江屋が長兵衛の借金を肩代わりして五十両を佐野槌に支払った」ということを観客にわかりやすくするために、あえて説明的にしたのだろう。

圓楽は『文七元結』を「面白い人情噺」にしようと、冒頭とラストの夫婦喧嘩のシーンを派手に描き、笑いの多い陽気な演出法をとった。

冒頭で、腰巻を売ったことについて女房に「負けて帰ってきて、なんか質草はないかって言うから、なにもないって言ったら急にあたしを押し倒して、あたしはうれしい、久しぶりだ、と思ったら腰巻を外して質屋に持ってっちゃったじゃないか」と言わせたり、エンディングでは裸同然の女房を見て近江屋が喜んだりといった際どい演出も圓楽が演るとイヤらしくない。

圓楽らしい豪快な『文七元結』だ。

美談ではなくいい話――小三治

柳家小三治は一九九〇年十月三十一日の上野鈴本演芸場での独演会で『文七元結』を演じ、それを録音したものがソニーからCD発売されている。

小三治はこの年の八月三十一日に『文七元結』をネタおろししたばかりで、それからわずか二ヵ月後の口演だが、これが実にいい。基本的には圓生版に近いが、「お久は先妻の子」という設定は採用していない。

冒頭、藤助が来て「お久さんは手前どもにおいでですよ」と告げると、長兵衛は「吉原へ？　油断もスキもねぇなあ、物騒な世の中じゃねぇか！　どんな野郎が連れ込んだ……」と、お久がさらわれたものだと思い込む。たしかにそのほうが自然だ。

佐野槌に来た長兵衛が「おっ母ぁに言えば向こうの簞笥にいくらでもいい着物が入ってるじゃねぇか」とお久が汚い身なりで来たことを責めると、女将は「お前もいいのを着てくればよかったじゃないか」と皮肉を言うだけでなく、「いくら出入りの者だからって、そんな格好でこういう所へ来る人がありますか」とストレートに長兵衛を叱り、「通りすがりの職人が『あの蔵は長兵衛の仕事だから、いざってときに目塗りはいらないよ』って言ってるのを小耳に挟んで、私はどれくらい鼻が高いか。そんな腕を持ちながら、なんで博奕ばかりしてるんだ」という言い方をするのは小三治独特の表現だ。

五十両を渡すときにこの女将が「この財布、見覚えがあるだろ。亡くなった旦那が気に入って、しょっちゅう着ていた羽織の共布だ。この財布を見るたびに、あの旦那がお前に小言を言ってるんだと思って、仕事に精を出しておくれ」と付け加えるのは、圓生の演出に志ん生のニュアンスを加えたもの、という感じ。

吾妻橋から飛び込もうとする文七を引きずり倒した長兵衛は「吉原だな？　通いすぎで店の金を使い込んだってことか。……見ねぇ、真っ暗な中に吉原の空だけがボンヤリ明るく映ってら。お前はそれを冥土の土産にしようってんだろ」と、しみじみとした口調で言う。「私はそんな男じゃありません」と事情を語る文七に「死んだからって金は戻ってこない、お前が死んでも誰も喜ばない」と説いても、文七は「ご主人様に申し訳なくて」と言うばかり。だが、この文七の口調は誠実そうで、依怙地な感じはまるでない。だからこそ、お久と文七と夫婦になるハッピーエンドにも説得力がある。

「あなたのおっしゃることはわかりました」と言った文七が再び欄干に手を掛けたところからは、長兵衛の独り語りで進行していく。長兵衛にスポットを当てるという意味では談志に近い演出だ。

「死なねぇこと考えろよ。なにかねぇか？　お前の給金の中から少しずつ……わかってる、わかってる、とても返せる金じゃねぇよ、だけどよぉ……しょうがねぇなあ本当にこの野郎！　俺、こっから動けなくなっちゃったじゃねぇか！　おいでくださいってバカヤロ、俺がいなくなったら飛び込もうってんだろ？　俺ァ嫌だよ、俺が殺したみたいじゃねぇか、まるで。俺がいなくなったおかげであいつ死んじゃったなって思ったら、生涯、俺ァ、寝覚め悪いぜ」

誰か通らねぇかなと見渡しても誰も来ない。「どうしても死ぬのか。死なねぇことは考えられないのか」と静かに語りかける長兵衛の心は決まったようで、「やっぱり俺って男は金に縁がなかったんだな……」と悟ったように呟き、「おい、若ぇの、ここに五十両あるよ」と金を出す。そこに悲愴さは感じられない。追い詰められ方を劇的に描く談志とは対照的に、淡々としている。「お久を思って葛藤する」という要素を省くことで、押しつけがましい「美談」っぽさを排除している演出だ。

「そんな大金を見ず知らずの方からいただくわけにはいきません」と言う文七に「俺だってやりたくねぇよ」と言う口調も落ち着いている。「こんなみすぼらしいなりした奴が五十両持ってるはずがねぇと思うのも、無理はねぇ。持ってるはずはねぇんだよ、だけど今日にかぎってあったんだ。……まあついでだから話すけど、いろいろワケあってよ」と事情を明かす長兵衛は、あくまで冷静だ。

「大晦日、一日でも過ぎると娘は女郎になっちまうって、そういうことなんだよ。まあ、でもそれはいいや。これは今、お前にやっちゃったんだから。向こうに返さねぇって決めたんだ」

金毘羅様でも不動様でも棚吊ってお久のために祈ってくれ、と言うのもまったく同じ口調のままで、感極まったりはしない。

「俺のほうじゃ誰も死なねぇよ。カカァがギャーギャー言って、娘が女郎になるって、それだけの話じゃねぇか」

近江屋の場面では、番頭に事情を訊かれた文七が「お久」「佐野槌」といった名前を自力で思い出し、旦那が「文七、お前もよくその最中にそれだけのことを耳に留めたね、よくやったよ」と褒める。久造番頭が佐野槌の場所を訊かれて口を滑らせたときも、この旦那は「まあいい、うちは鼈甲問屋だ、吉原に明るい者が一人くらいいてもかまわない」と鷹揚だ。

翌朝の長兵衛宅での夫婦喧嘩では、女房の「あたしは我慢できない、これから佐野槌に行ってお久に会ってくる」に対して長兵衛が「テメェ、そのなりで吉原に行くのか？　細川の法被一枚で、その下は生まれたまんまじゃねぇか。だいたいテメェは胴が長いんだよ。俺だったら法被は腰まで、テメェはへその上じゃねぇか！」なんて言うのが小三治らしくて楽しい。

真相を知った長兵衛は文七に対し「なにぃ……忘れてきたぁ？　しっかりしろよ、コンチクショー！」と怒りつつも、近江屋に向かって、「だけど旦那、この人はね、大したもんだよ、お前さんにすまねぇから、すまねぇからってね、そればっかり言ってたぜ。いい若ぇ衆がいてお前さん幸せだよ」とうれしそうに言う。このへんは正蔵の演り方に近い。近江屋が金を受け取った長兵衛に「お願いがあります」と切り出すと、長兵衛は困惑した口調で「なんですかお願いって？　お宅の壁を塗るんですか？」と問い返すのも、そういえば正蔵に似ている。

この長屋の場面での長兵衛は、どこかトボケた口調で愛嬌があり、とても魅力的だ。実は、この「どこかトボケた口調」というのが演者である小三治自身に備わった大きな魅力で、有名な「長いマクラ」があんなにも面白く聴けるのはそこに理由がある。

この長兵衛の活躍によって、小三治の『文七元結』は「できすぎの美談」ではなく、ただ「市井のいい話」としての爽やかな余韻を残して幕を下ろす。

骨太な人情噺――権太楼

小三治の弟弟子で八歳下の柳家権太楼は、師匠五代目小さんの型をかなり忠実に継承しながら、そこに強烈な感情注入を行なうことで、権太楼らしい骨太の人情噺『文七元結』をつくり上げた。

博奕に凝って家の中は火の車、夫婦喧嘩の絶え間がない暮れの二十八日、というところまで地で語って長兵衛帰宅の場面へ。

お久がいないと聞いて男ができたんだろうと長兵衛が言うと女房は「そんな子じゃ

ないよ！　あたしの子だ！」と言い返し、長兵衛が「オメェ一人の子じゃねぇ、俺も入れとけ」と混ぜっ返す。女房が半泣きになって「探しておくれ！」と食ってかかると佐野槌から遣いが。

「藤どん、いい若い衆になりなすったな、こっちが年とるのも当たり前だ」

藤助に羽織を借りて女将の前に出た長兵衛がお久に「なんだって黙って出て行くんだ、こっちは心配でゆうべから寝てない」と小言を言うと、女将が「寝てないって、お前さんゆうべ家にいたのかい？」とチクリ……。このあたりすべて小さんゆずりで、女将が「風邪ひいて玉子酒飲んで寝ようとしたらお久が来た」というのも小さんと同じだ。

「なにも好き好んでこんなことやってるんじゃない、なんとかしようと思っているうちに深みにはまりこんで、もうにっちもさっちもいかねぇんだ。……このとおりだ、女将さん、助けておくんねぇ！」と頭を下げる長兵衛に女将は「助けようと思うからここに呼んだんだ！」と言い、五十両を財布ごと渡す。

「証文はいらない。この子が証文代わりだ。半年経ったら返しておくれ。そっくり返さなくてもいい、今月はこれだけでございますって二両持ってくる、今月はこれだけでございますって一両、それでけっこうだ。一所懸命働いてるってところを見せてくれたらこの子を返すよ。見世には出さない。このお金でまた馬鹿な真似をしたら、私も鬼になるよ。悪い病を引き受けるかもしれない。そのときにあたしを恨んじゃヤだよ、お前がみんな悪いんだ。わかってるね」

女将の言葉に「わかってます……わかってます」と殊勝にうなずく長兵衛。と、ここで小さんにはなかった権太楼独自の台詞が出てくる。

「そうかい、しまっておくれ。……小言は小言だ。寒いね親方、一杯飲むかい？」

「……とても酒を飲もうって心持ちになれません。お久の言ったことをおふくろに伝えて、夫婦で喜んでみてぇと思いますから」

「そうかい、それがいいね」

この会話で二人の人間性がくっきりと浮かび上がる。見事な演出だ。

「お久、女将さんの言うことよく聞いてな……俺は一所懸命働いてすぐにオメェを連れ戻すから、それまで朋輩衆（ほうばいしゅう）の言うことよく聞くんだぜ、女将さんに甘えてな……泣くな、泣くな……女将さん、よろしくお願いします……」とすっかり泣き声の長兵衛にお久は、「あたしのことはいい、それよりおっ母さん大切にして。おっ母さん、すっかり身体弱くなってるから。私がいるときなら夜中にお酒を買いに行くこともできるけど、おっ母さんじゃ無理だから、短気起こしてぶったり蹴ったりしないでね、優しくしてね……」と母を気遣う言葉。

「わかってるよ……女将さん……お久をよろしくお願いします」

このやりとりも小さんにはなかったものだ。

権太楼は著書『江戸が息づく古典落語50席』の中で、「この話の山場はどこかというと、私は、吾妻橋の長兵衛と文七とのやりとりだと思います」と書いている。「どこの誰とも知れない男に、可愛い娘のお久がこしらえてくれた五十両をどういう心持ちで渡すか。噺の設定は江戸時代でしょうが、聞いているお客様は現代の感覚で聞いている。そのお客様が納得し、演るほうも納得する渡し方、ここがこの噺の難しいところです」という権太楼の指摘は、まさに『文七元結』の核心を衝いていると言えるだろう。それだけに権太楼もこの場面に力を入れ、独自の演出で観客を引き込む。

吾妻橋までやって来た長兵衛は吉原の明かりを振り返る。

「あの下でお久はどんな辛い思いをしてるんだろう……すまねぇ！　お父っつぁんが

みんな悪いんだ！　じき迎えに行くから辛抱してくれ……一所懸命働くから！　お久……すまねぇ！」

するど、欄干に足を掛けている男を見つけて、小さん同様いきなり引っぱたいて止める。

「なにがあったんだ、話してごらんよ、え？　なにがあった？」

ありがとうございます……話したところでなんになるわけでもございませんので。

「ありがとうございました、どうぞおいでになって……」

「ハッハッハ、この寒空に女物の着物着てる職人になにを話しても無駄だって思うだろうけどな、俺は江戸っ子だ、ボロは着てたって心の中は錦だい。お飾りはオメェより余計くぐってるんだ。話してごらんよ、なんだってオメェ死ななきゃならねぇんだよ……どうしたんだ」

文七は「それでは話を聞いてください」と涙声でわけを話す。

長兵衛は、世間はお前が金を使ったんだと思う、死に損だと説き、すべてを打ち明けて「月々の給金から払います」と謝ったらどうだと提案するが、文七は「大恩あるご主人様にそんなこと言えません」と言うばかり。親兄弟や親類に話して二、三十両とまとまった金を用意してもらい、「残りはまた払いますから」と一緒になって謝ってもらったらどうなんだと言うと、「私には親兄弟、誰もおりません」との返事。

ここで権太楼演じる長兵衛はこう言う。

「じゃあこうしよう、俺が行ってやるよ、オメェんとこへ。この人はこうやって飛び込もうとしたんだと、それをこっちは助けたと、勘弁してやってくれって俺が頭を下げてやるからさ、それでどうだ」

この台詞で長兵衛の人柄がよくわかる。本当に「親切な江戸っ子」なのだ。

だが文七は「親方、ご親切ありがとうございました。どうかおいでになって」と、もはや死ぬことしか考えていない。

「おいでになってって、そういうわけにいかねぇんだよ。……誰か来ねぇかな、この野郎譲っちまうんだけどな。（飛び込もうとするのを見て）待てって！　五十両……大金だからなぁ！　本当に五十両盗られたんだな？　嘘じゃねぇな？　……ああ、ついてねぇや！　お久ァ！　勘弁しろ！　勘弁しろ……（やはりためらって）おい！　死ぬこたぁねぇだろ！　なんとかならねェのか、なんとか！　（諦めたような囁き声で）ついてねぇ……二十両じゃダメなのか？　三十両……五十両なきゃダメなのか……（溜息）……（吉原のお久に向かい囁き声で）すまねぇ……若ぇの、ここに五十両あるから持ってけ！　旦那、心配してるだろうから、これあげるから持ってけ」

驚いた文七が「見ず知らずの方に五十両もらう道理はございません」と言うと、「当たり前だ！　わけもなんにもねぇよ！　だけどな、お前が死んじまうってぇから……金じゃ命は買えねぇんだよ！」と長兵衛は自らに言い聞かせるように言うが、お久への思いがこみ上げて涙声になる。

「持っていけ……持っていけだけどな、この金のわけ聞いてくれ。未練じゃねぇ。こんな汚ぇ奴が五十両持ってるわけねぇ、盗んだんだろう、拾ったんだろうと思われると悔しいから言うんだ！」

絞り出すような口調が長兵衛のお久を思う心を見事に表現している。

近江屋の場面で佐野槌の名を思い出すのは小さんや談志と同じく番頭が大見世の名を列挙する演り方。「この暮れへ来て五十両右から左へ動かすのはチョンチョン格子じゃない、大見世、大籬（おおまがき）だ。その親方、松葉屋と言わなかったか？　半蔵松葉、松葉屋半蔵と言わなかったか？　玉屋山三郎、江戸屋、三浦屋、角海老、佐野槌」「番頭さん、もう一回お願いします」「半蔵松葉、玉屋、三浦屋、角海老、佐野槌」「佐野槌です!」となる。

長兵衛宅でのハッピーエンドでは、「親子ともども泣いて喜んだというわけでございまして……」と言ったあと、近江屋が長兵衛に持ちかける。

「親方、実は文七、年が二十五になります。来年、店を持たそうと思っているのですが、その折にお娘さんを、この文七の嫁にいただくわけにはまいりませんか」

「ああ、いいよいいよ、この野郎、いい野郎だから。ついでにおふくろもつけるからね」

長兵衛のおどけた口調で笑わせて、地の語りで締める。

「その年に夫婦になりまして独立いたします。なにか店をしなきゃいけないというので、文七が、長い元結を今の使いやすい元結に変えていくという、一所懸命努力をして二人でもって後々、立派な夫婦をつくり上げていくことができました。積善の家に余慶あり、情けは人のためならず。文七元結」

しっとりした人情噺――さん喬

権太楼と同じ五代目小さん一門の柳家さん喬は、六代目圓生型の『文七元結』を基盤としつつ、そこにさん喬ならではのメリハリの効いたきめ細やかな演出と独特な台詞回しを持ち込んで、しっとりとした人情噺に仕上げている。

さん喬は長兵衛の腕のよさを「落雁肌」と表現し、圓朝のように地の語りで用いるだけでなく、女房も佐野槌の女将も「世間様からあの人は名人だ、あの人に壁を任せれば落雁肌だって言われてるお前さんじゃないか。なのにどうして」という言い方をする。

お久が先妻の子だという圓生の演り方も取り入れていて、冒頭の長屋の場面では女房に「あの子は私の本当の子じゃないけど、あんなに優しい子はありゃしない」と言い、お久も「お父っつぁんは博奕ばかりで、お酒飲んで酔っ払って帰ってくればおっ母さんをぶったり蹴飛ばしたりします。本当のおっ母さんじゃないだけに、あたしは気の毒で可哀相でしかたありませんから、私をいくらでもいいから買ってください」

と女将に訴える。

さん喬の描く佐野槌の女将はひときわ印象的だ。

「お前さんこの頃、たいそう忙しいんだってね。仕事じゃない、コマ札ってぇのをあっちにつけたりこっちに曲げたりって」と言われた長兵衛が「いやだなぁ女将さん、あっしはそんなもの、これっぱかりも」と笑うと「嘘をおつきでないよ!」と一喝し、涙声で「お久が畳におでこをすり寄せるようにして、あたしに頼むんだよ……いくらでもいいですから買ってくださいって……お前さんのたった一人の大事な娘に、こんなところでそんな台詞を言わせるようなことを、なんでしちまったの!」と叱りつける。大見世の女将に相応しい威厳と情の深さを併せ持った女性像だ。

「うちの人が生きてたらお前さん、腕の一本、脚の一本折られたって文句も言えないだろう」という台詞は佐野槌と長兵衛との縁の深さを物語っている。

来年の大晦日までに返す約束で借りた五十両を、お久が父に手渡しながらこう言う。

「お父っつぁん、あたしもうお父っつぁんやおっ母さんの面倒見てあげられない。おっ母さん、よく腰が痛いって言ってるから、もし腰に手を当てていたら、ちょっとでいいからさすってあげてね。お酒飲んでもいいから、おっ母さんをぶったり蹴飛ばしたりしたらダメだよ。生意気なことしてごめんね」

なんともいじらしい台詞だ。

「おかみさん、心配なすってるんじゃないかい？　早く行って安心させておあげ」と長兵衛を送り出す女将。

「親方！　……いいね？」

「……ヘイ！」

吾妻橋で身投げしようとする文七にわけを尋ねると、文七は「あなたのような方にお話ししたってどうにもなりません、お通りください」と蔑み混じりの口調。

「なんだコン畜生、乞食を追っ払うような真似……あそうか、女の着物なんざ着てるもんだから……ハッハッハ、まあよ、女の着物は着てるが、ひょっとしたら相談相手にならねぇとはかぎらねぇや、話してごらんよ」

しぶしぶ話し始めた文七。さん喬はここで文七に「水戸様のところで御用人の中村様と碁を打っていて、『だいぶ遅くなったが店が心配してはいないか』と言われて慌てて出てまいりまして」というところまで言わせている。それでも置き忘れたことに思い至らないのは、枕橋でぶつかった人相のよくない男の「右に避ければ向こうは左、左に避ければ向こうは右」という動きの怪しさゆえの思い込みだろう。

「あたくし、すぐ追いかけました……すぐ追いかけました！　ううう……すぐに追いかけたんだ……すぐ追いかけたんです……影も形もありませんでした……」

泣き声で繰り返す文七。五十両なんて大金はどうにもならない、孤児の自分を育ててくれたご主人に死んでお詫びするという。

「お前が死んだって五十両は出てこねぇ、その理屈はわかるんだろ？　死んだってしようがねぇじゃねぇか。な？　生きてりゃなにかいいことあるんだ、死んじゃいけねぇ。五十両か……じゃあ俺、行くからな……ちょっと待てよ、なんだって欄干に足を……いいから足を下ろせ、こん畜生！　オメェが死んだって五十両は出てこねぇ、死んだってしょうがねぇじゃねぇか！　生きてりゃいいことあるぜ。俺は若い時分に五十両すられて死のうと思ったけど、若い時分ってのはつまらねぇこと考えるもんだ、アッハッハって、生きてりゃ笑うこともできるんだ。死んだら笑うこともできないんだ、死んじゃいけねぇ。じゃあな……待てよこの野郎！　……俺が行ったらオメェ死ぬのかよ」

ほとほと困った長兵衛、「誰か来ねぇかな……こういうときって人は通らねぇもんだなぁ……昼間あれだけ人が通る……」と見回すが誰も来ない。

「十両やるよ、十五でどうだ、ダメか？」

あくまで穏やかな口調で語りかける。

「よぉ、オメェさあ、俺がいなくなったら本当に大川に身を投げるのかい？　俺がいなくなったら死ぬのかい？」

沈黙。しばし考え込み、笑い出す長兵衛。

「フッ……ハッハッハー　つかねぇときはつかねぇもんだね。おい、ここに五十両あるよ、やるから持ってけ」

「とんでもありません、見ず知らずの方にそんな大金」

「まあ、いいから持ってきなよ」

サバサバした口調の長兵衛、「その代わり……」と付け加える。

「恩着せがましいこと言うわけじゃねぇがよ、この五十両、俺の金で、俺の金じゃねぇんだ。恥を話すようだけどよ、俺ァ博奕に夢中になっちまってさ、気がついたら五十両って山のような借金さ、ハッハッハ！　娘がいてな、十七になるんだよ、お久ってんだ。この娘が吉原の佐野槌って見世に身を売ってこしらえてくれた、この五十両さ」

笑顔でわけを話し、お久が患わないよう祈ってくれと頼む長兵衛。

文七が「そんな大切なお金いただくわけには」と断わると、努めて明るい口調で「そんなこと言うなよ、出したもの今さら引っ込めるわけにはいかねぇんだ」と言うが、「持ってきな、いいから持ってけ」と言ううちに口調が変わる。「(涙声で)出したもの今さら……よお、持ってけ……俺だってやりたかねぇ……(激しい口調で)やりたかねぇよ！　だけどオメェは五十両なきゃ死ぬんだろ⁉　うちの娘はな、この五十両なくても死ぬこたぁねえ、生きてはいけるんだ！　さあ持ってけよ、持ってけ！」と財布を叩きつけて去っていく。

近江屋の場面、置き忘れた五十両が届いていると聞いた文七が「忘れて……？　あぁっ！　はい！　忘れてまいりました……碁盤の下に……あぁぁあっ、(涙声で)忘れてまいりました！　えらいことといたしました、すられたんじゃございません、忘れてまいりました！　ああああ……」と、置き忘れたという事実を自分の記憶として思い出しパニックに陥るのは、他では聞かない演出だ。吾妻橋の場面で文七が「碁を打って遅くなって」と言及しているのがここに繋がっている。

なお、吾妻橋での出来事に関しては卯兵衛が「話してごらん……女の着物を着た人が？　……お名前もお所も聞かなかったのか？　うん……娘さんが？　来年の大晦日……そうかい、そんな大切なお金を」と聞き出す形で演じられ、「お久」「佐野槌」といった名前はすんなり文七から語られたことになっている。

長兵衛宅を訪れた近江屋が「親方、恥をお話し申し上げます、実はあの五十両、すられたんではございませんで、この者が先様に忘れてきたんでございますよ」と打ち明けると、長兵衛は「えっ？　忘れてきたのぉ？　冗談じゃねぇよ、おい」と脱力したあと、心の底からうれしそうな笑顔になって「そうかい、すられたんじゃなかったのか、よかったなぁ」と喜ぶ。

「ははは、そうか、忘れてきたのか。ほーら見ろ、死ななくてよかったじゃねぇか、はっはっは、そうかい、忘れてきたのか、よかったよかった」

この気持ちよさこそ、さん喬の真骨頂。「ねえ旦那、あっしがこんなこと言うのは生意気ですが、この小僧さんには五十両って金はまだまだ早いかもしれませんね」という台詞も嫌味ではなく実に温かい。

金と酒を受け取り、お久が帰ってくると、地の語りで締める。

「どうぞこれからは親類同様におつきあいをと、この文七とお久がやがて夫婦になりまして、麴町貝坂で元結屋を始めましたところが、文七元結と後世まで名を残したと申します。文七元結由来のお噺でした」

志ん生・圓生をベースに——馬生・雲助

権太楼より一つ年下、さん喬と同じ一九四八年生まれの五街道雲助は十代目金原亭馬生の弟子だが、圓生の『文七元結』をとても忠実に継承している。細部の言葉遣いに若干の相違はあるにせよ、ほぼ「同じ」と言っていい（さん喬や権太楼にはない「旦那の羽織の共布でつくった財布」も出てくる）。

もっとも、圓生と雲助の口調はまるで違うので、普通に聴いただけでは「同じ」という印象はない。そこが「話芸」としての落語の面白いところだ。

雲助の独特な声色で演じられる長兵衛には愛嬌があり、それによって圓生の『文七元結』とは異なる柔らかさが生まれている。

吾妻橋で、いよいよ文七に五十両を渡すしかないと決意するときの「弱っちまったなぁ……」のトーンは聴き手の共感を呼ぶ雲助独特のものだ。最後の長兵衛宅でのハッピーエンドに至る部分での楽しさは、雲助演じる長兵衛の楽天的な江戸っ子っぷりに起因するもので、このあたりは圓生というより古今亭に近い。

一ヵ所だけ明確に圓生と異なるのが、吾妻橋で五十両を文七にぶつけた長兵衛が「いいか、死んじゃいけねぇよ！　死ぬなよ！　死んじゃいけねぇぞ、おい！」と叫びながら去っていくこと。これは歌舞伎の『人情噺　文七元結』で花道を長兵衛が駆けていく場面と同じ演出で、芸能史研究家の山本進氏によれば雲助は十七代目の中村勘三郎を参考にしたそうだが、先年亡くなった十八代目の中村勘三郎も長兵衛を好んで演じ、やはり「死んじゃいけねぇよぉーっ！」と叫びながら花道を駆けていった。倅の勘太郎（現・六代目勘九郎）が文七を、勘三郎が長兵衛を演じた二〇〇七年の舞台が松竹からＤＶＤ化されている。

ちなみに雲助の師匠、十代目馬生の『文七元結』は志ん生をベースにしており、五十両の返済期限は「来年のお盆」、吾妻橋で文七は「日本橋の近惣という鼈甲問屋の若い者」と名乗る。「佐野槌」のことを文七が「金槌とかなんとか」と言って番頭が「佐野槌でしょう」と指摘するのも志ん生とほぼ同じ。

ただし志ん生のように旦那が「ああ佐野槌か」とわかるのではなく、馬生版では旦那は「佐野槌という見世があるのかい」と言い、「これは大籬（おおまがき）で江戸町二丁目にございます。大門を入りまして……」と言いかけてハッとする番頭に、「お前さんは普段から堅いんで有名で、吉原はどっちの方角かなんて言ってたけど、割り合いに詳しいね」と皮肉る。

馬生の『文七元結』では、長兵衛は博奕好きではあるけれど、負けて帰って八つ当たりで女房に暴力をふるうという表現はない。

佐野槌に来たお久（女将は「夕方に訪ねてきた」と言っている）は「お父っつぁんが博奕ばかりやって、どうにもなりません。おっ母さんは薬を飲ませなければ死んでしまいます。私を買ってください。そうすればおっ母さんに薬も飲ませられるし、お父っつぁんも私がこういう所に入ったとなれば堅くやっていくでしょうから」と訴えている。五十両を持って帰る長兵衛にお久は「そのお金でおっ母さんに薬を買ってね。

あんな薄いもの着せてちゃかわいそう、あったかいものを着せて、あったかいものを食べさせてあげて」と言うが、「ぶったり蹴ったりしないで優しくしてね」とは言わない。

文七が「どうしても死ぬしかない」と言い張る理由を、馬生は文七にこう言わせている。

「ご主人様は私を大事にしてくれて、今日も番頭さんなんかが、文七は小梅の水戸様に行くのはまだ早い、文七には無理だというのを、ご主人様がもう大丈夫だ、行ってこいって出してくれた……そこへどうやって帰れますか。ご主人様の面目を潰しちゃったことになるんです」

お詫びのしるしにお前が死んだってしょうがないと長兵衛は説くが、文七は決意を変えない。「よし、じゃあ……」と財布を出そうとした長兵衛、もう一度「なんとかならねぇのか」と訊くが「ご心配かけました。どうぞ行ってください」と言うばかり。「行ってくださいって、俺が行くってぇとドボンとやろうってんだろ？　じゃあこれ（と財布を出そうとして）……情けねぇ野郎がいやがったな、ここに！　……ダメか？　五十両なきゃ、どうしても？　……じゃあな、ここに五十両ある。これをオメェにやろうじゃねぇか」と、財布を出すタイミングは志ん生と同じくらい早い。

近惣が酒屋で長兵衛の家を尋ねると、「少し先へ行くと左側に今にも倒れそうな家が二軒でつっかかってますから、その間を入っていって、喧嘩をしているのが長兵衛さんの家」と教えられ、「ははぁ、よくこう汚い長屋があるもんだな。さて、どっかで喧嘩してないかな」と呟くと、場面は夫婦喧嘩に切り替わる。

「どこの誰なんだ」

「そんなこといちいち聞いて受け取りなんかもらってられない」

「使っちゃったんだろう！　お久のお金返しておくれ！」

「わからねぇ女だな！」

そこで近惣がポソッと「ここの家らしい」と一言、これが実に可笑しい。

圓生にしても志ん生にしても、ここはただ「ごめんくださいまし」と言うだけで面白くもなんともないが、「喧嘩を頼りに探す」のを見事に活用する馬生のカットバック演出は見事だ。

雲助は、全編圓生で演っている『文七元結』の中でここだけ馬生の演出を踏襲している。夫婦喧嘩の「金をぶつけて逃げてきたんだい」「きっと博奕に使っちまったんだ、この人でなしーっ！」から間髪容れず「なるほどえらい騒ぎだ」と近江屋が呟き、その絶妙のタイミングに笑いが起こる。

些細なことだが実に印象的で、これによって雲助の『文七元結』に「金原亭」の刻印が打たれたような気さえする。

問答無用の説得力――談春

立川談春は談志の型を基盤としつつ独自の解釈による見事な演出を考案し、『文七元結』を十八番としている。

談志が演じる長兵衛は「成り行き」で博奕から抜けられないだけだが、談春は根っからの博奕好きとして長兵衛を描く。そんな長兵衛を佐野槌の女将が諭す台詞は談春の『文七元結』の聴きどころの一つ。

長兵衛に五十両の借金があると聞いた女将は「五十両？　へえ、たいしたもんだ」と感心してみせ、「遊び人」と「博奕打ち」の違いを語る。

「嫌味で言ってるんじゃないよ。いいかい、長兵衛さん、お前みたいに勝った負けたと騒いでるのは単なる遊び人。博奕打ちっていうのは博奕で食べてる人、必ず勝つ人だ。博奕打ちは勝つために『仕事』というのを覚える。つまりイカサマだよ。人と人の博奕で仕事が絡まないものは一つもないんだ。仕事で勝つのが博奕打ち、仕事師だ。その上に博奕打ちの親分という人がいるね。親分になるには、人を見る目が必要なんだ。お前の借金が五十両、つまり親分が五十両お前に貸したってのは、お前から五十両取れると踏んだから。五十両取れる相手から三十両しか取らないのを、ああいう人たちは一番悔やむ。お前の職人としての腕は五十両取れると見込まれたんだ」

こういう台詞を女将に言わせるのは談春だけだ。

落雁肌に塗れるという長兵衛の腕前を誉めて、女将は続ける。

「コテを持ったら五十両取れるような腕にしてくれた兄弟子や師匠に申し訳ないと思わないのか。博奕だけやっていていいのかい？　どうする、長兵衛さん？　返事おし！」

「……どうしたら……」

「博奕やめられるかい？　だったら五十両あたしが貸してあげる。大丈夫、お前の腕には博奕の世界で五十両の値がつけられたんだ、お前なら返せるよ」

亡くなった旦那の羽織の共布でつくった財布の五十両を受け取り、「さ、お久、よくお礼を申し上げて、帰るぞ」と帰ろうとする長兵衛を女将は引き止める。

「そんなムシのいい話があるかい、この娘は五十両のカタに預かるよ」

「え？　ちょっと待ってください！　そりゃねぇでしょう！　あれだけ能書き言っときながら、娘をカタに取るんですか！　見世に出すんですか！」

「そんなこと言ってないよ……よかったね、目の色が変わるだけ、まだ見所がある」

お久には自分の身の周りの世話をさせながら女ひと通りのことを身につけさせてやると言い、女将は「五十両、いつまでに返す？」と尋ねる。

「そりゃもう、桜の時分には……」

「あたしを馬鹿にするのかい！　張っていい見栄と悪い見栄があるんだ！　性根を据えて答えな！」

答えあぐねる長兵衛を見て、女将は「じゃあ、二年待ってやる。再来年の大晦日までに五十両返せば見世には出さない」と言う。

「それまでにお前さんがまた博奕に手を出すようなことがあったら、そういう話は真っ先にここに入ってくる。そのとき私は、お前に断りなしにこの子を見世に出すよ。娘がかわいかったらちゃんと返すんだよ。五十両できたらいっぺんに持ってきな。チョビチョビ持ってこられても困る。再来年の大晦日、一日遅れても私は黙ってこの子を見世に出す。それが嫌ならこの子を連れてお帰り」

「お借りします。……女将さん、偉そうなこと言ってもお久はまだ子供、身体も丈夫じゃねぇし……」

「わかってる、大丈夫だよ。いいかい長兵衛さん、辛抱するのはこの娘じゃない、お前が歯を食いしばるんだ。博奕はやめられるもんじゃない。『場で朽ちる』ってのは本当なんだ。五十両、早く持ってくるぶんには誰も文句は言わない。お前も意地があるなら、桜の咲く頃までに持っておいで」

借りていた羽織を藤助に返して長兵衛が吉原をあとにすると、場面は近江屋へ。

「どこ行ったんだ文七は！　もう一刻も前に出てるって……」

「どうしたんだい、番頭さん」

「あ、旦那様、文七の奴がまだ帰ってきません」

「……そうか。みんな、手分けして探しておくれ。……なにをしてるんだ、あのバカ。悪い了見起こさなきゃいいが……」

このワンシーンからすぐに吾妻橋に場面転換、「旦那様……すみません」と飛び込もうとする文七を見つけて長兵衛が「待て！」と摑みかかる。このカットバックは談春の『文七元結』にしかない演出だ。

「離してください！」

「テメェが離せ、どうしたってこっちのほうが力は強いんだ、手荒になるぞ！」

「痛い！　怪我でもしたらどうするんですか」

「怪我ですみゃ御の字じゃねぇか、どうしたんだよ？　なにを泣いてやがるんだ」

「……お金盗られちゃったんです……」

「いくら？」

「五十両……」

「えっ⁉」

泣きながらわけを話す文七。

「店の金を盗られたから飛び込んで死のうってのか、いい了見だ、いい了見だけどな、おい聞けよ！　お前が死んで五十両出てくるんなら死ぬってのもわかるよ。出てくると思うか？　出てこねぇんだ。お前が死んだらきっと使っちゃったと思うぞ、酒だ女だ博奕だって。な、だからいいか、聞けよ、一度店に帰って金盗られちゃったって言え、それで『だったら死んじまえ』と言われたら改めてここへ来て飛び込め。言わねぇと思うぞ。お前みたいな若い奴に五十両持たせるなんて、必ずなにかわけがあるんだ、お前にはわからねぇだけで。俺にもわからねぇけど。人を使うってなぁ、そういうもんだ。店へ帰れ、『死んじゃえ』って言われたら戻ってこい。待っててやるから」

「ありがとうございます」

「へへへ、いい話してやった」

が、すぐに飛び込もうとする。

「お前、喧嘩売ってんのか！　いい話してやったろ！　なにが気に入らねぇんだ！」

「……子供の遣いじゃないんだから五十両盗られましたって言ってオメオメ生きてるわけにいかないんです」

親も親類も友達もいない、たった一人の遠縁にあたる旦那様が自分をここまで育ててくれた、迷惑かけるわけにはいかないと泣きながら訴える。

「だったら盗られるなよ！」

「盗られちゃったんだからしかたないじゃないですか！」

「それを店に帰って旦那に言えよ！　どうして俺には言えるんだよ！　いいか、落ち着いて考えろ、今は二十八日だぞ。お前は死んでそれでいいかもしれないけど、お前が死んで五十両はなくなって、残された奴はどんな正月迎えりゃいいんだよ！　テメェのことだけ考えてるんじゃねぇぞ！」

そしてこのあと、談春版『文七元結』最大の見せ場と言うべき長兵衛の長台詞へ。

「このまま店へ帰れ。そりゃいろいろ言われるよ、バカだ、ドジだ、間抜けだって……いくら言われたってしかたねぇだろ、それだけのことしちまったんだから。どんなに笑われても後ろ指さされても、歯ァ食いしばって一所懸命働いて、何年掛かってもいいから五十両貯めて返せ……俺はお前にそんなこと言ってられる身の上じゃねぇんだよ！」

ハッと我が身を振り返り、声のトーンが変わる。

「……人に言える身の上じゃねぇけど、言わなきゃしょうがねぇじゃねぇか……死んじゃいけねぇんだよ。死んだほうが楽なんだ、生きてるほうが惨めなんだ」

泣き声交じりになり、「誰に言ってるんだ俺は……」と天を仰ぐ。

「死んじゃいけねぇんだよ。な？　死んじゃいけねぇの。死んだほうが楽だよ、よくわかる。死んだほうが楽だけど死なせちゃくれねぇんだから生きろって、そう言ってるんだよ！　同じことを二度言わせるな！　馬鹿だって言われるよ。笑われたって後ろ指さされたって、テメェが踏んだドジなんだから、何年掛かったって、一所懸命働いてちょっとずつ返して二十年、三十年掛かったって五十両返して、それでやっとチャラだろ！　テメェが踏んだドジなんだから、なに言われたって……」

絞り出すように言う長兵衛の目は涙で潤んでいる。

「畜生、授からねぇのか……」

ポンと財布を放り出す。

「五十両やるから持ってけ」

「……は？」

「この中に五十両入ってるから、オメェにやるから持ってけってんだよ」

「……は？」

怪訝な目つきをする文七。

「疑ってやがんな？　そうだよ、こんな汚ェ女の着物着た男が五十両なんて持ってるわけないと思うのはわかるけどな、この命のような五十両をオメェに渡して疑われるのは面白くねぇよ、言わせてくれ！　江戸っ子だなんだって言ってらんねぇ、グチくらい聞いてくれや。俺はオメェみたいな真面目な奴と違う、テメェが悪いんだ。博奕で借金つくってどうにもならなくて、世間に顔向けて歩けねぇんだ……死ななきゃいけないのは俺なんだよ！」

泣き声になる長兵衛。

「俺にはお久って娘がいてな、いい子なんだよ、器量がいいだけじゃねぇ、心根も優しい子で、その十七になるお久って娘が吉原の佐野槌ってところに身を売ってこさえてくれた五十両なんだ、オメェのと財布が違うだろ⁉　やましい金じゃねぇんだ！　その金をやるから持ってけって言ってるんだよ！」

「冗談じゃありません、そんな大事なお金……」

「テメェが死ぬってぇからやるってんだ、コン畜生！　いいか、俺は死なない、カカァも死なねぇよ。娘も女郎になったって死ぬと決まったわけじゃねぇ。お前は死ぬって言うから……死んじゃいけねぇんだ。生きてるほうが辛くても死んじゃいけないんだって！　テメェにそんなこと言えた義理じゃねぇけど俺の身の置き所がないから持ってけって言ってるんだ！」

固辞する文七に「テメェにも……ッ！」と言いかけてあふれ出そうな涙を押さえると、しばし絶句したあと、「吉原の佐野槌って見世でお久って十七の娘が女郎になったら、悪い病で片輪にならないよう、死なねぇようにって、ちっぽけなお宮でいい、金毘羅様でも水天宮様でも朝晩二度、祈ってくれ……それでいいよ、決めた」

「そんな！　いただくわけには……」

「男がいったん出したものを引っ込められるか、このヤロー！」

長兵衛は財布をぶつけて逃げていく。

中身が本当に五十両だと気づいて慌てて振り返る文七。「吾妻橋を駆け抜けていく長兵衛の足音だけが靄の中に消えていき、残された文七は男泣きに泣きます」と地で語り、「ただ今帰りました！」と文七が激しく近江屋の戸を叩く……。

吾妻橋の場面での談春の長兵衛への感情移入は圧巻で、その迫力の前には「娘を売った金を赤の他人にやったりするだろうか」といった疑念など生じる余地はない。談春が泣き声で絞り出す「死んじゃいけねぇんだ！」には問答無用の説得力がある。

ここまでドラマティックに演じてこそ、『文七元結』という噺は現代人の心を揺さぶる人情噺となりうるのだろう。このあとの展開では笑いも盛り込みながら独特の台詞廻しで感動のフィナーレへと観客を誘う。

『文七元結』という古めかしい美談は、立川談春という稀有な演者によって「現代人を感動させるドラマ」へと進化したのである。

新しいアプローチ――文蔵・喬太郎・談笑・一之輔・喜多八

談春と同じ中堅世代で、非常に説得力のある『文七元結』を演っているのが橘家文蔵。

談志と同じ型で、談春のように独自の演出でつくり替えるのではなく、談志の枠組みの中に文蔵の豪快かつ繊細な個性を存分に注入している。

吾妻橋で心理的に追い詰められた長兵衛が「なんなんだよこれ……なんなんだよこれは、ええ？　俺だけかよ！　……そうか、これが俺が今までやってきたことへの報いなのかよ……お天道様はお見通しだ。そうか……授からないのか」と諦め、空へ向かって「お久ァー！　ちゃん、かんべんな……俺には無理だった」と語りかける場面が印象的だ（言うまでもなくこの「ちゃん」は父親を呼ぶ古い俗称で、文蔵はこの言い方を用いるが、他の演者ではあまり聞かない）。

文蔵の『文七元結』は、長兵衛に文蔵自身の「フラ」のようなものが反映されることで、カラッとした味わいの逸品となっている。気が短くて細かいことは気にしない長兵衛のキャラがいかにも江戸っ子らしくて実にいい。

文蔵演じる長兵衛は佐野槌に入る前に藤助に羽織を借りる。

急いで藤助を追いかけ追いついた長兵衛に藤助が「妙な格好してるなぁ。これからうちの女将に会うのに、そのなりはまずいよ……なんなら俺の羽織貸そうか？」と申し出る。藤助の羽織を着た長兵衛が「あったかものじゃねぇか、へぇ……俺にくれる？」と言ったりするのが文蔵らしくて可笑しい。

藤助が「そのなりでうちの女将さんの前に出られるかい？　羽織貸してあげようか？」と長兵衛に申し出るのは談春も同じだが、談春の場合は談志と同じく佐野槌を出る際に再び長兵衛と藤助が会話を交わし、大門まで送ろうかという藤助に「恥のかきついでです」とその場で羽織を返すのに比べ、文蔵は地の語りで「藤助に羽織を返してまた元の女物の着物に戻り、大門を出まして見返り柳、土手の道哲をまっすぐに花川戸、左に折れます吾妻橋」と吾妻橋の場面へと移り、藤助との二度目の会話はない。

談春も文蔵も、近江屋で文七が佐野槌の名を思い出す場面で番頭が「角海老、違うか？　違うってことがわかるんだな？　よし、三浦屋……違うか。半蔵松葉、玉屋、大文字、品川楼……」といった具合に大見世の名を列挙する。今ではこれが普通だと思っている落語ファンも少なくないが、もちろん圓生の流れを汲んでいる演者は文七に「佐野槌」をあっさり思い出させる。

珍しいところでは柳家喬太郎が、近江屋の旦那と番頭が「あとは見世の名だが、吉原でそういう粋な真似をするっていうのは」「佐野槌ですね」「うん、佐野槌の女将ならそういう粋な真似をしそうだ。そう言えば番頭さん、最近忙しくて吉原に行ってないね」「春になったらまいりましょう」とすんなり佐野槌の名を言い当て、文七が

「お二人とも詳しいんですね……そうです、佐野槌と言ってました」と驚く、という演り方をしている（それ以外は師匠のさん喬とだいたい同じ）。

立川流で『文七元結』を手掛ける演者は近江屋で「大見世の名の列挙」を演るのが普通だが、中で立川談笑は、長兵衛が「お久」「佐野槌」といった名前を口にせず、文七から事情を聞いた近江屋善兵衛が「名前はわからなくても大丈夫だ、私にも吉原にツテはある」と独自に探って佐野槌を突き止める、という演り方をしている。近江屋ほどの大店の旦那ともなればそれくらいの力はある、ということだ。

ちなみに改作派の談笑は原作にはない「長吉」という長兵衛の息子を創作し、この息子が左官職人の修業をしたものの名人と言われる父親のようには到底なれないと悲観して吾妻橋から身を投げた、というエピソードを背景とすることで、なぜ長兵衛が酒と博奕で身を持ち崩したのかを「長吉に対する負い目から自暴自棄になった」、なぜ吾妻橋で赤の他人に五十両くれてやったのかを「亡くなった長吉を思い出したから」と、誰もが納得のいくストーリーにしている。

若手では春風亭一之輔が圓生系の『文七元結』を演っている。

お久は長兵衛の先妻の娘という設定で、近江屋の場面では文七が「さのや、とか、ヅチとか」と言ったのを手掛かりに、吉原に詳しい奉公人を起こして尋ねるとたちどころに佐野槌とわかる。

佐野槌の女将が五十両を長兵衛に手渡す場面では、「この財布、見覚えがあるだろ」と見せて「旦那の着物……」と長兵衛が答える。「そう、旦那の着物。遊びに行くときとか、よく着てただろ？　あたしよりうちの人がお前さんを可愛がってた。あいつはズボラだけど人間がいいし仕事もいいから可愛がってるんだって、そう言ってたよ。三年前にあの人が死んじまってから、お前さんどこかおかしくなった。これから言う台詞はあたしが言うんじゃない、うちの旦那が言う台詞だからよく覚えておきな」と前置きして、女将は来年の大晦日までに五十両を返さなければ鬼になる、この娘を見世に出すと告げる。

「亡くなった旦那が長兵衛を可愛がっていた」という演出は佐野槌と長兵衛との濃密な関係性を物語っていてわかりやすい。さん喬の「うちの人が生きてたらお前さん、腕の一本、脚の一本折られたって文句も言えないだろう」にも通じるが、あの厳しさとはまた別の「温もり」が感じられるのが一之輔らしい。

吾妻橋での長兵衛は、「ごめんね、俺、行くからよ」と立ち去ろうとすると文七がまた飛び込もうとするので「なんだよ、もう……」と困り果て、「五十両ないと飛び込むのか」と言ってしばらく考えてから「じゃあもう、俺が出すよ！」と言ってしまう。まさに「つい言ってしまった」という感じで、一之輔が普段から滑稽噺で描くオッチョコチョイな人物像に近い。

お久が身を売った五十両だという事情を話す口調も淡々としていて、ドライな一之輔落語のテイストが貫かれている。談春のウェットな『文七元結』とは対極にある演り方だが、一之輔にはこれが似合っている。「あなたみたいな方に……」とうさんくさそうな表情をする文七を「ウルセー！」と長兵衛が怒鳴りつけると客席から笑いが起こる、というのも滑稽噺の「間」だ。全然タイプは違うけれど、志ん生の『文七元結』の随所に滑稽噺の「間」が出てきたのを思い出す。

「ここで会っちゃったからしょうがねぇ、これやるから」と苦笑気味に五十両を懐から出す、というのは一之輔だからこそリアリティがある。ドライな芸風ゆえのベタベタしない『文七元結』が実に心地よい。

二〇一六年に聴いたときは、「お前が五十両で死んじゃったら旦那だって悲しいし、死んだお父っつぁんとおっ母さんだってあの世でどう思ってるかわかんねぇぞ。ここにあるんだから持ってけ！」と言って五十両をぶつけ、「痛い！」と叫ぶ文七に「とりあえず死ぬなよ！　じゃあな、あばよ！」と言いながら去っていくという演り方で、これがなんともよかった。文七を放っておけずに金をやってしまう長兵衛に共感できるのである。

その後も何度か一之輔の『文七元結』を聴く機会があったが、そのたびに「一之輔らしさ」が増量し、適度な「軽やかさ」のある噺になってきた。同じ噺を演り続ける中でどんどん進化させていく一之輔のこと、これから先、ますます「軽やかさ」が共感を呼ぶ、ドライで笑いどころも多い『文七元結』になっていくことだろう。追いかけ続けたいものだ。

ところで、『文七元結』にはこれまで触れなかった「引っ掛かる点」が一つある。それは近江屋へ戻った時の文七の態度である。文七は何食わぬ顔で「五十両いただいてまいりました」と金を番頭に差し出し、財布が違うのは交換したからだと嘘をつく。

これが「正直者」の態度だろうか。本当に正直者なら、ここで文七はすべてを打ち明けるはずだ。長兵衛の好意に甘えて平然と嘘をつくような文七に、お久を嫁にやっていいものか……。

小三治の弟子の柳家喜多八は、この点を見事に解決した。

喜多八の『文七元結』では、文七が帰ったと聞いた番頭が「帰った⁉ よかった！ ……おい文七、どうした⁉」と尋ねるが、文七は「番頭さん、あたくし……あたくし！」と泣くばかり。すると番頭は「わかってる、心配しなくてもいい、お金はあったよ」と、文七の置き忘れた五十両が先方から届いていることを告げる。「ところがお前が帰らない。短慮な真似でもして身でも投げられたらと心配していたんだ」

それを聞いて文七、「ああーっ！ 私はなんてバカなことを……」と泣きながら、長兵衛との一件を打ち明ける。「私がバカなばっかりに、そのお娘御までがそんなこと……このお金をそのお方に返すまでは、死んでも死にきれないのでございます。どうしていいかわからずに、恥を忍んで帰ってまいりました……」

文七は、「娘を女郎にしてはいけない、金はあの人に返さなければいけない」と思いながら近江屋に戻り、白々しい嘘をつかずに最初から本当のことを打ち明ける。それでこそ正直者、頼りなくはあるけれど、こういう文七ならば、喜んでお久と夫婦にしてやってもいい。

落語作家の本田久作氏は喜多八の『文七元結』を収めたＣＤの解説でこう書いた。

「文七が江戸っ子であることで『文七元結』は完成する。完成させたのは喜多八である」

まさにそのとおり。その喜多八が二〇一六年に六十六歳の若さで亡くなったことは落語界にとってあまりに大きな損失だった。

『文七元結』という作品は、本質的に現代人の感性と相容れないものを持っている。それを聴き手にいかに共感させるかが、演者の腕の見せどころだ。

そして、そのアプローチは演者次第。それぞれの個性に合った「共感のさせ方」というものが見つかったときに、その演者ならではの新たな『文七元結』が生まれることになる。

そう、まさに「噺は生きている」のである。

おわりに

江戸から明治、大正、そして昭和初期までは。落語が「現代のエンターテインメント」であり「同時代の観客に語りかける芸能」であるのは当たり前のことだった。その「当たり前のこと」を、日本人の生活が激変した時代においても維持するために優れた演者が工夫を重ねてきたのが、戦後から現在に至る落語の歴史である。

文楽・志ん生・圓生といった昭和の名人たちは、明治や大正の名人たちを肌で知っていた。彼らは偉大な先人たちの芸を伝承しながら、自らの創意工夫によって戦後社会に相応しい「古典落語」を確立した。彼らの落語は江戸以来の落語の歴史の集大成であるとともに、新たな歴史の出発点となった。

その昭和の名人たちを直接知る談志や志ん朝の世代が主役となって「現代に相応しい古典落語」を提示したのが一九七〇年以降。二十一世紀になると、昭和の名人と直接の接点がない若手の落語家たちが「現代のエンターテインメント」としての落語を提供している。

近い将来には、談志や志ん朝を直接知らない世代が落語界を背負って立つことになっていくだろう。

談志は晩年の著書『最後の落語論』で、「自分も吉原や船宿をリアルなものとしては知らないが、脈々と受け継がれてきた伝統を大切にしていれば、その時代に生きていなくても、落語で表現できると考えてきた」と書いた。

もっともその言葉は「自分より二世代下になってしまえばそれももう無理だろう」という悲観に続くのだが、僕は、そうは思わない。

談志・志ん朝を直接知る世代が、その下の世代に影響を及ぼすことで、形を変えながらも必ず談志が愛した「伝統」は継承される。昭和の名人たちの落語を談志・志ん朝世代が「形を変えて」継承したように。

愛すべき夫婦の話『芝浜』、幇間久蔵のドラマ『富久』、職人と花魁の恋物語『紺屋高尾』『幾代餅』、江戸っ子の心意気を描く『文七元結』。本編で具体的に見てきたように、いずれも「江戸落語の集大成」として昭和の名人たちが磨き上げたものを、下の世代がそれぞれの創意工夫で形を変えながら継承してきたことで、今なお名作落語としてファンに愛されている。

本書で取り上げた噺は、何百とある古典落語の中のたった五席にすぎないが、現在落語ファンに愛されているすべての演目において、これと同じような「伝承と創作」が積み重ねられてきている。

そしてもちろん、こうした「伝承と創作」の歴史は、これからも繰り返されていく。未来の優れた演者たちが、彼らの魂を個々の演目に吹き込み、彼らの時代に相応しい「生きている噺」として提示することで、落語は、若き日の談志が『現代落語論』で危惧したように「能のようになる」ことなく、いつまでも「現代のエンターテインメント」として輝き続けるだろう。

僕はこれまで「落語家」について書く機会が多く、落語の演目については「この人のこの噺」という視点でのみ書いてきた。本書は、そんな僕に「演目論を書きませんか」というオファーがあって生まれた。

落語という芸能において、演者と寄り添わない抽象的な「演目論」はありえない。『芝浜』とはどんな噺か、と考えるとき、多様な演者の多様な演出に共通する部分を抽出した「あらすじ」を論じても意味がない。「誰某の『芝浜』はこうだが、誰某の『芝浜』はこうである」という相違点や共通点を踏まえての具体的な検証によってのみ、『芝浜』論は成り立つ。江戸の粋を描く三木助の『芝浜』と、夫婦愛を強烈なドラマとして演じる談志の『芝浜』と、滑稽噺のテイストで笑わせる白酒の『芝浜』を一緒くたにすることは不可能なのだ。

その「演者があって演目論が成り立つ」という事実を浮き彫りにするために、本書ではあえて演目数を絞り、それぞれの具体的な演出の違いに徹底的にこだわった。

かなり落語を聴いている人でも、意外に「一つの噺にいくつもの異なる演出がある」ということを知らずにいることがある。

一之輔や白酒の『芝浜』を聴いて、「芝の浜の場面を描かないの⁉」と驚いたり、兼好の『紺屋高尾』を聴いて、「武内蘭石？　藪井竹庵じゃなくて？」と不思議に思ったりする人もいるだろう。『富久』の当たりくじは「鶴の一五〇〇番」で、『文七元結』では近江屋の番頭が大見世の名を列挙すると思い込んでいる落語ファンも少なくない。

今回は、そうした「演出の相違」が際立つ五席（『紺屋高尾』と『幾代餅』をひとまとめにカウントすれば四席）を題材に選ぶことで、落語の持つ「演者による多様性」を明らかにしたつもりだ。

本書のタイトルは、最初の打ち合わせの時点で決めていた。

僕が書きたかったことは、この「噺は生きている」という一言に集約されている。

広瀬和生

資料ガイド

本書で触れた歴史の名演の多くは、CDやDVDで聴ける。その代表的なものを以下に紹介しよう。

『芝浜』編

◉三代目桂三木助

現存する公式音源は一九五四年十二月にNHKラジオで放送されたものだけ。この一席だけ聴きたいのであればユニバーサルミュージックのCD「NHK落語名人選一〇〇　1　桂三木助　芝浜」が安価で便利。日本コロムビアのCD「決定盤　三代目桂三木助　落語集」は『芝浜』『御神酒徳利』『火事息子』の三席を収録。キングレコードからは「昭和の名人　古典落語名演集　三代目桂三木助　一　芝浜／崇徳院」というCDも出ている。

三木助の江戸前な落語の全貌を知りたい向きには小学館のCD十六枚組「三代目桂三木助　落語全集」がお買い得（もちろん『芝浜』も収録）。

◉五代目古今亭志ん生

志ん生のCDは数多いが現在生産中止になっているものも多々あり、また志ん生の場合は一九六一年末に倒れる前の音源を聴くべきなので、注意が必要。一九五七年のNHKラジオ放送音源がキングレコードから「昭和の名人　古典落語名演集　五代目古今亭志ん生　十一　茶金／芝浜／稽古屋」として二〇一一年にリリースされており、入手しやすい。

その他、一九五八年のニッポン放送音源がポニーキャニオンのCD「五代目古今亭志ん生　名演大全集　13　妾馬／岸柳島／芝浜」に、一九六一年一月の東横落語会で三木助の代演で口演した『芝浜』がビクター／日本伝統文化振興財団のCD「古今亭志ん生（14）芝浜／抜け雀／お血脈」に収められている。

◉八代目三笑亭可楽

可楽の『芝浜』は「花形落語特撰～落語の蔵～八代目三笑亭可楽　芝浜／反魂香／悋気の見本」（テイチク）、「八代目三笑亭加楽（5）芝浜／うどん屋／笠碁／睨み返し」（ビクター／日本伝統文化振興財団）といったCDで聴ける。

◉十代目金原亭馬生

ソニーのDVD／CDボックス「落語研究会　十代目金原亭馬生全集」に一九六六年のTBSラジオ放送音源が、日本コロムビアのCD十一枚組「十代目金原亭馬生　十八番名演集」に一九六七年一月のスタジオ録音ヴァージョンが、それぞれ収録されている。後者の「十八番名演集」はCD一枚ずつのバラ売りもされているが、『芝浜』は『子は鎹』と共に特典盤に収録されていて、CD一枚での入手は不可。

◉立川談志

談志の高座を収録した商品は数多く、また同一演目でも談志自身の演じ方が時代によって変化したこともあって、どれを買うかによってまるで印象が異なる。とりあえず談志の『芝浜』を知りたいという向きには日本コロムビアのCD「立川談志ひとり会　落語CD全集　第四十六集　五貫裁き／芝浜」が便利だ。一九八二年十二月に国立演芸場で四十六歳の談志が演じた『芝浜』が収録されている。

五十代の『芝浜』が聞きたければ、一九九二年十一月に芸術座で演じた『芝浜』がCD十四枚組「東宝名人会　立川談志大全集」（ユーキャン）に収められていて、出来もいい。DVD「立川談志　ひとり会　落語ライブ'92～'93　第三巻」には一九九二年十二月に国立演芸場で演じた『芝浜』が収められているが、夫婦でしみじみ「百八つ」「……百八つ」と繰り返す名場面が抜けているのが惜しい。

談志は六十代後半になって『芝浜』の演り方を変えた。初出は二〇〇一年十二月のよみうりホールでの独演会で、このときの高座は日本コロムビアのCD「立川談志プレミアム・ベスト落語CD集　芝浜」及びポニーキャニオンのDVD「立川談志　古典落語特選　3」に収録されている。さらにCD十二枚組「立川談志　県民ホール寄席」（日本コロムビア）にはその六日後の神奈川県民ホールでの『芝浜』が収められており、自ら「手応えを感じた」というよみうりホールでの口演とはまるで異なる台詞を魚勝夫婦に言わせているのが凄い。

この『芝浜』を毎年談志は少しずつ変えていった。二〇〇四年の『芝浜』はCD十二枚組「談志CD大全　立川談志21世紀BOX」（日本コロムビア）に、二〇〇五年の『芝浜』はDVD十枚組「談志大全（下）」（竹書房）に収録されているが、これらはいわば過渡期。完成ヴァージョンとも言えるのが二〇〇六年十二月・三鷹市公会堂での口演で、DVD八枚組ブック「立川談志全集」（NHK出版）で観ることができる。

その「完成形」を超えた、談志言うところの「神様がしゃべらせてくれた」名演が、二〇〇七年十二月よみうりホールで演じた『芝浜』。これはDVD十枚組「談志大全（上）」（竹書房）及びCD十二枚組「談志CD大全　立川談志21世紀BOX」（日本コロムビア）に収録された。

談志の最も古い『芝浜』音源は三十歳のときのもの。日本コロムビアのCD「立川談志ひとり会　落語CD全集第五集　芝浜／高座版現代落語論～落語界の巨人達～」とキントトレコードのCD二枚組「家元の軌跡　談志30歳」で聴くことができる。

二〇一八年になって発売されたCD十五枚組の「立川談志落語集成1964‐2004」（NHKCD）には一九七七年と一九八一年の『芝浜』が収録されており、特に談志四十一歳の前者はいわばミッシングリンクを埋める貴重音源。大晦日の「百八つ」という台詞がごく淡泊で、感慨を込めて「百、八つ……」と繰り返す後者とはだいぶ異なるなど、発展途上の口演だ。

◉古今亭志ん朝

志ん朝の商品も数多く発売されていて、ソニーのCDシリーズ以外はすべてボックスセット。当たり外れの少ない演者なのでどれを買っても後悔することはないはずだ。一番のお勧めは一九八〇年の落語研究会での名演を収めたソニーのDVD八枚組「落語研究会　古今亭志ん朝全集　下」だが、とりあえず単品で聴きたいというのであればソニーのCD「落語名人会（14）古今亭志ん朝　芝浜／百川」で一九七九年の大阪での口演が聴ける。

その他、CD十二枚組「志ん朝　東宝」（ソニー）に一九七七年の、CD十二枚組「東横落語会　古今亭志ん朝」（小学館）に一九八二年の、ソニーのDVD七枚組「落語研究会　古今亭志ん朝名演集」に一九八八年の、河出書房新社のCD三十枚組「古今亭志ん朝　大須演芸場　CDブック」と日本コロムビアのCD二十枚組「古今亭志ん朝　県民ホール寄席」に一九九一年の、ユーキャンのCD十二枚組「にっかん飛切落語会　古今亭志ん朝全集」に一九九九年の『芝浜』が収録されている。

◉柳家小三治

小三治の『芝浜』は、キングレコードの「昭和の名人～古典落語名演集　十代目柳家小三治　三　芝浜／金明竹」（一九七八年収録）とソニーの「落語名人会（42）柳家小三治（18）芝浜」（一九八八年収録）の二種類のCDが出ている他、小学館のDVDの十枚組「落語研究会　柳家小三治全集」に一九九三年の高座が収められていて、ここではマクラをいっさい振らず、いきなり噺に入っている。

◉五代目三遊亭圓楽

本編で触れた、一九八九年の「若竹最後の高座」で圓楽が演じた『芝浜』はフォンテックから「五代目三遊亭圓楽　芝浜　寄席若竹最後の日」としてCD化されている。CDでは一九七九年十二月の上野鈴本演芸場での『芝浜』を収めた「三遊亭圓楽　独演会全集　第十二集　芝浜／かつぎや」が二〇〇五年にEMIミュージック・ジャパンから発売されていて現在も入手可能だが、EMIはユニバーサルミュージックに統合されており、今後ユニバーサルのカタログとして復活するかどうかは不明。ユニバーサルからはCD（崇徳院／芝浜）とDVD（目黒のさんま／鼠穴）の二枚組「THE五代目圓楽」が発売されていて、先述の一九七九年上野鈴本での『芝浜』の音源がここに再録されている。二〇一一年にEMIミュージック・ジャパンから発売されたDVD四枚組ボックスセット「落語研究会　五代目三遊亭圓楽　名演集」には一九八七年の『芝浜』が収められており、随所に圓楽らしい台詞回しが盛り込まれた骨太の人情噺となっている。この商品は現在ユニバーサルミュージックから発売されていて入手可能だ。

◉柳家権太楼

権太楼の『芝浜』は二〇〇九年八月に上野鈴本演芸場で演じたものがポニーキャニオンよりCD「柳家権太楼名演集10 化け物使い／芝浜」として発売されているほか、二〇〇七年の高座が同社のDVD「柳家権太楼 フジテレビ目玉名人会 らくだ／芝浜」に収録されている。

◉柳家さん喬

さん喬は二〇〇〇年十二月の朝日名人会で『芝浜』を高座に掛けており、ソニーから「柳家さん喬1 朝日名人会ライヴシリーズ10 片棒／芝浜」としてCD化されている。

◉橘家文蔵

三代目文蔵襲名前の二〇一六年一月に橘家文左衛門として池袋演芸場で演じた『芝浜』が収められているCDが「ビクター二八落語 橘家文蔵 芝浜／猫と金魚」。文蔵襲名披露興行初日の二〇一六年九月二十一日にビクターより発売された。

◉立川談春

二〇〇八年六月二十八日に歌舞伎座で行なわれた談志・談春の親子会で、談春は『芝浜』を演じた。そのときの高座はDVD「立川談志 立川談春 親子会 in 歌舞伎座 ～伝承というドキュメンタリー～」（竹書房）で観ることができる。

◉春風亭一之輔

二〇一四年十二月、一之輔の師匠の春風亭一朝が『芝浜』を、一之輔は『芝浜』にまつわる新作落語を演じるという会が紀伊國屋ホールで催され、一之輔は「魚屋が芝の浜で拾った大金はどこから来たのか」をテーマとする（と言うにはあまりに破天荒な）ドタバタ活劇『芝ノ浜由縁初鰹』を創作した。

二〇一五年十二月、その新作落語『芝ノ浜由縁初鰹』と『芝浜』の二席を一之輔が演じる会が高円寺で催され、収録された二席がCD二枚組「芝浜とシバハマ」としてソニーから発売されている。収録は他に『がまの油』『代脈』。

●桃月庵白酒

二〇一四年に大いに話題となった白酒の滑稽噺テイストの『芝浜』はその後も度々高座に掛けられている。芸歴二十五周年を記念して二〇一七年に発売された二枚組CD「白酒四半世紀」（ソニー）には、同年一月に下北沢の本多劇場で演じた『芝浜』が収録された。このCDのブックレットには白酒自身による演目解説もあり、そこで白酒は「夫婦の会話を落語口調にしようと思っただけ」「噺自体がハッピーエンドなので、もっと明るくしても良いかなと思ったのがきっかけ」「チャップリンで言うと『街の灯』かな」と語っている。

『富久』編

◉八代目桂文楽

ビクター／日本伝統文化振興財団から発売されているCD七枚組の「八代目桂文楽　十八番集」はその名のとおり文楽十八番を網羅していて、もちろん『富久』も聴ける。

小学館から出ている「八代目桂文楽落語全集」はCD十枚組で、こちらも『富久』を収録。CD一枚の単品は「昭和の名人～古典落語名演集　八代目桂文楽　一　富久／景清／酢豆腐」（キング）、「ききたい落語家シリーズ5　八代目桂文楽　富久／船徳」（日本コロムビア）等。映像ではDVD八枚組のボックスセット「落語研究会　八代目桂文楽全集」（竹書房）、単品の「八代目桂文楽　上巻　富久／つるつる」（ポニーキャニオン）がある。

◉五代目古今亭志ん生

志ん生の『富久』は「五代目古今亭志ん生(16)　妾馬／富久」（ビクター／日本伝統文化振興財団）、「古今亭志ん生　名演大全集　28　富久／おせつ徳三郎～刀屋～」（ポニーキャニオン）、「昭和の名人　古典落語名演集　五代目古今亭志ん生　十七　文違い／富久」（キング）といったCDで聴ける。ビクター盤は一九五七年十二月に文化放送でオンエアされたもの、ポニーキャニオンとキングは一九六〇年の同一音源。

その他、一九五三年十月二十九日に神田立花演芸場で録音された絶品の『富久』が講談社のDVDブック「志ん生復活！　落語大全集第一集」に静止画像で収められている。

◉八代目三笑亭可楽

可楽の『富久』は「NHK落語名人選一〇〇　7　八代目三笑亭可楽　富久」（ユニバーサル）、「NHK落語名人選（16）八代目三笑亭可楽　らくだ／富久」（ユニバーサル）、「八代目三笑亭可楽（3）らくだ／富久／士族の鰻」（ビクター／日本伝統文化振興財団）、「花形落語特撰～落語の蔵～八代目三笑亭可楽　富久／百人坊主／味噌蔵」（テイチク）といったCDで聴くことができる。

◉五代目柳家小さん

小さんの商品は多く出ているが、『富久』が聴けるCDは今のところ発売されていない。

DVD十枚組「落語研究会　五代目柳家小さん大全下」（ソニー）で一九七一年十二月の落語研究会で演じた『富久』を観ることができる。

◉十代目金原亭馬生

馬生の『富久』は「十代目金原亭馬生（5）富久／うどん屋」（ビクター／日本伝統文化振興財団）、「NHK落語名人選（22）十代目金原亭馬生　富久／王子の狐」（ポリドール）といったCDに収録されているほか、DVD三枚／CD五枚のボックスセット「落語研究会　十代目金原亭馬生全集」（ソニー）で一九六九年の高座を（モノクロ映像だが）観ることができる。

◉立川談志

「立川談志ひとり会　落語CD全集　第四十五集　へっつい幽霊／富久」（日本コロムビア）に収められているのは一九八二年十二月に演じた『富久』で、久蔵の住まいは深川按針町。CD十九枚組「東横落語会　立川談志」（小学館）では一九八三年十二月の東横落語会での高座が聴ける。

映像商品については、DVD三枚組の「落語のピンセレクションVol.壱」（ポニーキャニオン）に一九九二年にフジテレビで放送された『富久』が、DVD十枚組「談志大全（上）」（竹書房）に二〇〇三年一月の独演会での『富久』が収録されており、後者で談志は久蔵の住まいを根津の宮永町としている。

◉古今亭志ん朝

単品で聴ける商品としては一九七六年の高座を収めたソニーのCD「落語名人会（25）古今亭志ん朝　富久」がある。

他はすべてボックスセットで、CD十二枚組「東横落語会　古今亭志ん朝」（小学館）に一九八一年の、DVD七枚組「落語研究会　古今亭志ん朝名演集」（ソニー）に一九八二年の、CD三十枚組「古今亭志ん朝　大須演芸場」（河出書房新社）に一九九三年の、DVD八枚組「落語研究会　古今亭志ん朝全集　下」（ソニー）に一九九四年の高座が、それぞれ収められている。

◉柳家小三治

小三治の『富久』はソニーのCD「落語名人会（9）柳家小三治（1）富久」で一九九三年の独演会での口演が聴ける他、DVD十枚組「落語研究会　柳家小三治大全上」（小学館）に一九九二年の落語研究会での高座が収められている。

◉五代目三遊亭圓楽

『富久』は圓楽の演目としては珍しいほうだが、ポニーキャニオンのCD「にっかん飛切落語会蔵出し　五代目三遊亭圓楽名席集　富久／お血脈」で聴ける。CD十一枚のボックスをバラ売りした商品で、二〇一〇年にこのボックスが発売されるまでの圓楽の『富久』は商品化されたことがなかった。

◉立川志らく

二〇一〇年、志らくはソニーから「立川志らく　二十五周年傑作古典落語集」としてDVDを十枚リリースした（セットではなくバラ売り）。その第八集に二〇〇八年の独演会で収録した『富久』が収められている。このDVDシリーズは副音声で志らく本人が演目解説していて、それが実に面白い。

◉桃月庵白酒

二〇〇五年四月、二ツ目の「五街道喜助」時代に録音した『富久』が半年後の真打ち昇進に合わせて発売された

CD「五街道喜助改メ桃月庵白酒」（ワザオギ）に収録されているが、今のようにハジケた『富久』ではない。これはあくまでも喜助の『富久』であって、本当の白酒の『富久』は未だ商品化されていない、と言ったほうがいいだろう。

◉春風亭一之輔

真打昇進して七ヵ月後、二〇一二年十月に東京・銀座の博品館劇場で演じた『富久』が二枚組CD「一之輔の、今んところ」（夢空間）に収められている。収録演目は他に『お見立て』『短命』『新聞記事』。タイトルが示すように、あくまで当時の一之輔の記録。

◉五街道雲助

一之輔に『富久』を教えたのは五街道雲助。その雲助の『富久』はポニーキャニオンのCD「五街道雲助名演集1　町内の若い衆／富久」で聴くことができる。

◉柳家権太楼

本編では触れていないが、柳家権太楼は八代目文楽の弟子だった柳家小満ん（文楽没後小さん一門に移籍）から文楽型の『富久』を継承した。骨太な個性を存分に加えた権太楼の文楽型『富久』はソニーの三枚組CD「柳家権太楼9　朝日名人会ライヴシリーズ92　大山詣り／富久／宿屋の仇討／疝気の虫」で聴くことができる。

『紺屋高尾』と『幾代餅』編

◉六代目三遊亭圓生

圓生の『紺屋高尾』はポニーキャニオンの「六代目三遊亭圓生名演集15　子別れ（下）～子は鎹～／紺屋高尾／四宿の屁」やソニーの「圓生百席（14）紺屋高尾／後家殺し」といったCDで聴くことができる。前者はライヴ録音で「親方の仲人でめでたく夫婦にまとまったという……傾城にも誠あり、紺屋高尾でございます」と地の言葉でサゲる型。後者はスタジオ録音で、瓶のぞきの件を語ったあとで町人同士の会話となり「色揚げしてもらうんだ」でサゲる最長ヴァージョン。

◉立川談志

一夜を共にした翌朝に久蔵が告白する二十世紀ヴァージョンが聴けるCDには日本コロムビアの「立川談志ひとり会　落語CD全集　第三十九集　紺屋高尾／洒落小町」があるが、これは一九七六年に演じたもので、高尾の「久はん、元気?」という台詞がまだ登場していない。ユーキャンのCD十四枚組「東宝名人会　立川談志大全集」には一九八一年十一月に芸術座で演じた『紺屋高尾』が収録されていて、ここでは高尾の「久はん、元気?」が聴ける。CD十九枚組「東横落語会　立川談志」(小学館)には一九八一年三月に東横落語界で演じた『紺屋高尾』が収録されていて、出来は素晴らしいが、高尾の「久はん、元気?」がない。ポニーキャニオンのDVD三枚組「落語のピン　セレクション　Vol.参」には一九九三年九月二十二日にフジテレビで放送された『紺屋高尾』が収められていて、高尾の「久はん、元気?」はあるが、談志が髭面で演っている点が異色。高尾に会ってすぐに久蔵が告白してしまう二十一世紀ヴァージョンは、DVD十枚組「談志大全(上)」(竹書房)とCD十二枚組「談志CD大全　立川談志21世紀BOX」(日本コロムビア)に収録されていて、前者は二〇〇二年、後者は二〇〇三年の高座。どちらも高尾の「久はん、元気?」が実に可愛らしくてグッとくる。

◉五代目三遊亭圓楽

圓楽の『紺屋高尾』は「NHK落語名人選一〇〇　65　五代目三遊亭円楽　紺屋高尾」(ユニバーサル)、「にっかん飛切落語会蔵出し　五代目三遊亭圓楽名席集　紺屋高尾／寝床」(ポニーキャニオン)、「三遊亭圓楽独演会全集　第十三集　あわびのし／紺屋高尾」(EMIミュージック)、「五代目三遊亭圓楽　落語名演集　紺屋高尾／大師の杵」(日本コロムビア)といったCDで聴けるほか、DVD四枚組「落語研究会　五代目三遊亭圓楽名演集」(EMIミュージック)にも収録されている。

◉立川志の輔

テイチクから出たCD「志の輔らくご　両耳のやけど7　紺屋高尾」に一九九四年の高座が収録されているほか、独演会などで会場販売されるDVD「志の輔らくご　午前様らいぶ　五　紺屋高尾」があり、ここには二〇〇九年に演じた『紺屋高尾』が収録されている。

◉立川談春

二〇〇五年に演じた『紺屋高尾』が二枚組CD「来年3月15日」（夢空間）に収録されている。カップリングは『明烏』。

◉立川志らく

先述のDVD「立川志らく　二十五周年傑作古典落語集」（ソニー）の第九集に二〇〇八年の『紺屋高尾』が収録されている。

◉五代目古今亭志ん生

志ん生の『幾代餅』は「昭和の名人　古典落語名演集　五代目古今亭志ん生　二十　首ったけ／火焔太鼓／幾代餅」（キング）、「五代目古今亭志ん生　名演大全集　12　幾代餅／首ったけ／羽衣の松」（ポニーキャニオン）、「花形落語特撰～落語の蔵～五代目古今亭志ん生　幾代餅／粗忽長屋」（テイチク）といったCDで聴ける。どれも一九五九年の同一音源。

◉十代目金原亭馬生

馬生の『幾代餅』は「落語決定盤　十代目金原亭馬生ベスト」（日本コロムビア）、「十代目金原亭馬生（2）品川心中／幾代餅／替り目」（ビクター／日本伝統文化振興財団）といったCDで聴くことができる。前者は二枚組で『幾代餅』の他『あくび指南』『そば清』『目黒のさんま』『笠碁』を収録。

◉古今亭志ん朝

志ん朝の『幾代餅』はソニーのCD「志ん朝初出し〈八〉幾代餅／紙入れ」で一九八六年の音源が聴けるほか、CD十二枚組の「東横落語会　古今亭志ん朝」（小学館）に一九八〇年の、CD九枚組の「文化放送アーカイブス　志ん朝十三夜」（文化放送）に一九八二年と一九八九年、CD二十枚組「県民ホール寄席」（日本コロムビア）に一九八九年の音源が収録されており、映像でDVD五枚／CD八枚のボックスセット「志ん朝三十四席」（NHKエンタープライズ）で一九八四年の高座を観ることができる。

一九六九年から一九七四年まで行なわれた春風亭柳朝との二人会の音源を集めたCD十六枚組「二朝会」（河出書房新社）には志ん朝三十三歳（一九七二年）の『幾代餅』が収められているが、ここで志ん朝の演じた清蔵は「オラ〜だで」といった田舎弁を使う。後年の志ん朝は常に江戸っ子として清蔵を演じており、田舎者として清蔵を演じたのはネタおろし（と思われる）この口演だけらしい。

柳朝と志ん朝の二人会で志ん朝はなんと『幾代餅』の他に『紺屋高尾』も演じていた。CD十六枚組「二朝会」には三十五歳の志ん朝の『紺屋高尾』の口演（一九七四年）が収められている。圓生の型を受け継ぎながら笑いの多い演出を施した実に優れた口演だが、志ん朝はその後二度と『紺屋高尾』を演じることはなく、『幾代餅』一本に絞ることになる。

◉柳家さん喬

さん喬の『幾代餅』はポニーキャニオンの「柳家さん喬名演集3　幾代餅／万金丹」やソニーの「柳家さん喬13朝日名人会ライヴシリーズ91」といったCDで聴くことができる。しっとりとした「人情噺」然としたトーンが心地好い。

◉柳家権太楼

権太楼の『幾代餅』はソニーのCD「柳家権太楼4　朝日名人会ライヴシリーズ40　幾代餅／火焔太鼓」で聴ける。笑いの多い演出で聴き手を引き込む権太楼らしい高座。

◉古今亭志ん輔

志ん朝の弟子、古今亭志ん輔の『幾代餅』はDVD「本格本寸法ビクター落語会　古今亭志ん輔　其の四　幾代餅／紙屑屋」（ビクター）で観ることができる。メリハリの効いた演技で噺に奥行きを与えている。

『文七元結』編

◉歌舞伎

歌舞伎の『人情噺文七元結』は、十八代目中村勘三郎が長兵衛を演じた二〇〇七年十月の新橋演舞場公演の模様をDVD／ブルーレイ「人情噺文七元結」（松竹）で観ることができる。山田洋次が監督を手掛けたシネマ歌舞伎の商品化で、文七を中村勘太郎（現・勘九郎）、角海老の女将を先代中村芝翫、長兵衛の女房お兼を中村扇雀が演じている。

◉六代目三遊亭圓生

圓生の『文七元結』はソニーのCD「圓生百席（39）文七元結／へっつい幽霊」でスタジオ録音、日本コロムビアのCD二枚組「落語決定盤　六代目三遊亭圓生ベスト」でライヴ録音が聴けるほか、DVD十二枚組「落語研究会　六代目三遊亭圓生全集　下」（ソニー）で一九七五年十月の落語研究会での高座を観ることができる。コロムビアのCDに収められているのは一九六一年十二月にNHKラジオで放送されたもので、ここでは佐野槌の女将が「それはお前も見覚えがあるだろう、亡くなった旦那の羽織の残り布でこしらえた財布だ」という台詞を口にしているが、ソニーのCDとDVDにはその台詞がない。

◉八代目林家正蔵

ポニーキャニオンのCD「八代目林家正蔵名演集1　文七元結／五人廻し／蔵前駕籠」で一九七一年に正蔵が演じた『文七元結』が聴ける。他には、テイチクから二〇〇〇年に出たCD「古典落語の巨匠たち（4）林家彦六（正蔵）目黒のさんま／文七元結」には正蔵が一九六七年にイイノホールで演じた『文七元結』が収められていて、このマクラで語っているのが本編で触れた「正蔵が古老から聞いた『文七元結』に関する話」。この日、正蔵の前に高座に上がった代演の馬生が人情噺の『つづら』を演ったので、「人情噺が続くと堅苦しくなるので、『文七元結』について漫談かなんかでも……」と、初代三遊亭圓馬が派手な演出で『文七元結』を演っていたこと、圓朝が土手場（端席）で『文七元結』を聴いて自分のものにしたことなどを語っている。本編の『文七元結』の口調もいいし（木久扇が物真似しているような晩年の口調とはまったく違う）、お勧めしたい音源だが、今はやや入手困難なのが残念。

◉五代目古今亭志ん生

倒れる前に演じた『文七元結』のCDは現在二つ。一九六〇年一月にNHKラジオで放送した音源を用いた「NHK落語名人選一〇〇　23　五代目古今亭志ん生　文七元結」（ユニバーサル）では全編通しを三十分弱で演じている。ポニーキャニオンの「五代目古今亭志ん生　名演大全集　31　文七元結／火事息子／江戸小ばなし」には一九六〇年十二月にニッポン放送でオンエアした音源が収められているが、これは吾妻橋の場面から始まる後半だけのもの。

ビクター／日本伝統文化振興財団からは「五代目古今亭志ん生（2）文七元結（1）／火焔太鼓（2）」「五代目古今亭志ん生（3）へっつい幽霊／文七元結（2）」という二枚のCDが出ているが、どちらも病後の一九六五年の音源で、往年の口調ではない。前者は五十分以上かけて全編通しで演じたもの、後者は吾妻橋で五十両をぶつけて逃げた長兵衛に対して文七が「親方、ありがとうございます……」と独白するところまで演じた前半ヴァージョン。

◉十代目金原亭馬生

馬生の『文七元結』は日本コロムビアの「十代目金原亭馬生　十八番名演集（十一）そば清／文七元結」、ビクター／日本伝統文化振興財団の「十代目金原亭馬生（6）文七元結／もう半分」といったCDで聴くことができる。

◉五代目柳家小さん

本編で言及した一九八二年の落語研究会での『文七元結』はDVD十枚組「落語研究会　五代目柳家小さん大全　下」（ソニー）で観ることができる。

◉古今亭志ん朝

本編で言及した一九九七年の落語研究会での名演はDVD八枚組「落語研究会　古今亭志ん朝全集　上」（ソニー）で観ることができる。CD一枚の単品は一九八二年十二月に本多劇場で演じた『文七元結』が収められた「落語名人会　4　古今亭志ん朝　文七元結」（ソニー）のみ。CD三十枚組「古今亭志ん朝　大須演芸場」（河出書房新社）とCD二十枚組「県民ホール寄席」（日本コロムビア）には一九九四年の独演会での高座が収められていて、どちらも佐野槌で五十両を受け取って見世を出るところでいったん切り、休憩後に後半を演じるという二部構成となっている。

◉立川談志

本編で言及したように談志の『文七元結』は七種類商品化されている。

単品で入手できるのは、CDでは「立川談志ひとり会　落語CD全集　第二十七集　お化け長屋／文七元結」（日本コロムビア）、DVDでは「立川談志ひとり会　落語ライブ'92〜'93　第二巻　文七元結／堀の内」（竹書房）。前者は一九七四年の、後者には一九九二年の高座を収録。その他はセット商品で、CD十九枚組「東横落語会　立川談志」（小学館）に一九七八年と一九八〇年の、CD十四枚組「東宝名人会　立川談志大全集」（ユーキャン）に一九九三年の、DVD十枚組「談志大全（上）」（竹書房）に二〇〇三年の、DVD十枚組「談志大全（下）」（竹書房）に二〇〇六年の『文七元結』が、それぞれ収録されている。

◉五代目三遊亭圓楽

圓楽の『文七元結』が聴けるCDは、単品では「にっかん飛切落語会蔵出し　五代目三遊亭圓楽名席集　文七元結／酢豆腐」（ポニーキャニオン）、「三遊亭圓楽独演会全集　第十四集　文七元結」（EMIミュージック）の二枚で、どちらも一九八三年の口演。CD二十枚組の「東横落語会」（小学館）には一九八〇年十一月に東横落語会で圓楽が演じた『文七元結』が収録されている。

◉柳家小三治

小三治は一九九〇年十月に上野鈴本演芸場の独演会で『文七元結』を演じた。二ヵ月前にネタ下ろししたばかりだったが、集中的に高座に掛け続けて磨き上げたのだという。その独演会での口演が録音され、ソニーからCD「落語名人会（43）柳家小三治（19）文七元結」として発売されている。

◉柳家権太楼

権太楼の『文七元結』はポニーキャニオンのCD「柳家

権太楼　名演集11　文七元結」で二〇〇九年の口演を聴くことができる。

●柳家さん喬

さん喬の『文七元結』はポニーキャニオンのCD「柳家さん喬　名演集15　文七元結」で二〇一一年の口演を聴くことができる。

●五街道雲助

雲助の『文七元結』はソニーのCD「五街道雲助8　朝日名人会ライヴシリーズ90　文七元結」で二〇一二年の口演を聴くことができる。

●立川談春

談春の『文七元結』は二枚組CD「20年目の収穫祭」（夢空間）に収録されている。カップリングは『九州吹き戻し』で、その後に高座に上がった談志が「袖で聴いていましたが、けっこうなものです」「今あれだけできる奴はいません、一番上手いんじゃないですか」「あれをやろうという了見がいいです」と絶賛したマクラがボーナストラック「談志のお墨付き」として収録されている。

●橘家文蔵

文蔵の『文七元結』はCD「ビクター二八落語　橘家文蔵　文七元結／時そば」（ビクター）で聴くことができる。三代目文蔵襲名前の二〇一六年二月に橘家文左衛門として銀座ブロッサムで演じたもの。

●春風亭一之輔

一之輔は二〇一四年から東京・よみうり大手町ホールで年に一度の「落語一之輔」という独演会を開始、初年度は「一之輔一夜」、翌二〇一五年は「一之輔二夜」……と毎年一夜ずつ増えていき、二〇一八年の「一之輔五夜」で完結するまで一夜一席のネタおろしが課せられていた。この「一夜」から「五夜」までの一之輔の高座を収めたDVD十五枚組「春風亭一之輔十五夜」（小学館）に、二〇一四年にネタおろしした『文七元結』が収められている。ちなみにこの「落語一之輔」企画は「五夜」で完結した後も続き、二〇一九年には「一之輔七夜」、二〇二〇年には「一之輔三昼夜」が行なわれた。

◉柳家喜多八

本文で触れた「本田久作氏が解説を書いている」喜多八のCDは「喜多八膝栗毛　近口息子／文七元結」（日本コロムビア）。銀座・博品館劇場で開いていた定例独演会「喜多八膝栗毛」での二〇〇九年二月の口演だ。ちなみに「佐野槌」の名は、文七が「確かお見世は佐野屋とか……」と旦那に言うとすかさず番頭が「おい文七！それは佐野槌だろう、お前！」と怒鳴って「あ、そうです番頭さん！」という流れで判明する。

追加演目――文庫版あとがきに代えて

紙数の関係上本書は『芝浜』「富久」「紺屋高尾と幾代餅」「文七元結」の四章のみの構成となったが、取り上げたい作品はもちろん他にもあった。「続編を書くならこれを検証するだろう」と思われる演目の中からいくつか選び、簡単に触れておきたい。

【死神】

借金苦にあえぐ男が死神に出逢い、死神を追い払う呪文を教わって医者になるが、「病人の足元に死神がいたら呪文を唱えれば死神が去って病気は治る。死神が枕元にいたら手を出すな」という約束に背き、枕元にいた死神を「病人を布団ごと半回転させる」策で追い払ったため死神の怒りを買い、蠟燭が無数に灯る洞窟へ連れ去られた。蠟燭は人の寿命で、男の蠟燭は燃え尽きようとしている。助けてくれと懇願する男に死神が「これに火を継げば寿命が伸びる」と蠟燭を渡して……。

三遊亭圓朝作『死神』。六代目三遊亭圓生は、圓朝から直に教わったという二代目三遊亭金馬の型を継承してこれを十八番とした。今、この噺が広く演じられている源流は圓生だ。死神が教える呪文の標準形は「アジャラカモクレン、キューライス、テケレッツのパ」で、そのあとポンポンと二回手を叩く。「キューライス」のところに時事ネタを入れて笑いを取る演者も多いが、それも圓生が始めたこと。「赤軍派」だとか「ハイジャック」だとか、圓生も色々と遊んでいた。

本来のサゲは、蠟燭の火を継ごうとして失敗した男が「消えた」と言ってバタリと倒れ込む「見立てオチ」。圓生は当初それを「消える」で演っていたが、やがて蠟燭を持つ当人ではなく死神が「消えるぞ……消えるぞ……消えた」と言ってから男が倒れ込む形に変えた。

圓生の弟子、五代目圓楽も死神が「消えた」と言う演出。圓生の型に忠実ながらダイナミックな語り口に独自の味わいがあり、この噺を一層ポピュラーにした。

その「圓生の型」が基本であることを踏まえつつ、様々な演者が独自のアレンジを施している。

左卜全を死神のモデルとして想定し、全体に滑稽噺のテイストを強めて演じている柳家小三治は、圓生門下の三遊亭圓彌から『死神』を教わった時に「火を移すのに成功しながら自分のクシャミで吹き消してしまう」というサゲの存在（金原亭馬好からの伝聞）を知り、「それは使える」とクシャミで吹き消す見立てオチにした。

笑いの多い小三治演出とは対照的に「不気味さ」を強調するのが柳家さん喬。初対面の男に「お前が生まれた時から取りついてきた」と言う死神は、親切で呪文を教えてくれたかに見えて、実は悪意に満ちていた。蠟燭の洞窟で男は「あっ、テメエ、最初からこうなるのを承知でハメやがったんだな！」と叫ぶ。死神が「消えた」と嬉しそうに言って男が倒れ込むと場内暗転、暗闇の中で死神の「イヒヒヒヒ……」という高笑いが響く。

この噺には「なぜ死神は男に呪文を教えるのか」「どうしてこの男だけ死神が見えるのか」「死神の本来の役割とは」「火の移し替えに成功したらどうなるのか」といった様々な謎が存在する。立川談志は二十一世紀に入ってからそれらすべてに独自の解答を示す『死神』を創作した。談志の死神は仕事明けの気まぐれで男に「あと一年使える」杖を渡す。その杖を持っていれば死神が見える仕掛けだ。死神の仕事とは病人に念力をかけて弱らせること。ラストは男が移し替えた蠟燭の火を死神が吹き消す。ちなみに死神を追い払う呪文は「エンヤカヤカヤカ、エッサッサ、プータゲナ……」といった調子で完全オリジナル。

『死神』は師匠の談志よりも早く優秀な弟子たちが独自のアレンジを施して演じていた。立川志の輔は「人は運を使い切って死ぬ」という設定の『死神』を考案。火を移し替えた男が蠟燭を持ったまま外へ出ると死神が後ろから「真昼間に蠟燭つけとくと勿体ないぞ」と声をかけ、「ホントだ、フッ！」と吹き消してしまう。立川志らくは死神が「お前の父親にはまだ寿命があったのに間違って殺しちゃったから」と男に呪文を教えてくれるという設定。火の移し替えに成功して、死神に「よかったな、新しい人生の始まりだ。誕生日おめでとう」と言われ、思わず「ありがとう、フッ！」と自分で火を吹き消すのがオチ。立川談春は火を移した蠟燭を持って外へ出ようとするが延々と暗闇を歩き続けて長い年月が経ってしまう『死神』を演っていた。

立川談笑は「そもそも死神はなぜ男に声をかけたのか」という問いに「身代わりを探していた」という解答を与える『死神』を考案した。布団の半回転くらい誰でも思いつくことで、それを実行した人間を蠟燭の洞窟に連れて行き、火の移し替えによって男が死神になり、死神は人間に転生するという仕組みである。それを推し進めて「火の移し替えで死神になった男が過去の自分の運命を変える噺」にしたこともあったが、まったく別の「蠟燭の火がついた直後に死神を消し去ろうと呪文を唱えて手を叩いたら火が消えた」というシンプルなオチで演じたこともある。

圓生直系の五代目圓楽一門会では六代目三遊亭圓楽が、火を移し替えることに成功した男に死神が「明日の朝、目を覚ましたら枕元に俺がいるぞ」と告げる怖いサゲを考案した。三遊亭兼好の『死神』では「消えるよ……ハハッ、消えた。残念だったな、魂もらっとくよ」と死神が呟いた後で場面転換、死んだ男の女房が「亭主はどっか行っちゃうし金はないし、いっそ死んじまおうか」と言っているところへ訪問者があり「死にかた教えてやろうか」というのがサゲ。この死神が「子供の背丈で頭だけ妙に大きい」というのが不気味だ。

滑稽噺テイストの『芝浜』を考案した桃月庵白酒は『死神』もまた笑い沢山の演出で、太って血色のいい死神に愛嬌がある。布団ごと病人を持ち上げて『かごめかごめ』を唄いながらグルグル回して遊ぶふりをする、という手段で枕元から足元に死神を追いやって蠟燭の洞窟に連れて行かれた男は「お前に呪文を教わったたって閻魔に言うぞ！」と死神を脅して燃えさしの蠟燭を手に入れる。無事に火を移した次の瞬間、死神に「その蠟、熱いから気を付けな」と言われ、「え？　アチチッ！」と蠟燭を放り出してしまうという皮肉な結末。

珍しいところでは、三遊亭歌武蔵が現代を舞台に『死神』を演っている。最後は洞窟で「俺より面白いダジャレを言ったら寿命を半月伸ばしてやる」という死神に応えてダジャレを言うと死神がバカ笑い、その勢いで蠟燭の火が消えて「あ、ゴメンよ」でサゲ。

落語史上最も壮大なエンディングを迎えるのが三遊亭白鳥の改作『死神ちゃん』。これも現代が舞台で、布団ひっくり返しの禁を犯した夫婦が蠟燭の洞窟に連れて行かれると、逆ギレした妻の行為で洞窟に強風が吹きこんで人類が滅亡、二人は責任を取ってアダムとイブになり、彼らを幇助した罪で四百年間投獄された死神は、歴史上もっとも有名な「ある人間」に生まれ変わって人々を救済する役目を負わされるのだった。

女性演者である柳亭こみちは近年、古典の演目に女性を積極的に登場させる改作が注目されている。『死神』もその一つ。こみち版では「死神はみんな婆さん」という設定で、蠟燭の火を移そうとする男に、死神婆さんが「そんなに手が震えると消えるぞ。もうダメじゃな、ヒヒヒ」とさかんに話しかけ、苛立った男が「うるせぇな、クソババァ！」と怒鳴ると、その一言に逆上した死神婆さんは、怒りにまかせて火を吹き消してしまう。「女は怒ると怖い」がテーマの改作だ。

改作と言えば、圓朝の弟子の初代三遊亭圓遊は主人公を幇間に仕立て、洞窟で自分の蠟燭を継ぎ足して寿命を伸ばすのみならず、他の人々の寿命も伸ばしてしまうという演出を施した。別名『誉れの幇間』と言われるこの型を継承した「昭和の名人」が三代目三遊亭金馬。足元の死神を退散させるには呪文を唱えるのではなく「交代に参りました」と話しかける。最後に生き延びて客のところを訪ねて終わるこの系統の『死神』は、今はすっかり廃れていて、お目にかかったことがない。

【居残り佐平次】

品川遊郭を舞台とする『居残り佐平次』は初代春風亭柳枝が創作し、初代柳家小せんが完成させた廓噺。六代目三遊亭圓生、五代目古今亭志ん生といった「昭和の名人」がそれぞれ小せんの型に工夫を加えて演じ、ポピュラーな演目となった。

図々しさと調子の良さで客に取り入って稼ぎまくる居残りに「いったん帰りなさい」と見世の主人が勧めると、「悪事を重ねた身の上、ここを出るとお縄に……」などと言い始める。主人は大慌てで着物一揃いと大金を渡して追い出すが、若い衆が様子を見にいくと、あれは全部嘘だと言い放つ。若い衆が主人に「あいつは居残りを商売にする佐平次って男です」と伝えると、「なんだと！　どこまで私をおこわにかけたのか」「へい、旦那の頭がゴマ塩ですから」でサゲとなる。

この「おこわにかける」とは、騙すという意味。語源は「おお、こわ」で、美人局に引っ掛かることを古くそう言ったのが転じたというが、圓生の時代でもすでに死語に近く、「圓生百席」では冒頭にサゲの意味を説明してから本編に入っていったくらいで、圓生自身「良くないサゲだ」と感じていたという。

立川談志は早くからこの噺のサゲを変えようとしていた。三十二歳の談志が演じた『居残り佐平次』では、旦那から着物と金をせしめた佐平次が若い衆と会話することなく「上手くいったぜ」と鼻歌交じりで家に戻る。そこには先に帰った四人の仲間と酒を飲んでへベレケになっている母親が「佐平次か？　もっと廻って金持ってこい！　品川がダメなら銚子でも浦安でも」と言い放ち、「冗談言っちゃいけねぇ……お馴染みの『居残り佐平次』でございます」とサゲている。

だが談志は後年、ファンのアドバイスを受けて、見事なサゲを完成させた。佐平次を送り出した主人が若い衆を呼んで「このお方をちゃんと表からお帰しして」と命じると、若い衆は「冗談じゃない、何であんな奴を表から！　せめて裏から帰しましょう」と反発。すると旦那が「あんな奴に裏ァ返されたら後がこわい」。このサゲを、談志は晩年まで一貫して使い続けることになる。

圓生や志ん生が演じた佐平次は仲間に「医者に『海辺の空気のいいところで養生しろ』と言われてここで居残りをすることにした」と打ち明ける。だが談志が完成させた『居残り佐平次』では、佐平次は「行き当たりばったりの生き方をする奴」であり、一緒に品川に行く四人は仲間ではなく初対面。あとはその場しのぎの出たとこ勝負、店の主人から大金をせしめたのも単なる成り行き、として描いた。「品川で養生をする」という理由付けはなく、最後に「居残りを商売にしている」とも言わない。ちなみに圓生は佐平次の「居残りを商売にしている」というのは単なるハッタリだとしている。

柳家小三治も新しいサゲを考案した。店の主人を騙して出て行く佐平次が若い衆に

「いい旦那だなぁ」と声を掛けると「ああ、このあたりじゃ仏と言われてる旦那だ」との返事。それを聞いた佐平次が「その仏を騙しっきりじゃ心持ちがよくねぇ。さっき俺がした話はみんな嘘、また改めてうかがいます、と旦那に伝えてくれ」と言うと、若い衆は慌てて主人のところへ戻り「旦那、あの野郎さっき言ったのは嘘だそうです。またうかがいたいと。あの様子じゃ一度と言わず二度は来そうですよ」「三度も来られてたまるか」「でも旦那が普段から仏と言われてる方ですから」。

小三治の弟子の柳家喜多八も「仏」をキーワードに、小三治とは異なるサゲを作った。仏と言われる旦那に居残りの正体を告げようとする若い衆に佐平次が「よしなよしな、知らぬが仏よ」と言うもので、このサゲを用いる若手も出てきた。

志ん生の型をベースに演じて『居残り佐平次』を十八番に磨き上げた古今亭志ん朝は堂々と「おこわにかける」「ゴマ塩ですから」を貫いた。古今亭の系統では桃月庵白酒が、大金をせしめた佐平次が追ってきた若い衆に「この金で蕎麦屋でもやるよ」と捨て台詞を吐き、それを伝え聞いた旦那が「蕎麦屋？　一杯食わせやがった」でサゲている。

若い頃から談志と「あのサゲは変えなきゃいけない」と語り合っていたという五代

目三遊亭圓楽も談志に倣って「裏を返すのは懲りた」。五代目圓楽最後の弟子となった三遊亭王楽は、若い衆から「あいつは居残りを商売にする佐平次って奴でした」と告げられた主人が「噂には聞いたことがあったが、あいつがそうか！」と合点する。ハッタリではなく本当に「居残りを商売にする男」にしたのである。

【子別れ】

初代春風亭柳枝の作で、春錦亭柳桜が改作して伝わったとされる『子別れ』は、大工の熊五郎が弔いの帰りに酔った勢いで吉原に繰り込む「上」、何日も吉原に居続けた熊五郎が家に戻って女房と喧嘩になり女房と息子を追い出す「中」、それから三年後に息子と再会したことで女房とよりを戻す「下」の三つに分かれる。「上」は『強飯の女郎買い』、「下」は『子は鎹』という独立した演目としても成立していて、特に『子は鎹』は親子の情を描いた人情噺の名作として人気がある。演者による相違が際立つのも「下」だ。

圓生と志ん生がともに得意としていた演目で、志ん生は通しで演ることが可能なサイズ（全編で五十分弱）だったが、圓生はすべての場面をみっちり演じるため通しは無理で、「上」「中」「下」を完全に分けて演じるのが普通だった。「上」も「中」も見事だったが、やはり圓生と言えば人情噺テイストの「下」。父から小遣いをもらって帰宅した息子に対し、どこかで盗んだものと思い込んだ母が「なぜそんな情けない料簡を出すんだ！」と玄翁を手にして迫る場面は圧巻だ。

熊は再会した息子の額に傷があるのを見つけ、わけを聞くと、金持ちの坊ちゃんに独楽で殴られて血が出たけど、その家には世話になっているから「痛いだろうけど我慢しろ」と母が言った、という。それを聞いて涙する熊。圓生演じる「下」の中でも最も重要な場面だ。この「額の傷」のつけられかたは演者によってバリエーションがあるが、意外なことに志ん生の「下」には「額の傷」のエピソードがない。そもそも志ん生の演出は笑いどころが多く、圓生とはだいぶ趣が違う。子供の名前は初代柳枝の本名「亀吉」なのに、志ん生だけは「金坊」で演っていたりするのも面白い。

志ん生版では息子と再会してすぐ熊が「おっかさん、さぞ恨んでるんだろうな」と訊くと、息子は「そんなことないよ」と言って、動物園に行った際のエピソードを披露する。「象や虎や熊を見た」と言う息子に母は「熊はおとっつぁんの名前だから呼び捨てにするな」と言われたというのだ。そこで息子が父に「まだ脈があるよ」と言って観客はドッと笑うのは、さすが志ん生。夫婦のなれそめを母から聞いたと息子が語る場面で熊がふと横を見て「八百屋、なに聞いてやがるんだ！」と言って笑いが起こるのと並ぶ、志ん生ならではの名場面だ。

八代目三笑亭可楽も『子別れ』を演り、特に「上」の『強飯の女郎買い』を得意としたが、「上」と分けて演じた「中・下」にも独自の味わいがあった。可楽の「下」では、額の傷はふざけていてバットで殴られてついたもの。圓生の「下」では小遣いをもらった亀吉が「これで鉛筆買うんだ」と言うが、可楽は父が「これで学校のものを買え」と言う。（志ん生は銭をやるだけ）

五代目柳家小さんの『子別れ』も見事なものだった。「下」で再会した亀吉が「オイラ親孝行するから帰ってきてよ」と言って熊が涙ぐむ場面、父に小遣いをもらった亀吉の「これで靴を買うんだ！」という台詞、額の傷は「チャンバラごっこで斬られたんだけど着物を汚すとおっかさんが困るから倒れなかった」ので殴られたのだという切ない事情等々、随所に独自の演出がある。（小さんは「上・中」と「下」に分けて演じた）

小さん演出がひときわ光るのは「下」の鰻屋の場面。前日に熊五郎と木場に出かけた番頭が鰻屋にも同席し、「私がここにいるのは、この後で亀ちゃんに家に連れてってもらってお前さんに会おうと思ったからなんだ」と母に打ち明けて、「亀ちゃんのためにもう一度やり直してもらえないか」と頭を下げる。通常は親子三人だけの場面だが、第三者が間に入って夫婦の復縁を促すという小さん演出には説得力がある。一門では柳家権太楼がこの演出を継承した。

志ん朝の「下」は志ん生の「動物園の熊」などを取り入れながらも基本的には圓生の「下」に準ずる演出。「上」から通しで演じるときには「中」を省いて「上・下」とし、若い衆を相手にしての「がんもどきの汁」のくだりで「上」に一区切りつけた後、地の語りで熊五郎が酒浸りの日々を過ごした挙句に女房と息子を追い出して吉原から女房を迎えたけれども出て行った、という顚末を語ってから、「下」の冒頭の「番頭が木場に熊を誘いに来る場面」に入っていった。なお、若い頃の志ん朝は子供の名前を父に倣って「金坊」としていたが、後に「亀」で演るようになった。

圓生の「下」では亀吉を母が「玄翁で」ぶつと言い、ラストは女房が「子供は夫婦の鎹ですねえ」としみじみ言うと亀吉が「あたいが鎹？　それで玄翁でぶつと言ったんだ」でサゲ。志ん朝も「玄翁」を踏襲しているが、志ん生や可楽、小さんは「金た。その後、「玄翁」で演っていた。これは「玄翁が通じにくくなったから」で、圓生も「金槌」で演ることもあったというが、今の演者は「玄翁」が普通だ。時代を経て「古典落語の中には通じにくい言葉は山ほどある」からこそ「むしろ古い言葉で演る」ことを良しとする風潮が生まれたのかもしれないが、むしろ単純に「圓生も志ん朝も玄翁で演っていたから」だろう。なお、小さんの「下」で「子は夫婦の鎹っていうがまったくだ」と言うのは同席した番頭である。

「上」「中」「下」と分けて演じる小三治は『子別れ』に関して「この噺は可楽に強く影響を受けた」「上・中・下と丸々、可楽ですね」と発言しており、確かに可楽を下敷きにしてはいるものの、演出は必ずしも可楽一辺倒ではない。特に「下」では亀の年齢設定（九歳）や、亀が小遣いで「靴を買う」と言うところ、亀の額の傷の原因（チャンバラごっこで「斬られたんだから倒れろ」と坊ちゃんに刀で殴られた）、さらに女房の「お徳」という名前などは師匠の小さんと一致するし、熊と亀の会話を八百屋が立ち聞きしているのは志ん生の踏襲。母が玄翁で亀を殴ろうとする際に「お前だろ、これを包みに放り込んだのは」と言うのは圓生にあった台詞だ。熊が与える小遣いは可楽の「十円」ではなく志ん生や小さんと同じく五十銭。（圓生は金額を明言し

ない)

小三治の『子別れ』の最大の特徴は「上」や「下」と連携させることなく「中」だけ高座に掛けることもあったこと。定期的な会で次回は「下」を演ると決まっている、という事情なくして「中」のみ演るのは小三治だけだ。「上」では大工の熊、「中」では熊と女房お徳、「下」では父と子といった具合にドラマの主軸を三段階に変化させていきながら、小三治は「熊の人生」を描く「上」「中」「下」の三部作としての『子別れ』を作ったのである。

談志は長年「下」は嫌いだと言っていたが、晩年になって独自の「下」を創り上げた。別離から三年後に父と再会した息子の亀吉がカラッとしていて逞しいのが最大の特徴で、「おっかぁに男がいるかって訊いてるんだろ? いないよ、心配すんなよ」などと軽い口調で言い、「俺のこと悪く言ってるだろうな」と訊かれれば「そんなことないよ、自信持っていいよ」と返す。「この辺はアタイが仕切ってるんだ」と誇らしげな亀吉の、屈折することなく育っているキャラが素敵だ。独楽をぶつけられた傷についても「大丈夫だよ、アタイ強いから」とケロッとしている。ジメジメしない「ドライな人情噺」という談志の理想を体現した演出だ。父から小遣いをもらった亀が「青い色鉛筆買いたいんだ。空が描きたい、海が描きたいんだ」と言うのは談志オリジナルの名台詞。弟子の談春がそれを受け継ぎ、自分なりのアレンジを加えて広げている。

　立川志らくは二ツ目の頃すでに独自の演出による『子別れ』を作り上げ、十八番とした。志らくは「中」のダイジェストを冒頭で語ってから「下」を演じるスタイルで「上」は演らないが、最近はこの演り方を単に『子別れ』と言うケースが多い。（志らくとは対照的にかつては『強飯の女郎買い』のイメージが強かった談春は、談志が新しい「下」を創作すると、それを下敷きにして「上・中」から「下」という構成の『子別れ（通し）』を売り物にするようになった）

　志らくの『子別れ』の最大の特徴は「八百屋」。志ん生の「下」で熊の台詞に一度出てくるだけの八百屋を、志らくは父と子の会話の随所にアクセントとして登場させ、「いい話ですね、なすびあげます」とまで言わせる。最後の鰻屋の場面でも、たまたま隣で昼飯を食べていた八百屋が「昔から言いますよね、子供は夫婦の鎹って」と口を挟み、それを聞いた亀がサゲの台詞を言う。八百屋が出てくる意外性に笑いが起こり「お涙頂戴」ではなくなるという、志らくならではの秀逸な演出だ。

父と再会した亀吉が帰宅して、「遅かったね、どこ行ってたんだい？」と母に訊かれ「おとっつぁんに会ってた！」と即答する驚愕の『子別れ』を演じたのは柳家喬太郎。二〇〇六年にアドリブでこの展開となり「玄翁なしでサゲはどうする？」と思いながら演じ続けて鰻屋の場面を迎え、熊が「今までどおりってわけにはいかねぇだろうけど、また三人でやっていっちゃくれねえか？」と女房に頭を下げると、「今までどおり？　イヤだね」「ダメか？」「今までどおりだったら、また離れ離れじゃないか」でサゲとなった。この即興のサゲは、これ以降も用いられている。

立川談笑は時代設定を昭和四十年代後半に移した『子別れ』を創作した。初演は二〇〇九年。「東京タワーくらいまでは古典の中に入れられるんじゃないか」と考えて試したのだという。「ああいう別れかたをして父と再会した子供がいきなり『あっ、おとっつぁんだ』とは言わないはず。もうちょっと違うリアクションが……というリアリティも追究したかった」という談笑は、再会後しばし無言で父を睨み付け、母との離婚の原因となった女とは別れて今は独身だと知ってから打ち解ける亀吉を演じた。

今の若手では春風亭一之輔の『子は鎹』が素晴らしい。（『子別れ・下』ではなく一之輔は必ず『子は鎹』としている）「亀吉を泣かせたくない」という一之輔の『子は鎹』では、父との再会で「鰻食べてるか？」と訊かれた亀が「貧乏なんだから食えるわけねえだろ！　だからバカだって言われるんだよ！」と鋭く切り返し、銭を盗んだと思い込んで叱る母に対しても泣き声ではなく喧嘩腰で「違うんだよ！　おとっつぁんにもらったんだよ！」と叫ぶ。十八番『初天神』の生意気な子供とキャラが被るくらい強くて明るい亀吉で、だからこそ胸に沁みる。

変わったところでは、林家つる子が熊五郎に追い出された後の母子の日常生活を冒頭で描いてから父子再会の場面に行くという「下」を考案した。女性演者ならではの見事な発想だ。

本書は二〇一七年七月、毎日新聞出版より刊行された『噺は生きている——名作落語進化論』を文庫化にあたりサブタイトルを改題し、本文を追加訂正しました。

本書の落語演目の引用文中に差別表現として今日では好ましくないとされる、職業に関する、また身体障害に関する用語を使用しています。しかし、古典落語という演芸の価値と性質に鑑み、削除や訂正は行いませんでした。

（編集部）

なめくじ艦隊　古今亭志ん生

〝空襲から逃れたい〟、〝向こうには酒がいっぱいある〟という理由で満州行きを決意。存分に自我を発揮して自由に生きた落語家の半生。（矢野誠一）

びんぼう自慢　古今亭志ん生　小島貞二編・解説

「貧乏はするものじゃありません。味わうものですな」その生き方が落語そのものと言われた志ん生が自らの人生を語り尽くす名著の復活。

志ん生滑稽ばなし　志ん生の噺1　古今亭志ん生　小島貞二編

何度も甦り、ファンの心をつかんで放さない志ん生落語。その代表作をジャンル別に分けて贈るシリーズの第一弾。爆笑篇二十二席。（大友浩）

志ん朝の風流入門　古今亭志ん朝　齋藤明

失われつつある日本の風流な言葉を、小唄端唄、和歌俳句、芝居や物語から選び抜き、古今亭志ん朝の粋な語りに乗せてお贈りする。（浜美雪）

談志　最後の落語論　立川談志

伝説の『現代落語論』から五十数年、亡くなる直前まで「落語」と格闘し続けた談志が最後に書き下ろした落語・落語家論の集大成。（サンキュータツオ）

談志　最後の根多帳　立川談志

落語のネタ決めの基準から稽古法まで談志落語の舞台裏を公開。貴重な音源から名演五席を収録し、本・CD・DVDリストを付す。（広瀬和生）

立川談志自伝　狂気ありて　立川談志

多摩川べりの少年時代、落語へのあふれる熱情、旅の思い出、大事な家族への想い、老いと向き合う姿……自ら綴った波瀾万丈な人生。（松岡慎太郎）

落語家論　柳家小三治

この世界に足を踏み入れて日の浅い、若い噺家に向けて二十年以上前に書いたもので、これは、あの頃の私の心意気でもあります。（小沢昭一）

落語こてんパン　柳家喬太郎

現在、最も人気の高い演者の一人として活躍する著者が、愛する古典落語についてつづったエピソード満載のエッセイ集。巻末対談＝北村薫

らくごDE枝雀　桂枝雀

桂枝雀が落語の魅力と笑いのヒミツをおもしろおかしく解きあかす本。持ちネタ五選と対談で、「笑いの正体」が見えてくる。（上岡龍太郎）

桂枝雀のらくご案内　桂枝雀
上方落語の人気者が愛する持ちネタ厳選60を紹介。噺の聞かせどころや想い出話をまじえて楽しく落語の世界を案内する。（イーデス・ハンソン）

落語百選（春夏秋冬）（全4巻）　麻生芳伸編
春は花見、夏の舟遊び……落語百作品を四季に分け、詳しい解説とともに読みながら楽しむ落語入門の代表的ロングセラー・シリーズ。

上方落語
桂米朝コレクション（全8巻）　桂米朝
人間国宝・桂米朝の噺をテーマ別に編集する。端正で上品な語り口、多彩な持ちネタで、今日の上方落語隆盛をもたらした大看板の魅力を集成。

この世は落語　中野翠
ヒトの愚かさのいろいろを呑気に受けとめ笑ってしまう。そんな落語の魅力を30年来のファンである著者が、イラスト入りで語り尽くす最良の入門書。

落語を聴いてみたけど面白くなかった人へ　頭木弘樹
なぜ落ちは笑えない？　どうして話が途中で終わるのか、など。落語に関する素直な疑問を解き明かしながら、落語ならではの大いなる魅力に迫る。（桂文我）

古典落語　志ん生集　古今亭志ん生／飯島友治編
八方破れの生きざまを芸の肥やしとした五代目志ん生の、「お直し」「品川心中」など今も色褪せることのない演目を再現する。

落語家のもの覚え　立川談四楼
個性の凄い師匠の下での爆笑修業話から始まりネタを含めた物事の記憶法、忘れない方法を面白く説く。意外な視点から実生活にも役立つヒントが満載。

志ん生の忘れもの　小島貞二
「人生そのものが落語」と言われた志ん生。自伝『びんぼう自慢』の聞き手である著者が長年の交流の中で知り得た志ん生の姿を描くファン必読の一冊。

実録テレビ時代劇史　能村庸一
「鬼平」プロデューサーが、自らの経験と丹念な制作現場への取材を基に記録したテレビ時代劇クロニクル1953－2013、増補決定版。（里中哲彦）

脇役本　濵田研吾
映画や舞台のバイプレイヤー七十数名が書いた本、関連書などを一挙紹介。それら脇役本が教えてくれる秘話満載。古本ファンにも必読。（出久根達郎）

ちくま文庫

噺（はなし）は生（い）きている
――「古典落語（こてんらくご）」進化論（しんかろん）

二〇二一年一月十日　第一刷発行

著　者　広瀬和生（ひろせ・かずお）
発行者　喜入冬子
発行所　株式会社 筑摩書房
東京都台東区蔵前二―五―三　〒一一一―八七五五
電話番号　〇三―五六八七―二六〇一（代表）
装幀者　安野光雅
印刷所　三松堂印刷株式会社
製本所　三松堂印刷株式会社

ISBN978-4-480-43713-6 C0176